R语言

数据可视化
科技图表绘制

芯智 龙胜 编著

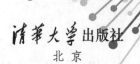
清华大学出版社
北京

内 容 简 介

　　本书结合编者多年的数据分析与科研绘图经验精心编撰，旨在帮助读者利用R语言及ggplot2在内的多种可视化包绘制引人入胜的专业化图表。全书共11章，第1~3章主要讲解R语言的基础知识，包括对象与变量、数据结构、数据存取、传统及网格绘图系统的绘图函数及参数控制，尤其对ggplot2包进行了详细讲解。第4~11章结合R及其附加包的数据可视化功能，分别讲解类别比较数据、数值关系数据、分布式数据、层次关系数据、网络关系数据、局部整体型数据、时间序列数据、多维数据的可视化实现方法。帮助读者尽快掌握利用R语言及可视化包进行科技图表的制作与数据展示。

　　本书注重基础，内容翔实，突出示例讲解，既适合广大科研工作者、工程师和在校学生等不同层次的读者自学使用，也可以作为大中专院校相关专业的教学参考书。

图书在版编目（CIP）数据

R语言数据可视化：科技图表绘制 / 芯智，龙胜编著. —北京：清华大学出版社，2024.1
ISBN 978-7-302-64937-3

Ⅰ.①R… Ⅱ.①芯… ②龙… Ⅲ.①统计分析—应用软件 Ⅳ.①C819

中国国家版本馆CIP数据核字（2023）第227141号

责任编辑：王金柱
封面设计：王　翔
责任校对：闫秀华
责任印制：宋　林

出版发行：清华大学出版社
　　　　　网　　址：https://www.tup.com.cn，https://www.wqxuetang.com
　　　　　地　　址：北京清华大学学研大厦A座　　　　　　邮　　编：100084
　　　　　社 总 机：010-83470000　　　　　　　　　　　邮　　购：010-62786544
　　　　　投稿与读者服务：010-62776969，c-service@tup.tsinghua.edu.cn
　　　　　质量反馈：010-62772015，zhiliang@tup.tsinghua.edu.cn

印 装 者：三河市铭诚印务有限公司
经　　销：全国新华书店
开　　本：185mm×235mm　　　　印　　张：21　　　　字　　数：504千字
版　　次：2024年1月第1版　　　　　　　　　　　印　　次：2024年1月第1次印刷
定　　价：129.00元

产品编号：104981-01

前　言

欢迎阅读《R语言数据可视化：科技图表绘制》！本书的目标是帮助读者掌握数据可视化的艺术，并深入理解如何利用R语言和其强大的ggplot2包等工具创建引人入胜的图形和数据可视化。数据可视化是数据科学和数据分析的重要组成部分，它允许我们将复杂的数据变得更加容易理解和有意义。

R语言是一种强大的开源数据分析和统计建模工具，备受数据科学家、研究人员和业界专业人士的喜爱。它的灵活性、扩展性和丰富的数据处理能力使其成为数据可视化的理想平台。作为一种开放源代码的语言，R语言拥有一个庞大的社区支持，这意味着用户可以轻松访问数千个数据分析和可视化包。

R语言中的ggplot2包是最受欢迎的数据可视化包之一，它的强大之处在于设计理念和优雅的语法。使用ggplot2可以轻松创建各种图表，从简单的散点图到复杂的多变量图形，而无须过多地编程。

本书会引导读者逐步学习如何使用R语言及可视化包来创建令人印象深刻的数据可视化图表。根据内容安排，本书共11章，章节安排如下：

第1章	R语言基础	第2章	传统绘图系统
第3章	网格绘图系统	第4章	类别比较数据可视化
第5章	数值关系数据可视化	第6章	分布式数据可视化
第7章	层次关系数据可视化	第8章	网络关系数据可视化
第9章	局部整体型数据可视化	第10章	时间序列数据可视化
第11章	多维数据可视化		

书中的数据可视化应用部分提供了大量绘图示例，这些示例方便为读者提供绘图思路，并展示了R语言及相关绘图包的强大功能，读者可以在此基础上进一步美化练习操作。

本书内容可以起到抛砖引玉的作用，对于各绘图包的详细功能，读者可以参考对应的说明文件深入学习。

本书编写过程参考了R包的系列帮助文档，数据部分采用了自带数据。在学习过程中，如果需要本书的原始数据，请关注"算法仿真"公众号，并发送关键词104981获取数据下载链接。为帮助读者学习，在"算法仿真"公众号中会不定期提供综合应用示例帮助读者进一步提高作图水平。

R语言及附属包本身是一个庞大的资源库与知识库，本书所讲难窥其全貌，虽然在本书的编写过程中力求叙述准确、完善，但由于编者水平有限，书中欠妥之处在所难免，希望读者和同仁能够及时指出，共同促进本书质量的提高。

本书结构合理、叙述详细、示例丰富，既适合广大科研工作者、工程师和在校学生等不同层次的读者自学使用，也可以作为大中专院校相关专业的教学参考书。

本书提供了丰富的资源，除可以在正文中扫描二维码观看教学视频外，还可以扫描下方二维码下载PPT和资源文件。

如果下载有问题，请联系booksaga@126.com，邮件主题为"R语言数据可视化：科技图表绘制"。

最后，感谢你选择了本书，希望你在阅读过程中获得乐趣，同时能够从中获益。在学习过程中，如遇到与本书有关的问题，可以访问"算法仿真"公众号获取帮助。

编　者
2023 年 12 月

目　录

第1章
R 语言基础

R 语言作为一种功能强大的开源编程语言和环境，已经成为数据分析、统计建模和可视化等领域的重要工具。它的灵活性、可扩展性和丰富的功能使得越来越多的数据科学家、统计学家和研究人员选择使用 R 语言来处理和分析数据。本章旨在帮助读者快速掌握 R 语言的基本概念和技巧。

1.1 R 语言概述

R 是一种用于统计分析、绘图的语言和操作环境。R 是属于 GNU 系统的一个自由、免费、源代码开放的软件，它是一个用于统计计算和统计制图的优秀工具。

1.1.1 R 语言的诞生

R 诞生于 1980 年左右的 S 语言的一个分支，可以认为 R 是 S 语言的一种实现，被广泛使用于统计领域。S 语言是由贝尔实验室（AT&T Bell Laboratories）开发的一种用来进行数据探索、统计分析和作图的解释型语言。最初 S 语言的实现版本主要是 S-PLUS。

S-PLUS 是一个商业软件，它基于 S 语言，并由 Mathsoft 公司的统计科学部进一步完善。后来新西兰奥克兰大学的 Robert Gentleman 和 Ross Ihaka 及其他志愿人员开发了一个 R 系统。

　　R 可以看作贝尔实验室的 Rick Becker、John Chambers 和 Allan Wilks 开发的 S 语言的一种实现。因此，两者在程序语法上几乎一样，可能只是在函数方面有细微差别，程序十分容易移植到 R 程序中，而很多 S 程序只要稍加修改也能运用于 R。

1.1.2　R 语言的特点

　　R 作为一种统计分析软件，是集统计分析与图形显示于一体的。它可以运行于 UNIX、Windows 和 Macintosh 操作系统上，而且嵌入了一个非常方便实用的帮助系统，相比于其他统计分析软件，R 还有以下特点：

　　（1）R 是一种开放性软件。这意味着它是完全免费、开放源代码的。可以在它的网站及其镜像中下载任何有关的安装程序、源代码、程序包及其文档资料。标准的安装文件自身就带有许多模块和内嵌统计函数，安装之后可以直接实现许多常用的统计功能。

　　（2）R 是一种可编程的语言。作为一个开放的统计编程环境，R 的语法通俗易懂，是很容易学会和掌握语言的语法。掌握之后，便可以编制自己的函数来扩展现有的语言。这也是它的更新速度比一般统计软件（如 SPSS、SAS 等）快得多的原因。大多数最新的统计方法和技术都可以在 R 中直接得到。

　　（3）R 的函数和数据集集成在程序包中。只有当一个包被载入时，它的内容才可以被访问。一些常用的、基本的程序包已经被收入了标准安装文件中，随着新的统计分析方法的出现，标准安装文件中所包含的程序包也随着版本的更新而不断变化。在新版安装文件中，已经包含的程序包有：base（R 的基础模块）、mle（极大似然估计模块）、ts（时间序列分析模块）、mva（多元统计分析模块）、survival（生存分析模块）等。

　　（4）R 语言拥有强大的数据分析功能。R 是专门为统计和数据分析开发的语言。基于免费开源的特点，R 语言已经形成了强大的社区，各行各业的优秀研究者无时无刻地贡献着自己编写的功能强大的包（研究成果），这些包涵盖各行各业前沿的分析方法，使用时如同站在巨人的肩膀上。从统计分析到机器学习再到深度学习，从金融分析到生信分析，从文本挖掘到社交网络分析再到并行计算等，R 语言无所不"包"。

　　（5）R 语言拥有强大的数据可视化能力。R 语言的绘图能力非常强大，尤其是 ggplot2 及其扩展包包含各种各样方便实用的绘图方法，便于研究者更清楚地理解自己所面对的数据。R 还包括多重可交互的数据可视化包，如 plotly 可直接将 ggplot2 的图像进行可交互地呈现。

　　（6）R 具有很强的互动性。除图形输出是在其他窗口外，它的输入输出是在同一个窗口中进行的，如果输入语法中出现错误，马上会在窗口中得到提示，对以前输入过的命令有记忆功能，可以随时再现、编辑修改以满足用户的需要。输出的图形可以直接保存为 JPG、BMP、PNG 等图片格式，还可以直接保存为 PDF 文件。另外，R 与和其他编程语言和数据库之间有很好的接口。

由于 R 语言的第三方包非常多，难免会存在一些质量较差的包，还有一些包的更新跟不上 R 版本的更新。作为一种解释性的高级语言，使用者有时会认为它的计算速度较慢。随着计算机硬件不断提升、R 并行计算包的出现以及 apply 函数族强大的并行计算能力，会逐渐满足使用者在运行速度上的需求。

1.1.3　R 语言绘图系统

在用 R 语言绘图时，首先会使用由 grDevices 包提供的一系列基本绘图函数，如颜色、字体和图形输出格式等。在 grDevices 包的基础上有多种绘图选择。

一般来说，R 语言包括传统绘图系统和网格绘图系统两种主要的绘图系统。这两种绘图系统相互独立，以不同的方式进行绘图。这两种绘图系统对应 R 语言核心包的 graphics 包和 grid 包。

（1）graphics 包是 R 语言的内置绘图包，每次启动 R 语言都会自动加载。它可以生成多种类型的图表，并且提供了许多美化图形细节的函数。

（2）grid 包则提供了一系列不同的绘图函数。grid 包并没有提供一套完整的绘图函数，通常不能直接用于绘图。因此，在 grid 包的基础上又发展出了 lattice 和 ggplot2 两个应用广泛的程序包。其中，lattice 包由 D.Sarkar 根据 Cleveland 的格子图发展而来，ggplot2 包由 H.Wickham 根据 L.Wilkson 的图形语法发展而来。

这两个绘图系统还衍生出了许多其他的绘图工具。例如，搭载于传统绘图系统之上的 maps、diagram、plotrix、gplots 和 poxmap 等扩展包，以及搭载于网格绘图系统之上的 vcd 和 grImport 扩展包等。另外，还有一些扩展包提供了 R 语言与第三方绘图系统的接口。

R 语言绘图系统提供的绘图函数可以分为高级绘图函数和低级绘图函数，前者能够绘制出完整的图形，而后者是在已有图形上添加额外的图形。

（1）graphics 包既提供了高级绘图函数，又提供了低级绘图函数。

（2）grid 包仅提供低级绘图函数，高级绘图函数则留给建立在其基础之上的 lattice、ggplot2 以及其他扩展包。

1.1.4 图形语法

一张统计图形是从数据到几何对象的图形属性的一个映射。图形中还可能额外包含数据的统计变换，最终绘制在某个特定的坐标系中，并通过分面来生成数据不同子集的图形。也就是说，一张统计图形是由以下独立的图形部件所组成的。

（1）数据（data）。图形最基础的部分是想要可视化的数据（data）以及一系列将数据中的变量对应到图形属性（aesthetic attributes，aes）的映射（mapping）。

（2）图层（layler）。由几何元素和统计变换组成。

（3）几何对象（geometric object，geom）。在图形中实际看到的图形元素，如点、线、多边形等。

（4）统计变换（statistical transformation，stats）。对数据进行的某种汇总，如分组计数、线性回归等。统计变换为可选部分，但很有用。

（5）标度（scale）。将数据的取值映射到图形空间，如用颜色、大小或形状来表示不同的取值。展现标度的常用方式为绘制图例和坐标轴，它们实际上是从图形到数据的一个映射，从图形中可以读取原始数据。

（6）坐标系（coordinate system，coord）。描述数据如何映射到图形所在的平面，同时提供读图所需的坐标轴和网络线。通常使用笛卡儿坐标系，也可以变换为极坐标和地图投影等其他类型。

（7）分面（facet）。将绘图窗口划分为若干子窗口，描述如何将数据分解为各个子集，以及如何对子集作图并联合进行展示。分面也称为条件作图或网格作图。

（8）主题（theme）。主题控制着各点的精细显示，如字体、背景、颜色、网格线等。虽然 ggplot2 的默认设置基本满足需求，但有时需要进行调整来绘制自己想要的图形。

本书重点介绍 ggplot2 包，其语法特点如下：

（1）采用图层的设计架构，以 ggplot() 函数开始，图层之间通过"+"进行叠加，后面叠加的图层在前面的图层上方。一般通过 geom_...() 函数或 stat_...() 函数添加图层。

（2）将表征数据和图形细节分开，能快速将图形展示出来。通过 stat_...() 函数可以将常见的统计结果添加到图形中。

（3）拥有丰富的扩展包，创建的图形更加美观。通过调整颜色（color）、字体（font）和主题（theme）等辅助包可以帮助读者快速定制个性化的图表。

1.2　R 语言的获取与安装

R 语言可以在 CRAN（Comprehensive R Archive Network）网站上免费下载，CRAN 是拥有发布版本、资源包、文档和源代码的网络集合，它由几十个镜像网站组成，提供下载安装程序和相应版本的资源包，镜像更新频率一般为 1~2 天。

CRAN 针对 Windows、mac OS 和 Linux 等系统平台有编译好的相应二进制安装包，根据自己的系统平台选择下载安装即可。下面以 Windows 平台为例，向读者介绍 R 语言的下载与安装步骤。

1.2.1　安装程序下载

（1）在 IE 浏览器中输入网址（https://www.r-project.org/），按回车键后进入 R 语言官网，图 1-1 所示。

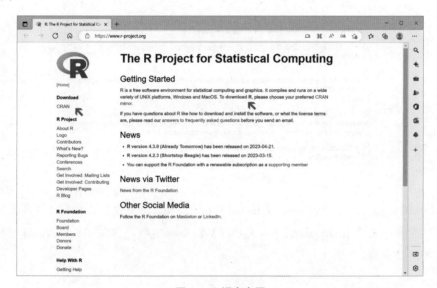

图 1-1　R 语言官网

（2）在主页单击左侧 Download 下的 CRAN，或者单击右侧的 download R 超链接，进入 CRAN Mirrors 页面。镜像是按照国家或地区进行分组的，在左侧找到 China，选择其中的一个镜像（推荐选用清华大学镜像）单击，如图 1-2 所示。

图 1-2 选择镜像站点

（3）在出现的界面中根据自己的操作系统选择适应的版本，本书为 Windows 平台，因此单击 Download R for Windows 链接，如图 1-3 所示。

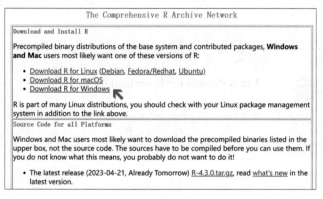

图 1-3 选择适应的平台版本

（4）在弹出的页面中单击 base 或 install R for the first time 链接，如图 1-4 所示。继续在弹出的下一个页面中单击 Download R-4.3.0 for Windows 链接，如图 1-5 所示，即可将安装文件下载到本地计算机。

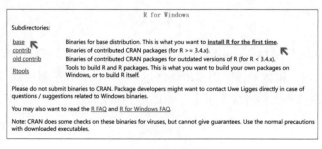

图 1-4 选择下载版本

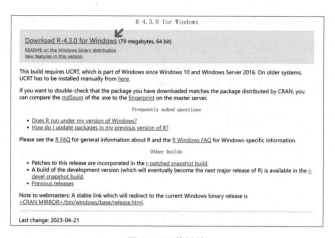

图 1-5　下载链接

1.2.2　R 语言的安装与启动

（1）在刚下载完成的安装包 ⬚ R-4.3.0-win 上双击，或者右击，在弹出的快捷菜单中执行"以管理员身份运行"命令。

（2）在弹出的"选择语言"对话框中默认选择"中文（简体）"，单击"确定"按钮进入安装设置过程，依次单击"下一步"按钮即可，无须额外设置。

（3）安装完成后，会在桌面上出现快捷启动方式按钮，双击该按钮即可启动 RGui 界面，首次启动的 RGui 界面如图 1-6 所示。能够正常启动说明安装成功。

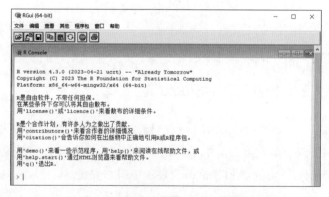

图 1-6　R 语言主界面（RGui 界面）

> 🎮➕说明　在 Windows 平台中安装 R 语言时，除安装必要的核心文件外，还会安装一个叫作 Rgui.exe 的可执行文件，该程序文件位于 C:\Program Files\R\R-4.3.0\bin\x64（默认安装）下。双击该文件，即可进入 R 语言自带的 GUI 界面，即 R 语言主界面。

RGui 界面的上方为主菜单栏和快捷工具按钮。下方为 R 语言运行的控制台（R

Console），R 语言运行的输入和输出均在此操作。

R 的所有分析和绘图均由 R 命令实现，使用时在提示符"＞"后输入命令代码，每次可以输入一条命令，也可以连续输入多条命令，命令之间用分号";"隔开，命令输入完成后，按 Enter 键 R 就会运行该命令并输出相应的结果。

【例 1-1】控制台命令输入示例。

在控制台中输入：

```
>  3+8                    # 在提示符后输入命令，按 Enter 键
[1]  11                   # 显示的输出结果，[1] 表示输出结果的第一行
```

如果要输入的数据超过一行，可以在适当的地方按 Enter 键，并在下一行继续输入，R会在断行的地方用"+"表示连接。

```
>  3+8+34+98+            # 此处的 "+" 表示后续还有输入
34+45+56+45-
34-42
```

控制台上的显示为：

```
> 3+8+34+98 +
+34+45+56+45-
+34-42
[1] 247
>
```

1.2.3 辅助工具 RStudio

R 语言自带的 RGui 操作界面相对简单，伴随着 R 语言的广泛应用，众多的 R 语言辅助工具应运而生。其中最具代表性的为 RStudio 公司的 RStudio 套件及微软的 Visual Studio R套件。下面介绍 RStudio 套件的下载与安装。

1. RStudio 的下载与安装

（1）在 IE 浏览器中输入网址（https://www.rstudio.com），按回车键后进入 RStudio 官网。在页面中找到并单击 DOWNLOAD RSTUDIO 按钮，下载该软件。

 说明 当前版本为 RStudio-2023.03.0-386。

（2）在刚下载完成的安装包 🔴 RStudio-2023.03.0-386 上双击，或者右击，在弹出的快捷菜单中执行"以管理员身份运行"命令。

（3）在弹出的"RStudio 安装"对话框中单击"下一步"按钮进入安装设置过程，随后依次单击"下一步"按钮即可，无须额外设置。

（4）安装完成后，会在 Windows 系统"开始"菜单栏中出现 RStudio 快捷启动方式按钮，单击该按钮即可启动 RStudio，首次启动后的 RStudio 界面如图 1-7 所示，能够正常启动说明安装成功。

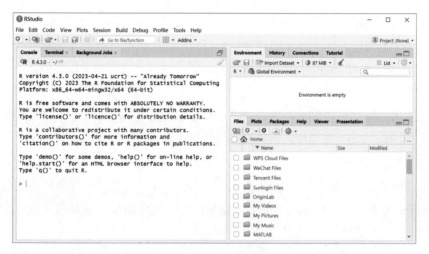

图 1-7　RStudio 主界面

2．RStudio 主界面介绍

执行菜单栏中的 File → New File → R Script 命令，或单击左上角的 ⊕ ▼（新建）按钮，在弹出的菜单中执行 R Script 命令，在窗口的左上方即可出现脚本编辑区，如图 1-8 所示。

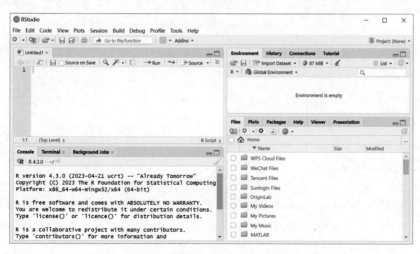

图 1-8　打开脚本窗口的主界面

默认打开的操作界面最上方区域为 **RStudio** 的菜单栏和快捷工具栏，该区域主要有文件、编辑、工具、帮助等菜单，该区域在保存文件、发布程序及结果、安装包时使用。下方工作区被划分为 4 个子区域。

（1）左上方可以称为程序编写区，可以编写 R 脚本、RMD 文档、R Notebook 等不同类型的文件，并且可以进行程序运行和调试等操作。该区上方还有文件保存、查找、运行等快捷方式。例如，编辑程序脚本完成后，单击 ➡ Run 按钮即可运行该脚本。

（2）左下方为运行结果输出区域（控制台），该区域既可以输入并执行命令，查看命令行的运行结果，也可以输出程序脚本的运行结果。这里包含所有运行过的命令，方便对历史记录进行检查。

（3）右上方为当前工作空间相关信息，可显示当前工作环境加载的 R 语言程序包、R语言对象（列表、因子、数据框、矩阵、向量等），也可查看 R 语言运行的历史等信息。

（4）右下方为当前用户工作目录和 R 语言程序包的相关信息，包括环境、文件、绘图、包、帮助、查看等选项卡窗口。可以查看当前工作目录下的文件、已安装的 R 语言程序包，单击 Packages 选项卡下的 ⊙ Install 和 ⊙ Update 按钮可分别安装和更新 R 语言包，在该区域还可以查看当前绘图和输出、查找 R 函数帮助等。

3．主界面设置

RStudio 支持自定义界面布局，执行菜单栏中的 Tools → Global Options 命令，在弹出的 Options 对话框中选择 Pane Layout 选项，即可根据自己的喜好进行界面窗口的设置，如图 1-9 所示。

另外，在 Appearance 选项组下可以进行界面字体等的设计，在 Packages 下可以进行镜像地址设置，在国内可以设置为 China (Beijing 1)，以提高下载速度。

1.2.4 包的安装与加载

图 1-9 Options 对话框

R 语言中的包（package）是指包含 R 数据集、函数等信息的集合。大部分统计分析和绘图都可以使用已有的 R 包来实现。R 语言还拥有功能强大的第三方包，如 ggplot2 等，第三方包需要下载并安装后才能使用。

一个 R 包中可能包含多个函数能做多种分析和绘图，而对于同一问题的分析和绘图，也可以使用不同的包来实现，通常是根据个人的需要和偏好来选择所需要的包的。

1. 查看已安装的包

安装 R 时，默认自带一系列包（如 base、datasets、graphics、stats、utils、grDevices、methods 等），这些包提供了种类繁多的默认函数和数据集，分析时无须加载即可直接使用包中的函数。其他包则需要事先安装并加载后才能使用。

查看 R 中已经安装的包时，可以使用 library() 或 .packages(all.available=TRUE) 函数。

【例 1-2】查看已安装的包。

```
> library()                      # 在新窗口列出包的名称
> .packages(all.available=TRUE)  # 在命令窗口列出包的名称
 [1]"base"       "boot" "class"       "cluster"      "codetools"
 [6]"compiler"  "datasets"  "foreign"      "graphics"   "grDevices"
[11]"grid"       "KernSmooth""lattice"      "MASS" "Matrix"
[16]"methods"   "mgcv" "nlme" "nnet" "parallel"
[21]"rpart"     "spatial"   "splines"      "stats"      "stats4"
[26]"survival"  "tcltk"     "tools"        "translations"      "utils"
```

使用 help() 函数可以在 R 官网上查阅包的功能简介，其语法格式为：

```
help(package=p_name)                       # p_name 为包的名称
```

2. 使用函数安装包

在使用 R 时，可根据需要随时在线安装所需的包，选择相应的镜像站点即可完成包的下载和安装。读者可以一次性下载安装多个包，下载时将多个带引号的包名称用逗号隔开即可。下载安装包的语法格式为：

```
install.packages("p_name")         # 包的名称 p_name 必须使用双引号引起来
install.packages("p_name1","p_name2",...,"p_namen") # 一次安装多个包
```

【例 1-3】安装 ggplot2 和 gplots 两个包。

输入代码如下：

```
> install.packages("ggplot2")                        # 安装 ggplot2 包，安装一次即可
> install.packages(c("ggplot2","gplots"))# 同时安装 ggplot2、gplots 两个包
```

> **说明** 本书中的示例经常会调用不同的包，示例中不再提供安装包的方法，读者在学习过程中自己安装用得到的包即可。

3. 使用 RStudio 安装包

执行菜单栏中的 Tools → Install Packages 命令，在弹出的 Install Packages 对话框中输入想要安装的包，然后单击 Install 按钮，系统将会自动安装指定的包和相关依赖包，如图 1-10 所示。

当需要一次性下载安装多个包时，需要在下载第三方包的界面框内输入多个包名称，并以逗号或空格隔开。

> 说明 读者也可以在主窗口右下方选择 Packages 选项卡，然后单击 Install 按钮安装所需要的包。

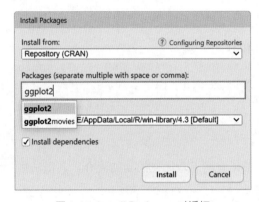

图 1-10 Install Packages 对话框

4. 加载第三方包

在安装完成后，要使用该包时，需要使用 library() 函数或 requir() 函数将其加载到 R 中。其语法格式为：

```
library(package_name)  # 加载指定的包，如果包不存在，会报错并停止执行代码
require(package_name)  # 加载指定的包，当包不存在时不报错，而是返回一个逻辑值
```

> 注意 在加载第三方包时，每次只能加载一个包，如需加载多个包，必须多次调用 library 函数或 require 函数。

【例 1-4】将 ggplot2 和 gplots 两个包加载到 R 中。

输入代码如下：

```
> library(ggplot2)                          # 加载 ggplot2 包
```

```
> library(gplots)                        # 加载 ggplot2 包
```

5．卸除包与卸载包

这里，卸载包表示卸载已安装到 R 中的包；卸除包表示卸除已经加载到内存的包，卸除不是卸载，只是存储释放。

当希望卸载已安装的包时，可以采用 remove.packages() 函数，其语法格式为：

```
remove.packages("package_name",lib=file.path("package path"))
```

例如卸载 ggplot2 包的语句为：

```
remove.packages("ggplot2")
```

当希望卸除加载的包时，可以采用 detach() 函数，其语法格式为：

```
detach("package_name")
```

例如卸除 ggplot2 包的语句为：

```
detach("package:ggplot2")
```

1.3 对象与变量

如果要对输入的数据做多种分析，如计算标准差、绘制条形图等，每次分析都要输入数据就非常麻烦，这时可以将多个数据组合成一个数据集，然后将数据集赋值给一个名字，这就是所谓的 R 对象（object）。

1.3.1 对象

R 语言中的所有事物都可以称为对象，如向量、列表、函数、环境等。R 语言的所有代码都是基于对象（object）操作的，对计算机内存的访问同样是通过对象实现的。

【例 1-5】R 语言对象应用示例。

输入代码如下：

```
> c("海鸥","麻雀","鸽子","海燕")         # 包含 4 个元素的字符型向量
[1] "海鸥" "麻雀" "鸽子" "海燕"
> c(5)                                  # 只有 1 个元素的数值型向量，或者直接输入数字 5
[1] 5
```

```
> list(c("海鸥","麻雀","鸽子"),c(5),"I'm Chinese.")# 包含 3 个元素的列表
[[1]]
[1] "海鸥" "麻雀" "鸽子"

[[2]]
[1] 5

[[3]]
[1] "I'm Chinese."

> function(x,y)                              # 函数
+{
+   (x^2+y)
+}
function(x,y)
{
    (x^2+y)
}
> new.env()                                  # 环境
<environment: 0x000001bbcfd76fc0>
```

上述代码中，c() 是一个 R 函数，表示将其中的数据合并成一个向量。

> 提示 本书中，提示符"＞"表示其后需要输入；提示符"＋"表示其后输入为上一行的延续；符号"＃"表示注释，无须输入。

1.3.2 变量

R 对象可以是一个数据集、模型、图形等，在分析前需要给对象赋值。R 的标准赋值符号为" <- "（也可以使用"="进行赋值），推荐使用" <- "。

R 对象实际上就是给对象取的一个名字（如 x），然后对其赋值（可以是数值、向量、矩阵或数据框等）。赋值后的对象可以称为变量，它是调用对象的重要手段。

【例 1-6】赋值方法示例。

输入代码如下：

```
> x1 <- 6                                    # 将数值赋给 x1
> x1
```

```
[1] 6
> x2 <- c("海鸥","麻雀","鸽子","海燕")        # 将字符型向量赋给 x2
> x2
[1] "海鸥" "麻雀" "鸽子" "海燕"
> y1 <- y2 <- y3 <- 6                         # 同时将一个值赋给多个变量
> y1
[1] 6
> y2
[1] 6
> y3
[1] 6
```

说明 变量名与变量值前后可以互换,同时赋值符号" <- "需要变为"->",不推荐使用。

例如:

```
> 6 -> x4                             # 将数值赋给 x4
> x4
[1] 6
> z <- c(68,61,82,66,72,44,66,57)     # 将数值向量赋给 z
> mean(z)                             # 计算平均数
[1] 64.5
> sum(z)                              # 求和
[1] 516
```

变量名称是以字母或点号(.)开头,并以数字、字母及下画线(_)的任意组合组成的名称。在 R 语言中,变量的命名有以下规则:

(1)变量名的首字符只能使用字母或点号,变量名的次字符及之后的字符只能包含数字、字母或下画线。

(2) 变量名区分大小写,如 name 和 Name 代表两个不同的变量对象。

(3) 变量的命名建议与其含义相近,如用 Gender 表示性别变量,而不用 ga、x 等。

(4) 系统的保留字(如 if、for 等)不能作为变量名。

1.4 数据结构

在 R 中分析数据或创建图形时,首先要提供参与分析或绘图的数据集(Data Set)。R 可以处理的数据集类型包括向量(Vector)、矩阵(Matrix)、数组(Array)、数据框(Data

Frame）、因子（Factor）、列表（List）等，它们的数据结构如图1-11所示。

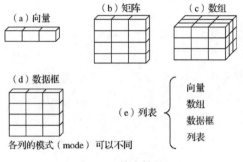

图 1-11 输出结果

1.4.1 数据类型

在 R 中，常见的数据类型有数值型（Numeric）、字符型（Character）、逻辑型（Logical）、复数型（Complex）或日期时间型（Data）等，其中数值型又分为整数型（Integer）和双精度型（Double）两种。数据类型的识别、判断以及类型之间的转换是数据分析中必不可少的内容。

在统计分析或运算过程中，可能需要对向量中的数据类型进行识别和判断。R 中使用 class() 函数识别数据类型，使用 is.*() 函数判断是否为某个指定的数据类型，使用 as.*() 函数进行数据类型的转换。其中 * 为数据类型的英文表示。

另外，R 语言中还包含几种常见的特殊值，如表 1-1 所示。

表1-1 特殊的数据类型

符 号	含 义	判断函数
NA	缺失值	is.na()
NULL	空值	is.null()
NaN	不确定值	is.nan()
Inf	无限值	is.inf()

【例 1-7】数据类型应用示例。

输入代码如下：

```
> Name <- c('Jeff','Tom','Mary')
> class(Name)                        # 使用 class 函数识别数据类型
[1] "character"
```

```
> Birthday <- c('1985-6-18','1992-4-11','1986-12-8')
> class(Birthday)                        # 数据类型识别
[1] "character"
> Income <- c(16000,8500,12500)
> class(Income)                          # 数据类型识别
[1] "numeric"

> is.character(x=Name)
[1] TRUE
> is.integer(x=c(160,85,125))
[1] FALSE
> is.numeric(x=c(160,85,125))
[1] TRUE

> install.packages("lubridate")     # 安装第三方包，用于日期时间型数据的处理
> library(lubridate)                      # 加载包
> Score <- as.integer(x=c(160,85,125))   # 类型强制转换
> Score                                   # 返回向量中的元素
[1] 160  85 125
> class(Score)                            # 类型识别
[1] "integer"
> Birthday <- as.Date(Birthday)          # 类型强制转换
> Birthday
[1] "1985-06-18" "1992-04-11" "1986-12-08"
> class(Birthday)                         # 类型识别
[1] "Date"
```

1.4.2　向量

　　向量是 R 语言中重要的数据结构，可以是数值数据、字符数据或逻辑值，很多情况下都会涉及向量的处理和运算。向量的创建可以通过手动输入、序列生成、重复生成和目标抽取（向量索引）等方法实现。

1. 手动输入法

　　R 语言允许用户通过手动方式将数据存储到向量中，例如将姓名存储到变量为 Name 的向量中，或将性别存储到变量为 Gender 的向量中。手动构建向量通过 c() 函数实现。

【例1-8】手动输入向量示例。将3个客户的姓名、性别、出生日期和收入保存到各自的变量中。

输入代码如下：

```
> Name <- c('Jeff','Tom','Mary')
> Gender <- c('男','男','女')
> Birthday <- c('1985-6-18','1992-4-11','1986-12-8')
> Income <- c(16000,8500,12500)
```

说明 （1）代码中的"<-"符号表示赋值，即将符号右边的向量赋值给左边的变量，表示赋值的符号还可以使用"="">"，读者根据自己的习惯选择即可。

（2）对于字符型的值或日期时间型的值，必须用引号引起来（如前3个变量），而数值型的值则不需要。

2. 序列生成法

利用符号":"或函数 seq() 生成具有规律的数值型数据，这就是序列生成法。其中，英文状态下的冒号":"用于生成步长为1或 -1 的连续数据，seq() 函数用于生成指定步长或长度的等差数列。seq() 函数的语法格式为：

```
seq(from,to)                # 不含 by、length 参数的 seq 函数
seq(from,to,by)             # 含 by 参数的 seq 函数
seq(from,to,length)         # 含 length 参数的 seq 函数
seq(from,by,length)         # 含 by、length 参数的 seq 函数
```

其中，from 指定等差数列的初始值；to 指定等差数列的结束值；by 指定等差数列的公差；length 表示在公差未知的情况下，可以通过其设定等差数列的元素个数。

【例1-9】序列生成法输入向量示例。

输入代码如下：

```
> X1 <- 1:8; X2 <- 1:-8
> X1
[1] 1 2 3 4 5 6 7 8
> X2
[1]  1  0 -1 -2 -3 -4 -5 -6 -7 -8
> X3 <- seq(from=1,to=8)          # 创建从 1 到 8，默认步长为 1 的序列
> X3
[1] 1 2 3 4 5 6 7 8
> X4 <- seq(from=1,to=8,by=2)     # 创建从 1 到 8，步长为 2 的序列
```

```
> X4
[1] 1 3 5 7
> X5 <- seq(from=1,to=8,length=2)     # 创建从 1 到 8，长度为 2 的序列
> X5
[1] 1 8
> X6 <- seq(from=1,by=8,length=2)     # 创建起点为 1、步长为 8、长度为 2 的序列
> X5
[1] 1 9
```

3. 重复生成法

重复生成法是利用 rep() 函数将某个对象进行指定次数的重复，进而减少人工输入的一种方法。rep() 函数的语法格式为：

```
rep(x,times)
rep(x,each)
```

其中，x 指定需要循环的对象，times 指定 x 的循环次数（x 的整体在循环），each 指定 x 中元素的循环次数（依次将 x 的元素进行循环）。

【例 1-10】通过重复生成法录入公司 2020—2022 年各季度的销售额。

输入代码如下：

```
> Year <- rep(x=2020:2022,each=4)         # 生成 2020—2022 年的年份信息
> Quarter <- rep(x=1:4,times=3)           # 生成第 1~4 季度的季度信息
> Sales <- c(9.6,8.2,11.1,12.9,13.4,16.2,20.6,31.8,30.6,35.4,39.6,29.5)
                                          # 手动输入销售额信息
> DF <- data.frame(Year,Quarter,Sales)   # 将 3 个变量组装为数据框对象
> View(DF)                                # 预览数据
```

创建的数据框对象如图 1-12 所示，读者应观察 Year、Quarter 两个向量创建的差异。

	Year	Quarter	Sales
1	2020	1	9.6
2	2020	2	8.2
3	2020	3	11.1
4	2020	4	12.9
5	2021	1	13.4
6	2021	2	16.2
7	2021	3	20.6
8	2021	4	31.8
9	2022	1	30.6
10	2022	2	35.4
11	2022	3	39.6
12	2022	4	29.5

图 1-12　创建数据框对象

4．目标抽取法（向量索引）

在介绍目标抽取前，先介绍一下向量索引。向量中的元素是按照顺序排列的，通过索引的方法可以将向量中的元素提取出来。在 R 语言中，索引使用方括号"[]"表示，包括位置索引与 bool 索引两种方法。

（1）位置索引是指在中括号内标明目标元素的下标，如向量第 5 个元素可以写为"[5]"，当取出向量中的多个元素时，需要将整数型的下标值写成向量的形式，如向量的第 2、4、6 个元素可以写为"[c(2,4,6)]"。

（2）bool 索引是指方括号"[]"内的值不是整数型下标，而是 TRUE 或 FALSE，索引时取出 TRUE 所对应的值。bool 索引经常会与比较运算符（>、>=、<、<=、==、!=）配合使用，相比于位置索引，bool 索引使用得更加频繁。

回到目标抽取法，它是指从已知向量中提取子集（由该向量的部分元素组成新的向量），或从矩阵中抽取一行或一列，或从数据框中抽取一列，进而得到数值型、字符型或日期时间型的向量。

矩阵或数据框的操作将在后文介绍。向量子集的提取通过方括号来实现，具体方式如下：

（1）通过在中括号中指定正整数来返回向量指定位置的元素组成的子向量（R 语言中向量的元素起始位置为 1）。

（2）通过在方括号中指定逻辑值向量来返回向量中对应的逻辑值为 TRUE 的元素组成的子向量。

（3）通过在方括号中指定负整数来返回向量除去指定位置的元素组成的子向量。方括号内不能同时包含正整数和负整数。

（4）如果向量已经命名，则可以通过在方括号中指定元素的名称来返回相应的子向量。

【例 1-11】向量子集的提取示例。

输入代码如下：

```
> X <- 1:12
> names(X) <- c('A','B','C','D','E','F','G','H','I','J','K','L')
> X
 A  B  C  D  E  F  G  H  I  J  K  L
 1  2  3  4  5  6  7  8  9 10 11 12
> X[5:8]                        # 通过正整数提取向量子集
 E  F  G  H
```

```
5 6 7 8
> X[c(6,6,8)]                               # 通过正整数提取向量子集
F F H
6 6 8
> X[-c(6,8)]                                # 通过负整数提取不包含响应元素的向量子集
 A B C D E G I J  K  L
 1 2 3 4 5 7 9 10 11 12
> Y <- c(rep(TRUE,3),rep(FALSE,2))  # 创建逻辑向量
> Y
[1] TRUE   TRUE   TRUE FALSE FALSE
> X[Y]                                      # 通过逻辑向量提取向量子集
 A B C F G H  K  L
 1 2 3 6 7 8 11 12
```

1.4.3　矩阵与数组

前面介绍的向量实际上就是一个一维数组。而矩阵是一个二维数组，其中的每个元素都是相同的数据类型。

1. 创建矩阵和数组

在 R 中，用 matrix() 函数可以创建矩阵，其语法格式为：

```
matrix(data=NA,nrow=l,ncol=l,byrow=FALSE,dimnames=NULL)
```

其中，data 指定一个用于构造矩阵的一维向量；nrow 指定矩阵的行数（默认为 1）；ncol 指定矩阵的列数（默认为 1）；byrow 为布尔型的参数，指在矩阵构造过程中元素是按列填充（byrow=FALSE）还是按行填充（byrow=TRUE）；dimnames 用于设置矩阵的行和列的名称，需将行、列名称以列表的形式传递给该参数。

数组与矩阵类似，但数组的维数可以大于 2。在 R 中，使用 array() 函数创建数组，其语法格式为：

```
array(data=NA,dim=length(data),dimnames=NULL)
```

其中，data 是一个包含数组中数据的向量；dim 指定每个维度的最大长度；dimnames 是各维度名称标签的一个列表。

另外，在 R 中通过 as.matrix() 函数可以将数据框强制转换为矩阵，其语法格式为：

```
as.matrix(x,rownames.force=NA)
```

其中，x 指定一个数据框，并将其强制转换为矩阵；rownames.force 为布尔型参数，将 x 强制转换为矩阵后，矩阵是否包含字符型的列名称，默认为 NA，表示矩阵列名称与数据框变量名称一致。

使用 t() 函数可以实现矩阵的转置，其语法格式为：

```
t(mat)                          # 将矩阵 mat 转置
```

【例 1-12】创建矩阵与数组示例。

输入代码如下：

```
> X <- matrix(5:16,nrow=3,ncol=4)
> X
     [,1] [,2] [,3] [,4]
[1,]    5    8   11   14
[2,]    6    9   12   15
[3,]    7   10   13   16
> XX <- t(X)                     // 矩阵转置
> XX
     [,1] [,2] [,3]
[1,]    5    6    7
[2,]    8    9   10
[3,]   11   12   13
[4,]   14   15   16
> Y <- array(letters[1:16],dim=c(2,4,2))
> Y
,,1

     [,1] [,2] [,3] [,4]
[1,] "a"  "c"  "e"  "g"
[2,] "b"  "d"  "f"  "h"
,,2

     [,1] [,2] [,3] [,4]
[1,] "i"  "k"  "m"  "o"
[2,] "j"  "l"  "n"  "p"
```

2. 提取子集（矩阵索引）

矩阵子集的抽取（索引）与向量子集的抽取（索引）相似，不同的是向量子集是基于一维数据提取的，而矩阵子集则是基于二维数据提取的。

矩阵子集的提取方法为 [row_index,col_index]，其中 row_index 控制矩阵提取的行，col_index 控制矩阵要取的列。

【例 1-13】矩阵子集的提取示例。

输入代码如下：

```
> Mat <- matrix(1:24,ncol=6)          # 创建 4×6 的矩阵
> Mat
      [,1] [,2] [,3] [,4] [,5] [,6]
[1,]    1    5    9   13   17   21
[2,]    2    6   10   14   18   22
[3,]    3    7   11   15   19   23
[4,]    4    8   12   16   20   24
> Mat[3,]                             # 取出第 3 行的数据
[1]  3  7 11 15 19 23
> Mat[,2]                             # 取出第 2 列的数据
[1] 5 6 7 8
> Mat[,5]
[1] 17 18 19 20
> Mat[3,4]                            # 取出第 3 行第 4 列的数据
[1] 15
> Mat[2:3,2:5]                        # 取出第 2~3 行、第 2~5 列的数据
      [,1] [,2] [,3] [,4]
[1,]    6   10   14   18
[2,]    7   11   15   19
> Mat[1:dim(Mat)[1]%%2==1,1:dim(Mat)[2]%%2==0]   # 取出奇数行偶数列的数据
      [,1] [,2] [,3]
[1,]    5   13   21
[2,]    7   15   23
```

提示　取出矩阵中的单行或单列时，应的 col_index 或 row_index 不需要设置。其中 dim 函数以向量形式返回矩阵的行数和列数，dim(Mat)[1] 表示仅返回矩阵 Mat 的行数。

1.4.4　数据框

数据框即数据表，表中不同的字段可以是不同的数据类型，因此构成数据框的各字段可

以是不同数据类型的向量。而向量和矩阵的元素不允许同时出现多种数据类型。

构造数据框可以利用 data.frame() 函数手动创建，或者利用 as.data.frame() 函数将矩阵或列表强制转换为数据框，也可以通过读取外部数据形成数据框。

函数 data.frame() 的语法格式为：

```
data.frame(...,row.names=NULL,check.rows=FALSE,check.names=TRUE,
        fix.empty.names=TRUE,stringsAsFactors=default.
stringsAsFactors())
```

部分参数的含义如表 1-2 所示。

表1-2 参数含义

参　数	含　义
...	指定多个用于构造数据框的长度相等的向量
row.names	指定数据框的行名称（默认为1~n的整数）
check.rows	bool型参数，确认是否检查行名称row.names与数据框的行数一致（默认为FALSE）
check.names	bool型参数，确认是否检查数据框列名称的合理性和重复性（默认为TRUE）
fix.empty.names	bool型参数，当数据框没有列名称时，确认是否将其修正为V1、V2……（默认为TRUE）
stringsAsFactors	bool型参数，确认是否将字符串向量强制转换为因子型向量（默认为TRUE）

函数 as.data.frame() 的语法格式为：

```
as.data.frame(x,row.names=NULL)
```

其中，x 指定待转换为数据框的对象，可以是列表或矩阵。

【例 1-14】数据框创建示例——手动构造学生信息的向量。

输入代码如下：

```
> ID <- 1:6
> Name <- c('Jeff','Tom','Mary','Mike','Mike','Kris')
> Gender <- c('Male','Male','Female','Male','Male','Female')
> Birthday <- c('1995-6-18','1995-4-11','1996-2-8',
                '1995-8-11','1996-1-23','1995-12-19')
> Height <- c(177,182,168,179,173,165)
> Weight <- c(65.3,74.2,57.8,70.4,68.9,55.4)
> Stu_info <- data.frame(ID,Name,Birthday,Gender,Height,Weight)
                                # 将向量组合为数据框
> View(Stu_info)                # 数据预览
```

创建的数据框对象如图 1-13 所示。通过 data.frame() 函数方便将 6 个向量组合为一张数据表，并且表中的字段包含字符型、数值型和日期型。

	ID	Name	Birthday	Gender	Height	Weight
1	1	Jeff	1995-6-18	Male	177	65.3
2	2	Tom	1995-4-11	Male	182	74.2
3	3	Mary	1996-2-8	Female	168	57.8
4	4	Mike	1995-8-11	Male	179	70.4
5	5	Mike	1996-1-23	Male	173	68.9
6	6	Kris	1995-12-19	Female	165	55.4

图 1-13　创建数据框对象

注意 组合为数据框的向量元素个数必须相等，否则会返回错误信息。

当数据框中的行和列较多时，使用 head() 函数可以只显示数据框的前几行，使用 tail() 函数可以只显示数据框的后几行。

```
> head(Stu_info,2)              # 只显示数据的前 2 行，不指定值时，默认显示前 6 行
  ID Name  Birthday Gender Height Weight
1  1 Jeff 1995-6-18   Male    177   65.3
2  2  Tom 1995-4-11   Male    182   74.2
> tail(Stu_info,2)              # 只显示数据的后 2 行，不指定值时，默认显示后 6 行
  ID Name   Birthday Gender Height Weight
5  5 Mike  1996-1-23   Male    173   68.9
6  6 Kris 1995-12-19 Female    165   55.4
```

当数据量比较大时，使用 str() 函数可以只查看数据的结构。如查看数据框 Stu_info 的数据结构，可使用下面的代码：

```
> str(Stu_info)              # 查看 Stu_info 的数据结构
'data.frame':  6 obs. of  6 variables:
 $ ID      : int  1 2 3 4 5 6
 $ Name    : chr  "Jeff" "Tom" "Mary" "Mike" ...
 $ Birthday: chr  "1995-6-18" "1995-4-11" "1996-2-8" "1995-8-11" ...
 $ Gender  : chr  "Male" "Male" "Female" "Male" ...
 $ Height  : num  177 182 168 179 173 165
 $ Weight  : num  65.3 74.2 57.8 70.4 68.9 55.4
```

结果显示，Stu_info 是一个数据框，共有 6 个变量，每个变量又有 6 个观测值。

另外，还有其他函数可以查看数据框的类型、行数、列数等其他信息。

```
> class(Stu_info)              # 使用 class() 函数查看数据框的类型
[1] "data.frame"
> nrow(Stu_info)              # 查看数据框的行数
[1] 6
> ncol(Stu_info)              # 查看数据框的列数
[1] 6
> dim(Stu_info)              # 查看数据框的行数和列数
[1] 6 6
```

当需要对数据框中的特定变量进行分析或绘图时，使用 "$" 符号指定要分析的变量。

```
> Stu_info$Height              # 指定身高（Height，列）
[1] 177 182 168 179 173 165
> Stu_info[,5]              # 同上
> Stu_info[,5 : 6]          # 通过下标指定身高（Height）及体重（Weight）
  Height Weight
1    177   65.3
2    182   74.2
3    168   57.8
4    179   70.4
5    173   68.9
6    165   55.4
> Stu_info[,c(5,6)]          # 同上
> Stu_info[5,]              # 指定第 5 行的数据
  ID Name  Birthday Gender Height Weight
5  5 Mike 1996-1-23   Male    173   68.9
> Stu_info[c(2,4),]          # 指定第 2 行、第 4 行的数据
  ID Name  Birthday Gender Height Weight
2  2  Tom 1995-4-11   Male    182   74.2
4  4 Mike 1995-8-11   Male    179   70.4
```

使用 rbind() 函数可以将不同的数据框按行合并，使用 cbind() 函数可以将不同的数据框按列合并。为保证有意义地合并，当按行合并时，数据框中的列变量必须相同；当按列合并时，数据框中的行变量必须相同。

1.4.5 列表

列表用以存储包括常数、向量、矩阵、数据框在内的任意一种数据对象，甚至可以嵌套列表。列表的元素可以是异质的，行数也可以不同。

1．构造列表

列表的构造使用 list() 函数，其语法格式为：

```
list(…)
```

其中，…为常数、向量、矩阵、数据框在内的任意一种数据对象。

【例 1-15】创建包含常数、字符型向量、矩阵和数据框 4 个元素的列表。

输入代码如下：

```
# 创建列表元素的对象
> Constant <- 20
> Vector <- c(' 本科 ',' 本科 ',' 硕士 ',' 本科 ',' 博士 ')
> Mat <- matrix(data=1:9,ncol=3)
> DF <- data.frame(ID=1:5,Age=c(22,23,26,23,28),
                   Gender=c(' 女 ',' 男 ',' 男 ',' 女 ',' 男 '),
                   Income=c(10500,9800,18000,14000,26000))
> List_object <- list(A=Constant,B=Vector,Mat,D=DF)          # 构造列表
> List_object
$A
[1] 20

$B
[1] " 本科 " " 本科 " " 硕士 " " 本科 " " 博士 "

[[3]]
     [,1] [,2] [,3]
[1,]    1    4    7
[2,]    2    5    8
[3,]    3    6    9

$D
  ID Age Gender Income
1  1  22     女  10500
2  2  23     男   9800
3  3  26     男  18000
4  4  23     女  14000
5  5  28     男  26000
```

> 说明 在构造列表时，第 3 个元素并没有将 Mat 传递给一个新的变量名，因此第 3 个元素的输出以"[[3]]"作为名称。

2. 列表索引

列表的索引有单方括号"[]"、双方括号"[[]]"和美元符号"$"3 种形式，区别在于返回的元素是列表型数据结构还是其本身的数据结构。

单括号索引方式返回的一定是列表型对象，而非元素的原始结构；双括号索引或美元符号索引方式返回的一定是元素的原始结构。

【例 1-16】利用上例中创建的列表 List_object 演示列表的索引，检查返回列表中元素的数据结构。

输入代码如下：

```
> Return_A <- List_object[1]        # 中括号索引
> class(Return_A)
[1] "list"
> Return_B <- List_object[[2]]      # 双中括号索引
> class(Return_B)
[1] "character"
> Return_C <- List_object[[3]]      # 双中括号索引
> class(Return_C)
[1] "matrix" "array"
> Return_D <- List_object$D         # 美元符号索引
> class(Return_D)
[1] "data.frame"
```

如结果所示，第一个元素通过单中括号的索引方式返回列表型对象，第二个元素通过双中括号的索引方式返回字符型向量，第三个元素通过双中括号的索引方式返回矩阵型对象，第四个元素通过美元符号索引方式返回数据框对象。

> 注意 在返回原始的数据结构时，若列表元素有名称（如 List_object 中的 A、B 和 D），则可以使用双括号或美元符号；若列表元素没有名称（如 List_object 中的 [[2]]），则只能使用双括号的索引方式。

1.4.6 因子

在数据分析中，变量或数据（变量的观测结果）基本可以分为类别变量（Categorical Variable）与数值变量（Metric Variable）两大类。

（1）类别变量是取值为对象属性或类别以及区间值（Interval Value）的变量，也称定性变量（Qualitative Variable）。例如性别可以分为"男""女"两类，"性别"就是类别变量，当把成绩（满分 100 分）等级分为 85~100（优）、75~84（良）、60~74（中）及 60 以下（差），"成绩等级"为数值区间，因而也属于类别变量，类别变量的观测值就是类别数据。

类别变量根据取值是否有序可分为无序类别变量和有序类别变量。无序类别变量的各类别间是不可以排序的，而有序类别变量的各类别间是有序的，如成绩分为"优""良""中""差"就是有序的。取区间值的变量自然是有序类别变量。

（2）数值变量是取值为数字的变量，变量的观测结果称为数值数据（Metric Data）或定量数据（Quantitative Data）。数值变量根据其取值的不同可以分为离散变量和连续变量。离散变量是只能取有限个值的变量，其取值可以列举；连续变量是可以在一个或多个区间中取任何值的变量。

类别变量在 R 中称为因子（Factor），因子的取值称为水平（LEVEL），很多分析或绘图都可以按照因子的水平进行分类处理。使用 factor() 函数可以将向量编码为因子。

【例 1-17】将向量编码为因子示例。

输入代码如下：

```
> va <- c("优","良","中","差")        # 创建向量 va
> va
[1] "优" "良" "中" "差"
> fac1 <- factor(va)                  # 将向量 a 编码为因子
> fac1
[1] 优 良 中 差
Levels: 差 良 优 中
> as.numeric(fac1)                    # 将因子 a 转换为数值
数值
[1] 3 2 4 1
```

可以发现，上述因子是无序的。若将有序因子转换为数值，则需要将 factor() 函数中的参数设置为 ordered=TRUE（默认 ordered=FALSE）。

```
> fac2 <- factor(va,ordered=TRUE,levels=va)        # 将向量 va 编码为有序因子
> fac2
[1] 优 良 中 差
Levels: 优 < 良 < 中 < 差
> as.numeric(fac2)                                 # 将因子 a 转换为数值
[1] 1 2 3 4
```

1.5 数据存取与抽样

前面介绍了各类 R 数据的创建方法，而在实际工作中，要分析或绘图的数据是已有数据，因此在分析前，只需要将这类数据读入 R 即可。R 可以读取多种类型的数据，也可以读取数据库中的数据，还可以在网上爬取数据。

1.5.1 数据存取

图表绘制通常使用外部保存的数据文件，R 可以读取不同格式（包括 CSV、TXT，以及 Excel、SQL、HTML 等数据文件）的外部数据。

1. 读入 R 格式的数据

R 语言系统除自带数据集外，本身还提供 *.RData 和 *.rds 两种数据存储格式。通过 load() 函数和 readRDS() 函数可以分别实现 *RData 格式和 *rds 格式数据的读取。

（1）RData 格式文件属于非标准化存储，既可以存储数据，又可以存储当前工作空间中的所有变量。

（2）RDS 格式文件属于标准化存储，仅用于存储单个 R 对象，且存储时可以创建标准化档案。

当数据本身为 R 格式，或已将其他格式数据保存为 R 格式，可以直接使用 load() 函数将指定路径下的数据读入（加载）R 中。

2. 读取 CSV/TXT 格式的数据

CSV 或 TXT 格式的数据是学习或工作中常见的文本型数据。其中，CSV 格式数据是一种通用的数据格式，其他很多类型的数据均可转换为 CSV 格式。使用 read.table() 与 read. csv() 函数可以很容易将 CSV、TXT 格式数据读入 R 中，这里只介绍 read.csv()。

```
read.table(file,header=FALSE,sep="",quote="\"'",dec=".",
           row.names,col.names,as.is=!stringsAsFactors,tryLogical=TRUE,
           na.strings="NA",colClasses=NA,nrows=-1,
           skip=0,check.names=TRUE,fill=!blank.lines.skip,
           strip.white=FALSE,blank.lines.skip=TRUE,
           comment.char="# ",
           allowEscapes=FALSE,flush=FALSE,
           stringsAsFactors=FALSE,
           fileEncoding="",encoding="unknown",text,skipNul=FALSE)

read.csv(file,header=TRUE,sep=",",quote="\"",
         dec=".",fill=TRUE,comment.char="",...)
```

部分参数的含义如表 1-3 所示。

表1-3　参数含义

参　数	含　义
file	指定需要读取的文件路径（需包含路径和文件名，如'D:/Rdata/test.csv'，路径需采用反斜杠"/"，或者双斜杠"\\"）
header	指定是否需要将原始数据集中的第一行（字段名称）作为表头，对于read.csv函数，默认为TRUE
sep	指定原始数据集中字段间的分隔符，对于read.csv函数，默认为','
quote	指定值的引号方式，对于read.csv函数，默认为双引号
dec	指定浮点型数据的小数点格式，默认为英文状态下的点
fill	在原始数据集中，如果行内值的个数不相等，是否用空白填充，对于read.csv函数，默认为TRUE
comment.char	通过指定字符型的注释符，使得读取数据时跳过这些注释符开头的行记录；对于read.csv函数，默认为空字符（""）
stringsAsFactors	确定是否需要将字符型变量强制转换为因子型变量，默认为FALSE

【例 1-18】文件读取示例。

输入代码如下：

```
> TableA <- read.csv("D:/Rdata/d_table.csv")  # 读取含有标题的 CSV 格式数据
> TableB <- read.csv("D:/Rdata/d_table.csv",header=FALSE)
                                      # 读取不含标题的 CSV 格式数据
> load("D:/Rdata/d_table.RData")      # 读取加载 R 格式数据
```

3．读取 Excel 格式数据

使用 xlsx 包中的 read.xlsx() 函数和 read.xlsx2() 函数导入 .xlsx 格式的数据文件。在实际工作中建议使用 CSV 格式导入数据文件。

```
TableA <- read.xlsx("D:/Rdata/Data.xlsx",sheetIndex=1)
```

也可以使用 write.xlsx() 函将数据文件导出为 XLSX 格式：

```
write.xlsx(TableA," D:/Rdata/Data.xlsx",sheetName="Sheet Name")
```

> **注意** 在使用 R ggplot2 绘图时，通常使用一维数据列表的数据框。当导入的数据表是二维数据列表时，需要使用 reshape2 包的 melt() 函数或者 tidyr 包的 gather() 函数将二维数据列表的数据框转换成一维数据列表。

4．保存数据

当在 R 中录入新数据，或者想要对读入的数据以指定格式保存在指定的路径中时，可以使用 write.table() 函数。当需要以 CSV 格式保存在指定的路径中时，建议使用 write.csv() 函数。

```
write.table(x,file="",append=FALSE,quote=TRUE,sep=" ",
            eol="\n",na="NA",dec=".",row.names=TRUE,
            col.names=TRUE,qmethod=c("escape","double"),
            fileEncoding="")

write.csv(...)
```

部分参数的含义如表 1-4 所示。

表1-4　参数含义

参　数	含　义
x	指定需要保存的数据名称，可以是矩阵格式，也可以是数据框格式
file	指定数据保存后的文件名称（含文件格式，如CSV或TXT等），可带路径
append	bool型参数，是否需要将数据追加到已存在的外部数据集中，默认为FALSE；在write.csv函数中，该参数值不能修改
quote	传递bool型值，或者数值向量，默认为TRUE，即对于字符型变量，变量中的值会添加双引号；如果参数接受的是数值向量，则表示对应下标的字符型变量值将添加双引号
sep	指定输出数据集中各变量之间的分隔符，默认为空格；在write.csv函数中，参数值不能修改
na	指定输出数据集中，缺失值的表示方法，默认为NA
dec	指定输出数据集中，小数点的表示方法，默认为英文状态下的句号点

【例 1-19】文件保存示例。

输入代码如下：

```
> write.csv(dN_table,file="D:/Rdata/d_table.csv")
                              # 将数据保存为 CSV 格式，并存放在指定路径中
> save(dN_table,file="D:/Rdata/d_table.RData")
                              # 将数据保存为 R 格式，并存放在指定路径中
```

1.5.2 数据抽样

1. 生成随机数

工作中，有时需要生成各类分布的随机数做模拟分析，R 中产生随机数时，只需在相应分布函数前加字母"r"即可，如生成均值为 0、标准差为 1 的正态分布随机数，代码如下：

```
rnorm(n,mean=0,sd=1)    # 产生 n 个服从正态分布的随机数，其均值为 0，标准差为 1
```

如果需要每次运行都产生相同的一组随机数，可在生成随机数之前使用 set.seed() 函数设定随机数种子。例如：

```
set.seed(9)
```

使用相同的随机数种子，每次运行都会产生一组相同的随机数。

【例 1-20】产生随机数示例。

输入代码如下：

```
> rnorm(6)              # 产生 6 个标准正态分布随机数
[1] -0.6100317 -0.7621257  0.5379864 -0.9037370  0.4651411  1.0644905
> set.seed(9)           # 设定随机数种子
> rnorm(8,25,2)         # 产生 8 个均值为 25、标准差为 2 的正态分布随机数
[1] 26.24514 23.43874 24.46430 24.29931 22.85433 25.25595 28.95925 25.66443
> runif(6,0,2)          # 在 0~20 产生 6 个均匀分布随机数
[1] 1.7958039 1.8487793 0.9142511 0.1712717 0.9751896 0.9961681
```

2. 随机抽样

实验获取的数据会比较庞大，实际应用需要从中抽取一个简单随机样本以作为分析样本。R 的 sample() 函数可以实现随机抽样，其语法格式为：

```
sample(x,size,replace=FALSE,prob=NULL)
```

其中，x 是由一个或多个元素组成的向量，size 是要抽取的元素个数（样本量），replace 确定是否采取放回抽样，设置为 TRUE 表示有放回抽样，默认为 FALSE（不放回抽样），prob 是要抽取元素的概率权重向量。

【例 1-21】随机抽样示例。

输入代码如下：

```
> set.seed(10)              # 设定随机数种子
> N <- rnorm(100,6,2)       # 产生 100 个均值为 6、标准差为 2 的正态分布随机数
> n1 <- sample(N,size=8)    # 无放回随机抽取 8 个数据
> n1
[1] 5.796478 4.644771 4.255682 7.785852 6.296336 7.511563 5.350912 2.786646
```

1.6 获取帮助信息

R 语言拥有功能强大、种类繁多的第三方包，方便不同的用户选择合适的包解决工作中的实际问题。这也造成了需要记忆太多的包或函数，甚至函数的具体用法和参数含义也要掌握。当不记得这些函数或包时，就需要通过 R 语言强大的资源支持系统获取对应的帮助信息。

1.6.1 使用内置帮助函数

在 R 语言的学习中，熟练掌握帮助的使用方法是至关重要的。R 语言自身包含大量的内置帮助函数，这些函数均可以在离线环境下使用，常用的内置帮助函数如表 1-5 所示。

表1-5 内置帮助函数的功能及用法

函数名称	功　能	示　例
help.start	显示R语言的网页帮助	help.start()
?	查找某个函数帮助	?t.test或?"t.test?"t.test ""
help	查找某个函数帮助	help(t.test)或help("t.test")
??	查找与某个函数有关的关键字	??t.test或??"t.test"
help.search	查找与某个函数有关的关键字	help.search("t.test")
apropos	查找与输入字段相匹配的函数与变量	apropos("t.test")
find	查找与输入字段相匹配的对象（变量或函数）所属的环境或包	find("t.test")
example	运行函数示例（所有函数）	example(t.test)或example(t.test)
demo	运行函数演示（部分函数）	demo(nlm)或demo("nlm")
RSiteSearch	在http://search.r-project.org上检索输入的关键字	RSiteSearch("Hosmer-Lemeshow")
data	列出当前已加载包中所含的所有可用示例数据集	data()
vignette	列出当前已安装包中所有可用的vignette文档	vignette()

R 自带了很多数据集，并附有数据集的分析和绘图示例，可作为学习 R 时的练习使用。利用 data() 函数及 help() 函数可以了解数据集的信息。

```
data()                       # 列出当前已加载包中所含的所有可用示例数据集
data(date_name)              # 查看名为 date_name 的数据集数据
help(date_name)              # 查看数据集 date_name 的详细信息
```

【例 1-22】获取帮助信息示例。

输入代码如下：

```
> help(lda,package='MASS')        # 直接查询某个函数的帮助文档
> help.search('geom_bar')         # 从所有已下载的包中搜寻 geom_bar 函数
> RSiteSearch('Neural Network')       # 在线搜索包含关键词的帮助文档
> help(Titanic)                   # 查看泰坦尼克号的数据详细信息
> example(t.test)                 # 运行函数 t.test 的示例
```

1.6.2　R 语言相关软件和资料

除内置函数帮助外，R 语言还拥有丰富的外部学习资源，为方便读者学习，下面提供一些 R 语言相关软件和资料的常用站点：

（1）R 语言官方及 RStudio 官方提供了丰富的学习资料。

（2）R 语言邮件列表收集了多年来积累的关于 R 语言的各种问题及解决方法，读者可以订阅这些邮件列表，以获取帮助。

（3）Rseek 站点是一个 R 语言的网页搜索引擎，可以查找各种函数，以及 R 语言邮件列表中的讨论和博客文章。

（4）R-bloggers 是 R 语言主要的博客社区，也是关注 R 语言的社区资讯和小技巧的最佳方式。另外，Stack Overflow 与 R-bloggers 类似，也是一个活跃的 R 语言社区。

（5）R 语言入门中文论坛是专门为国内 R 语言用户提供的在线沟通和交流的平台，当遇到问题时可以与大家交流分享。

1.7　本章小结

本章详细介绍了 R 语言的基础知识，包括 R 语言的概述、获取与安装、对象与变量、数据结构、数据存取与抽样以及获取帮助信息等内容。本章为 R 语言的基础入门知识，通过本章的学习，可以为后续学习和应用 R 语言实现数据可视化打下坚实的基础。

第 2 章
传统绘图系统

R 中包括传统绘图系统和网格绘图系统两种主要的绘图系统，传统绘图系统由自带的 graphics 包实现。R 中图形的绘制均由相应的函数实现，基础绘图包 graphics 提供了大量生成基本图形的函数。本章着重介绍基础包中的绘图函数及其使用方法。

2.1 常用的绘图函数

R 中的一些基本绘图函数均由基础绘图包 graphics 包提供，这些函数可以直接使用而不必加载 graphics 包。包中的绘图函数大致可分为高级绘图函数和低级绘图函数两大类。

这里的高级绘图函数指可以产生一幅独立的图形函数；而低级绘图函数通常不产生独立的图形，而是在高级绘图函数创建的图形基础上添加新的图形元素，如图例、标题、注释、坐标轴等。

2.1.1 高级绘图函数

高级绘图函数中的 plot() 函数是基础绘图包 graphics 包中最重要的绘图函数，该函数是一个泛型函数，可以绘制多种图。plot() 函数的基本语法格式为：

```
plot(x,y=NULL,type="p",xlim=NULL,ylim=NULL,
     log="",main=NULL,sub=NULL,xlab=NULL,ylab=NULL,
     ann=par("ann"),axes=TRUE,frame.plot=axes,
     panel.first=NULL,panel.last=NULL,asp=NA,
     xgap.axis=NA,ygap.axis=NA,...)
```

各参数的含义如表 2-1 所示。

表2-1　参数含义

参　数	含　义
x,y	确定绘图的x和y坐标。数据可以是两个单独的向量x和y，也可以是时间序列、表达式（公式）、列表或至少有两列数据的矩阵
type	设置绘图类型的符号。"p"表示画点（散点图），"l"表示画线（折线图），"o"表示描点连线（线穿过点），"b"表示描点连线（线与点不相连），"c"表示画线（点留空白），"s"或"S"表示画阶梯线（阶梯图），"h"表示画垂线（从0出发），"n"表示空白（只生成坐标轴）
xlim/ylim	设置x/y轴的数值范围(x1,x2)/(y1,y2)。当x1>x2时，会使x轴反转，默认NULL使用数据所限定的范围
log	确定坐标轴是否取对数。" "表示不取对数，"x"表示x轴取对数，"y"表示y轴取对数，"xy"表示两个坐标轴都取对数
main	图形的主标题，在图的上方
sub	图形的副标题、子标题，在图的下方
xlab/ylab	x/y轴的标签（默认为x/y）
ann	逻辑值。TRUE表示绘制出坐标轴的标签和图形的标题，FALSE表示不绘制
axes	逻辑值。指示是否绘制坐标轴。设为参数"xaxt"或"yaxt"，表示仅禁止显示其中一个轴
frame.plot	逻辑值。指示是否要绘制图形外框
panel.first	设置绘制坐标轴之后，在进行任何绘图之前要计算的表达式
panel.last	绘制图形后，在添加轴、标题和图框前要计算的表达式
asp	数值。表示图形的比例（y/x）
xgap.axis ygap.axis	x/y轴间隙因子（标签与轴之间的间距），作为gap.axis传递给axis()调用（当axis为true时）

【例 2-1】利用 R 自带的数据集 mtcars 练习使用 plot() 函数绘制图形，其中 wt 为车重，disp 为排量。

输入代码如下：

```
par(mfrow=c(2,3))                    # 按 2 行 3 列排列
mtcars <- mtcars[order(mtcars$wt),] # 使用 mtcars 数据集按重量（wt）排序
plot(mtcars$wt,mtcars$disp,type='p',main="type='p'",col=rainbow(6))
```

```
                    # 绘制散点图（type='p'），颜色使用 rainbow(6) 生成的 6 种颜色
plot(mtcars$wt,mtcars$disp,type='l',main="type='l'",col=rainbow(6))
                    # 绘制线图（type='l'）
plot(mtcars$wt,mtcars$disp,type='o',main="type='o'",col=rainbow(6))
                    # 绘制点线图（type='o'），结合了散点图和线图
plot(mtcars$wt,mtcars$disp,type='b',main="type='b'",col=rainbow(6))
                    # 绘制箱线图（type='b'）
plot(mtcars$wt,mtcars$disp,type='s',main="type='s'",col=rainbow(6))
                    # 绘制阶梯图（type='s'）
plot(mtcars$wt,mtcars$disp,type='h',main="type='h'",col=rainbow(6))
                    # 绘制直方图（type='h'）
```

输出结果如图 2-1 所示。

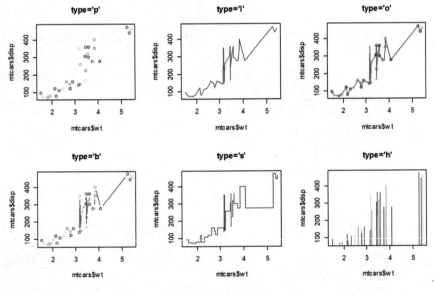

图 2-1 输出结果 1

```
par(mfrow=c(2,3))                              # 按 2 行 3 列排列
plot(mtcars$wt,mtcars$disp,pch=1,main="pch=1",col=rainbow(6))
                                               # 绘制实心圆点（pch=1）
plot(mtcars$wt,mtcars$disp,pch=3,main="pch=3",col=rainbow(6))
                                               # 绘制十字点（pch=3）
plot(mtcars$wt,mtcars$disp,pch=5,main="pch=5",col=rainbow(6))
                                               # 绘制实心菱形点（pch=5）
plot(mtcars$wt,mtcars$disp,pch=7,main="pch=7",col=rainbow(6))
```

```
                                              # 绘制十字菱形点（pch=7）
plot(mtcars$wt,mtcars$disp,pch=9,main="pch=9",col=rainbow(6))
                                              # 绘制实心三角形点（pch=9）
plot(mtcars$wt,mtcars$disp,pch=11,main="pch=11",col=rainbow(6))
                                              # 绘制十字三角形点（pch=11）
```

输出结果如图 2-2 所示。

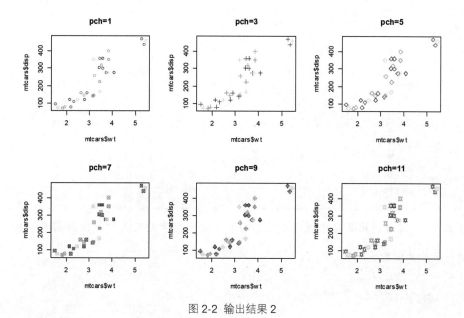

图 2-2　输出结果 2

除 plot() 函数外，graphics 包中还提供了其他一些高级绘图函数，如表 2-2 所示。其中部分作为 plot() 函数的替代函数存在，如利用 barplot() 绘制条形图；部分作为独立的绘制函数存在，如利用 hist() 绘制直方图。

表2-2　高级绘图函数速查表

函　　数	采用的数据类型	绘制的图形
assocplot	二维列联表	关联图
barplot	数值向量、矩阵、列联表	条形图
boxplot	数值向量、矩阵、列联表	箱线图
cdplot	单一数值向量、单一对象	条件密度图
contour	数值×数值×数值	等高线图
coplot	表达式	条件图
curve	表达式	曲线图

（续表）

函 数	采用的数据类型	绘制的图形
dotchart	数值向量、矩阵	点图
fourfoldplot	2×2数据表	四折图
hist	数值向量	直方图
image	数值×数值×数值	色阵图
matplot	数值向量、矩阵	矩阵列图
mosaicplot	二维列联表、N维列联表	马赛克图
pairs	矩阵、数据框	散点图矩阵
persp	数值×数值×数值	三维透视图
pie	非负的数值向量、列联表	饼图
stars	矩阵、数据框	星图
stem	数值向量	茎叶图
stripchart	数值向量、数值向量列表	带状图
sunflowerplot	数值向量、因子	太阳花图
symbols	数值×数值×数值	符号图

【例 2-2】练习使用高级绘图函数绘制图形（使用自带的空气质量数据 airquality）。

输入代码如下：

```
aq <- airquality
hist(aq$Wind,xlab="wind",main="Hist in wind")
                                    # 绘制直方图，如图 2-3（a）所示
boxplot(Wind~Month,aq,xlab="Month",main="Box in wind~month")
                                    # 绘制箱线图，如图 2-3（b）所示
plot(aq$Wind,aq$Temp,xlab='wind',ylab='temp',main='wind and temp')
                                    # 绘制散点图，如图 2-3（c）所示
```

输出结果如图 2-3 所示。

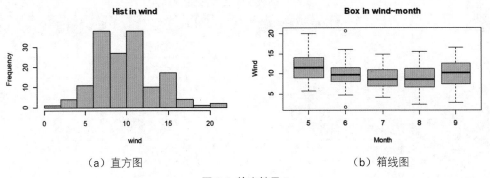

（a）直方图 （b）箱线图

图 2-3 输出结果 3

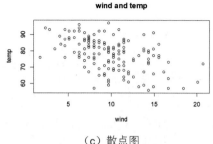

（c）散点图

图 2-3　输出结果 3（续）

绘制散点图的语句也可以采用下面的语句格式。

```
with(aq,plot(Wind,Temp,xlab='wind',ylab='temp',main='Wind and Temp',
    type='p'))
```

绘图结果与 plot() 函数直接绘制散点图一致。这里使用 with() 函数一次性完成对 R 语言表达式的操作。在 R 语言中，with() 函数是通过构建自定义 / 用户定义的函数来执行特定操作的。其语法结构为：

```
with(data,expr,…)
```

【例 2-3】利用 with() 函数绘图。输入代码如下：

```
aq <- airquality
plot(aq$Wind,aq$Temp,xlab='wind',ylab='temp',main='Wind and Temp',
    pch=1,type='n')                    # type=n 代表先不绘制图像
with(subset(aq,Month==5),points(Wind,Temp,col='red'))   #5 月数据为红色点
with(subset(aq,Month==6),points(Wind,Temp,col='green'))  #6 月数据为绿色点
with(subset(aq,Month==7),points(Wind,Temp,col='orange')) #7 月数据为橘色点
with(subset(aq,Month %in% c(8,9,10)),points(Wind,Temp,col='blue'))
```

输出结果如图 2-4 所示。

2.1.2　低级绘图函数

R 中的高级绘图函数都可以产生一幅独立的图形。当这些图形不能满足可视化需要时，可以使用低级绘图函数为现有的图形添加新的元素，如标题、图例、注释、坐标轴等。

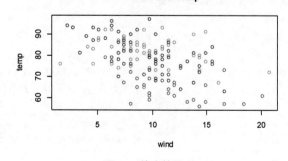

图 2-4　输出结果 4

1. 添加 / 修改图例

使用 legend() 函数可以为图形添加图例，其基本语法格式为：

```
legend(x,y=NULL,legend,fill=NULL,col=par("col"),
    border="black",lty,lwd,pch,
    angle=45,density=NULL,bty="o",bg=par("bg"),
    box.lwd=par("lwd"),box.lty=par("lty"),box.col=par("fg"),
    pt.bg=NA,cex=1,pt.cex=cex,pt.lwd=lwd,
    xjust=0,yjust=1,x.intersp=1,y.intersp=1,
    adj=c(0,0.5),text.width=NULL,text.col=par("col"),
    text.font=NULL,merge=do.lines && has.pch,trace=FALSE,
    plot=TRUE,ncol=1,horiz=FALSE,title=NULL,
    inset=0,xpd,title.col=text.col[1],title.adj=0.5,
    title.cex=cex[1],title.font=text.font[1],seg.len=2)
```

各参数的含义如表 2-3 所示。

表2-3 参数含义

参　数	含　义
x,y	图例位置坐标
legend	图例内容
fill	图例标签的颜色，该设置会在图例前显示一个色彩方块
col	图例中点或线条的颜色
border	图例色块边框的颜色（使用fill时有效）
lty,lwd,pch	图例中线条的类型、宽度、符号类型
angle,density	阴影线的角度、密度
bty,bg	图例边框的类型、背景颜色
box.lwd/box.lty/box.col	图例边框线条的宽度、类型、颜色
pt.bg	图例框中点的背景颜色（设置pch时有效）
cex	图例中字符的缩放倍数
pt.cex,pt.lwd	图例中点的缩放因子、线条宽度
xjust,yjust	设置图例的x/y坐标调整方式，0表示左/上对齐，0.5表示中间对齐，1表示右/下对齐
x.intersp,y.intersp	字符横向/纵向间距
adj	图例文字的对齐方式
text.width/text.col/text.fon	图例文字的宽度、颜色、字体
merge	逻辑值。若设为TRUE，则合并点和线，但不填充
trace	逻辑值。若设为TRUE，则显示图例的计算过程
plot	逻辑值。若设为FALSE，则返回计算结果，但不绘制图例
ncol	设置图例的列数
horiz	逻辑值。设为FALSE表示图例竖着摆放，TRUE表示图例横着摆放
title	设定图例框上方的标题
inset	设置图例到图形边框的距离
xpd	绘制图例时控制剪裁
title.col/ title.adj	设置标题颜色、水平位置

（续表）

参　数	含　义
title.cex/ title.font	设置标题的缩放倍数、字体
seg.len	插入线型或线宽时线的长度

【例 2-4】利用 legend() 函数添加图例。输入代码如下：

```
leg.txt <- c("a one","a two")# 创建一个包含两个文本元素的向量，作为图例标签
par(mfrow=c(2,2))        # 设置图形布局为 2×2，即创建一个包含 4 个子图的图形窗口
for(ll in c("","x","y","xy")){
    plot(2:10,log=ll,main=paste0("log='",ll,"'"))
    abline(1,1)                     # 在当前子图中添加一条斜率为 1 的参考线
    lines(2:3,3:4,col=2)            # 在当前子图中添加一条颜色为 2 的折线
    points(2,2,col=3)              # 在当前子图中添加一个颜色为 3 的点
    rect(2,3,3,2,col=4)            # 在当前子图中添加一个矩形，颜色为 4
    # 在当前子图中添加两个文本标签，用于注释绘制的图形元素，位于 (3,2)、(3,3) 处
    text(c(3,3),2:3,c("rect(2,3,3,2,col=4)",
            "text(c(3,3),2:3,\"c(rect(...)\")"),adj=c(0,0.3))
    # 在当前子图中添加一个图例，包括两个标签（从 leg.txt 中获取），分别使用颜色 2 和 3
    legend(list(x=2,y=8),legend=leg.txt,col=2:3,pch=1:2,lty=1)#,trace=TRUE)
}
```

输出结果如图 2-5 所示。

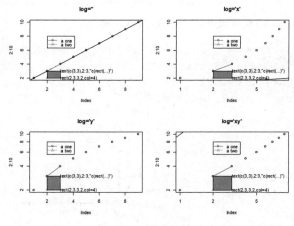

图 2-5　输出结果 5

2. 添加 / 修改坐标轴

使用 axis() 函数可以为图形添加坐标轴，其基本语法格式为：

```
axis(side,at=NULL,labels=TRUE,tick=TRUE,line=NA,
     pos=NA,outer=FALSE,font=NA,lty="solid",
     lwd=1,lwd.ticks=lwd,col=NULL,col.ticks=NULL,
     hadj=NA,padj=NA,gap.axis=NA,...)
```

各参数的含义如表 2-4 所示。

表2-4 参数含义

参 数	含 义
side	设置坐标轴的位置。1表示下方，2表示左侧，3表示上方，4表示右侧
at	数值向量。设置画刻度的点（不设置采用与axTicks一样的方法计算刻度的位置）
labels	逻辑值或向量。如果是逻辑值，设置刻度上是否要加上数值注释；如果是向量，其中的每个值就是一个刻度的标签
tick	逻辑值。是否要画刻度和坐标轴
line	坐标轴距离边的行数（间隔），NA表示没有间隔
pos	坐标轴的坐标位置。若不是NA，则会覆盖line参数
outer	逻辑值。设置坐标轴是否绘制在外部边距中，FALSE表示把坐标轴画在标准边距中
font	坐标轴文字的字体
lty	坐标轴的线条类型
lwd	坐标轴线条的宽度
lwd.ticks	刻度标记线条的宽度
col	坐标轴线条的颜色
col.ticks	刻度线的颜色
hadj/padj	调整标签为水平/垂直方向
gap.axis	坐标轴间隙因子

【例 2-5】利用 axis() 函数修改坐标轴。输入代码如下：

```
plot(1:7,rnorm(7),type="s",xaxt="n",frame.plot=FALSE,col="red")
axis(1,1:7,LETTERS[1:7],col.axis="blue")
axis(4,col="violet",col.axis="darkviolet",lwd=2)
axis(3,col="green",lty=2,lwd=0.5)
```

输出结果依次如图 2-6 所示。

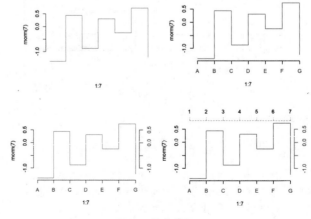

图 2-6 输出结果 6

前面介绍了 legend() 函数与 axis() 函数的语法格式，下面给出 graphics 包中的部分常用低级绘图函数，如表 2-5 所示，限于篇幅，这里不再详细介绍。

表2-5　低级函数功能表

函　数	功　能
abline	为图形添加截距为a、斜率为b的直线
arrows	在坐标点(x0,y0)和(x1,y1)之间绘制线段，并在端点处添加箭头
box	绘制图形边框
layout	图形页面布局
legend	在坐标点(x,y)处添加图例
lines	在坐标点(x,y)之间添加直线
mtext	在图形区域的边距或区域的外部边距添加文本
points	在点(x,y)处添加点
polygon	沿点(x,y)绘制多边形
polypath	绘制由一个或多个连接坐标点的路径组成的多边形
rasterImage	绘制一个或多个网格图像
rect	绘制一个矩形，左下角为(xleft,ybottom)，右上角为(xright,ytop)
rug	添加地毯图
segments	在点(x0,y0)和(x1,y1)之间绘制线段
text	在点(x,y)处添加文本
title	为图形添加标题
xspline	根据点(x,y)绘制x样条曲线（平滑曲线）

2.2　图形参数控制

R 中图形的输出是通过参数控制的，每个绘图函数都有多个参数，如前文介绍的 plot() 函数的参数，这些参数不做任何修改表示使用默认参数设置。当默认设置不能满足需要时，可以通过修改默认设置以改善图形输出。

2.2.1　图形控制

在 R 中，图形参数可以通过函数自身参数进行设置，也可以在绘图前先对图形的通用参数进行设置，如多幅图的排列方式、图形的边界、图中的字体或符号、图题字体等。

通用参数设置是通过 par() 函数实现的，其基本语法格式为：

```
par(...,no.readonly=FALSE)
```

通过 par() 函数设置的部分图形控制参数及其含义如表 2-6 所示，其中部分参数也可以作为其他绘图函数（如 plot()、pie() 等）的参数。

表2-6 通用参数功能

参　　数	功　　能
adj	设置文本（tex）、标题等字符串在图中的对齐方式，取[0,1]中的任何值。其中，=0表示左对齐，=0.5（默认）表示居中，=1表示右对齐
ann	控制高水平绘图函数的主标题和坐标轴标题注释。若为FALSE，则不显示这些注释
ask	逻辑值。若为TRUE（且当前的R会话是可交互状态），则在绘制新图像之前要求用户输入确认信息
bg	设置绘图区域的背景颜色
bty	设置图周围边框的类型。="o"（默认）表示周围都有边框，="1"表示边框在左侧和下方，="7"表示在上方和右侧，="c"表示在左侧和上方，="u"表示在两侧和下方，="]"表示在右侧和下方
cex	控制文字和绘图符号的大小。=1表示正常大小，=0.8表示绘图文字和符号缩小为正常大小的80%，以此类推
cex.axis、cex.lab cex.main、cex.sub	依次表示对坐标轴文字、坐标轴标签、主标题、副标题的缩放倍数，以cex为基准
cin、cra	只读参数，不能修改。以形式(width,height)返回字体大小，单位为英寸。与参数cra的作用一样，只是测量单位不同
col	设定默认的绘图颜色
col.axis、col.lab col.main、col.sub	设置坐标轴刻度值、坐标轴标签、主标题、副标题的颜色，默认为"black"
crt	用于表示单个字符的旋转度数，最好为90的倍数。和参数srt的不同之处在于后者是对整个字符串进行旋转
csi	只读参数，返回默认的字符高度，以英寸为单位
cxy	只读参数，以形式(width,height)返回默认的字符宽度、高度，其中par("cxy")=par("cin")/par("pin")
din	只读参数，表示绘图设备的尺寸规格，以形式(width,height)返回，单位为英寸
err	（未实现）所需的错误报告程度
family	文字的字体族
fg	绘图的前景颜色
fig	指定数值向量c(x1,x2,y1,y2)，x1<x2,y1<y2用于设定当前图形在绘图设备中所占的区域
fin	当前绘图区域的尺寸规格，形式为(width,height)，单位为英寸
font	文字的字体。1代表纯文本（默认值），2表示黑体，3表示斜体，4表示黑色斜体。在Adobe字符编码下，5也可以
font.axis、font.lab font.main、font.sub	依次表示设置坐标轴的注释、坐标轴标签、主标题、副标题的字体
lab	指定向量(x,y,len)。其中x和y设置x轴和y轴刻度的数量，len设置标签的长度
las	指定坐标轴标签的风格。0表示平行于坐标轴，1表示水平方向，2表示垂直于坐标轴，3表示垂直方向

（续表）

参　数	功　能
lend	指定线段端点样式。0或"round"表示圆头，1或"butt"表示粗头，2或"square"表示方头
lheight	设置线条高度乘数。一行文本的高度（用于垂直分隔多行文本）是通过将字符高度乘以当前字符扩展和行高乘数得到的。默认为1，用于text和strheight
ljoin	线条连接样式。0或"round"表示圆形线条连接（默认），1或"mitre"表示斜接线连接，2或"bevel"表示斜角线连接
lmitre	线的斜接限制。控制何时将斜接线连接自动转换为斜接线，值必须大于1，默认为10
lty	直线类型。可以为整数（0为空，1为实线（默认值），2为虚线，3为点线、字符串（与整数一一对应，如"blank" "solid" "dashed" "dotted" "dotdash" "longdash"或"twodash"）
lwd	线条宽度。为一个整数，默认为1
mai、mar	参数是一个数值向量c(bottom,left,top,right)，设置图形边距大小，单位是英寸（mai）或文字行数（mar），如图2-7所示
mex	扩展因子，用于描述绘图边缘的坐标。注意，这不会改变字体大小，而是指定用于在mar和mai之间以及在oma和omi之间转换的字体大小（作为csi的倍数）
mfcol、mfrow	参数是一个数值向量c(nr,nc)，用于将绘图区域分割成nr行和nc列的矩阵，并按列（mfcol）或按行（mfrow）填充各图
mfg	参数是一个数值向量c(i,j)，其中i和j表示图形阵列中的哪个图形将被绘制（如果设置）或正在绘制（如果查询）。数组必须已由mfcol或mfrow设置
mgp	含有3个值的向量，控制轴标题、轴标签和轴线的边距（与图形边界的距离），默认值为c(3,1,0)，第1个值控制坐标轴标签到轴的距离，第2个值控制坐标轴刻度到轴的距离，第3个值控制整个坐标轴（包括刻度）到图的距离
mkh	当pch的值为整数时，要绘制的符号的高度（以英寸为单位），在R中完全被忽略
new	设为TRUE表示在现有的图形上添加一幅新图
oma	参数形式为c(bottom,left,top,right)，用于设定外边界，如图2-8所示
omd	形式为c(x1,x2,y1,y2)的向量，给出NDC（=标准化设备坐标）中外部边缘内的区域
omi	与参数oma的作用一样，单位为英寸
page	bool型参数，指定是否对plot.new的下一次调用启动一个新页面
pch	绘图点的形状。可以为数值型（0~25的数值），也可以为字符型。为数值型时，1代表圆圈，3代表三角形，2代表"+"号等，如图2-9所示；为字符型时，点通过该字符来表示
pin	当前的维度，形式为c(width,height)，单位为英寸
plt	指定向量c(x1,x2,y1,y2)，设定当前的绘图区域
ps	文本（不是符号）中点的大小，不会改变mar和mai之间的关系（也不会改变oma和omi之间的关系）
pty	字符型参数，表示当前绘图区域的形状，"s"表示生成一个正方形区域，"m"表示生成最大的绘图区域
smo	指示圆和圆弧的平滑程度（未实现）
srt	字符串旋转角度，只支持函数text

参 数	功 能
tck	设定刻度线的长度，为一个≤1的小数，表示绘图区域的高度或宽度的一部分（取高度或宽度中较小的值）。1表示绘制网格线，默认为NA（相当于tcl=-0.5）
tcl	设定刻度线长度，但是和tck的单位不同。默认为-0.5
usr	指定向量c(x1,x2,y1,y2)，设定当前绘图区域的坐标值范围：c(xleft,xright, ybottom,ytop)。若采用对数刻度（如par("xlog")=TRUE），则x轴的范围为10^par("usr") [1:2]。y轴的表示范围类似
xaxp	指定向量c(x1,x2,n)，表示当par("xlog")=FALSE时，x坐标轴的刻度线的区间及区间中的刻度线个数。当par("xlog")=TRUE时，情形稍微复杂：若取值范围较小，则n是一个负数，且刻度线的分布和正常情形（没有对数转换）相似；若n取值为1、2、3中的一个，则c(x1,x2)=10^par("usr")[1:2]（此时par("usr")是指par("xlog")=TRUE的情况下返回的值），具体解释如下： ● n=1，在坐标值为 10^j（j整数）处绘制刻度线。 ● n=2，在坐标值为 k*(10^j) 处绘制刻度线，其中 k 为 1 或 5。 ● n=3，在坐标值为 k*(10^j) 处绘制刻度线，其中 k 为 1、2 或 5。 yaxp类似于xaxp，表示y坐标轴的刻度线的区间及区间中的刻度线个数
xaxs	坐标轴x的间隔设定方式。取值为"r" "i" "e" "s" "d"。通常，计算方式是由xlim的数值范围确定的（如果xlim指定了的话）。"r"(regular)首先会对数值范围向两端各延伸4%，然后在延伸后的数值区间中设置坐标值；"i"(internal)直接在原始的数据范围中设置坐标值；"s"(standard)和"e"(extended)表示最大和最小的标记都始终在数据区域之外。若某个点离边界很近，那么extended的轴会稍稍扩展一下；"d"(direct)目前还不支持yaxs类似于xaxs，表示坐标轴y的间隔设定方式
xaxt	用于设定x坐标轴的刻度值类型，为一个字符。"n"表示不绘制刻度值及刻度线；"s"表示绘制，默认值 yaxt，类似于xaxt
xlog	逻辑值。TRUE表示x轴为对数坐标轴，默认为FALSE。ylog类似于xlog
xpd	逻辑值或NA。FALSE表示所有打印都将剪裁到绘图区域；TRUE表示所有绘制都将剪裁在图形区域；若不适合，则所有绘图都将剪裁至设备区域
ylbias	一个正实数，用于按轴和多行文字在页边距中定位文本，将此值设置为0.2，以便与设备兼容

说明 （1）只能通过 par() 函数进行设置的参数包括 ask、fig、fin、lheight、mai、mar、mex、mfcol、mfrow、mfg、new、oma、omd、omi、pin、plt、ps、pty、usr、xlog、ylog 等。

（2）只能读取不能进行设置的参数包括 cin、cra、csi、cxy、din。

（3）其余参数除函数 par() 外，还可以通过各种高级绘图函数进行设置，如 plot、points、lines、abline、title、text、axis、image、box、contour、rect、arrows 等。

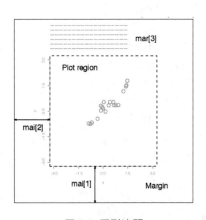

图 2-7　图形边距

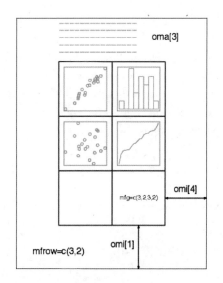

图 2-8　页面边界

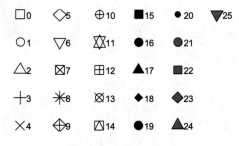

图 2-9　绘图点形状

【例 2-6】图形参数控制示例。输入代码如下：

```
x <- 1:50
y <- cos(pi/10*x)
# 使用 par 函数设置图形参数
par(mfrow=c(2,3),              # 创建 2 行 3 列的图形布局
    mai=c(0.5,0.5,0.2,0.1),    # 设置边距，上、下、左、右
    cex=0.8,                   # 设置全局文本大小
    cex.axis=0.6,              # 设置坐标轴标签文本大小
    cex.lab=0.7,               # 设置轴标题文本大小
    mgp=c(2,1,0),              # 设置刻度线标签的位置
    cex.main=0.8               # 设置主标题文本大小
)
```

```
plot(x,y,type="p",font.main=2,main="type=a",col.main="red")
                                     # 绘制第一个图形（type="p"）
plot(x,y,type="b",pch=21,font.axis=3,font.lab=3,bg="lightgreen",
     main="type=b",font.main=3)       # 绘制第二个图形（type="b"）
plot(x,y,type="o",las=3,pch=0,fg="blue",col.lab="blue",
     main="type=o",font.main=1)       # 绘制第三个图形（type="o"）
plot(x,y,type="l",lty=2,col="blue",lwd=2,bty="l",main="type=l")
                                     # 绘制第四个图形（type="l"）
plot(x,y,type="s",col="grey20",main="type=s",font.main=4)
                                     # 绘制第五个图形（type="s"）
plot(x,y,type="h",col="red",lwd=2,col.axis="red",main="type=h")
                                     # 绘制第六个图形（type="h"）
```

输出结果如图 2-10 所示。

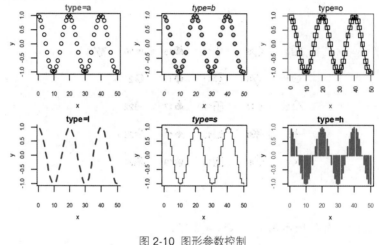

图 2-10 图形参数控制

2.2.2 颜色控制

在图形配色处理中，最常用的颜色空间是 RGB 模式，该模式使用红（red）、绿（green）、蓝（blue）来定义所给颜色中的红色、绿色和蓝色的量。另外，还有 HSL 模式、LUV 模式等。

R 中提供了丰富的绘图颜色，查看颜色的函数为 colors() 函数。例如：

```
> colors()                          # 查看 R 全部 657 种颜色的名称列表，输出略
> head(colors(),5); tail(colors(),5)     # 查看前 5 种和后 5 种颜色
[1] "white" "aliceblue" "antiquewhite" "antiquewhite1" "antiquewhite2"
```

```
[1] "yellow1" "yellow2" "yellow3" "yellow4" "yellowgreen"
```

在 R 中查看调色的代码如下：

```
library(RColorBrewer)
layout(matrix(c(1,1,2,3),nrow=2,ncol=2),widths=c(2,1))
par(mai=c(0.1,0.4,0.2,0.1),cex=0.6,cex.main=1)
display.brewer.all(type='all')                    # 查看调色板
title(main="(a) 全部 ")
display.brewer.all(type="qual")
title(main="(b) 离散型部分 ")
display.brewer.all(type="div")
title(main="(c) 极端值部分 ")
```

输出结果如图 2-11 所示。

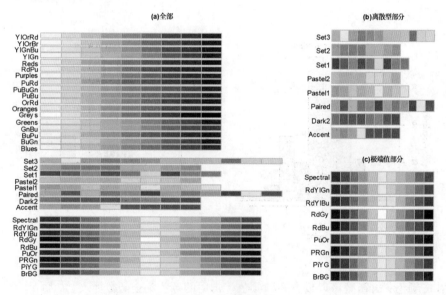

图 2-11　查看调色板

在 graphics 包中，设置绘图颜色的参数主要有 col、bg 和 fg 三个。col 用于设置绘图区域中绘制的数据符号、线条、文本等元素的颜色；bg 用于设置图形的前景颜色，如坐标轴、图形边框等；fg 用于设置图形的背景颜色，如图形区域的颜色等。

R 的主要颜色用数字 1~9 表示，如 l="black"、2="red"、3="green"、4="blue" 等。设置单一颜色时可以表示为 col=" green"，也可以表示为 col=3。

通过一个颜色向量可以设置多个颜色，如 col=c("red","green","blue")，或 col=c(2,3,4)，

连续的颜色数字也可以写成 col=2:4。

当需要填充的颜色多于设置的颜色向量时，颜色会被重复循环使用。例如，要填充 10 个条的颜色，col=c("red","green") 两种颜色被重复使用。

【例 2-7】颜色控制示例。输入代码如下：

```
aq <- airquality
par(mfrow=c(1,2),mai=c(0.1,0.1,0.2,0.2),cex=0.8,cex.axis=0.7,
        cex.lab=0.8,mgp=c(2,1,0),cex.main=0.8)  # 图形参数

hist(aq$Wind,xlab="wind",col=c("red","green"),main="Hist in wind")
                                        # 绘制直方图，循环使用两种颜色
hist(aq$Wind,xlab="wind",col=2:7,main="Hist in wind")
                                        # 绘制直方图，重复使用颜色 2:7
```

输出结果如图 2-12 所示。

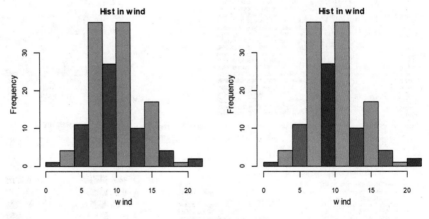

图 2-12 颜色控制示例

使用 R 颜色集合函数可以设置多种颜色，常用的颜色集合函数如表 2-7 所示。

表2-7 颜色集合函数

函 数	功 能
rainbow()	由红色开始，经过橙色、黄色、绿色、蓝色、靛蓝色，到紫色的顺序变化
heat.colors()	由红色开始，经过橙色，到白色的顺序变化
terrain.colors()	由绿色开始，经过棕色，到白色的顺序变化
topo.colors()	由蓝色开始，经过棕色、绿色，到白色的顺序变化
cm.colors()	由浅蓝色开始，经过白色，到紫色的顺序变化
gray.colors()	灰度（取值在0~100）渐变的颜色集合

【例 2-8】 使用 R 颜色集合函数示例。输入代码如下：

```
set.seed(9)
x <- c(2,6,1,4,8,2,5)
a <- c('A','B','C','D','E','F','G')
par(mfrow=c(2,3),mai=c(0.3,0.3,0.2,0.1),cex=0.7,mgp=c(1,1,0),
        cex.axis=0.7,cex.main=0.8)
barplot (x,names=a,col=gray.colors(10),main="col=gray.colors()")
                      # 使用灰度（取值在 0~100）渐变颜色集合
barplot(x,names=a,col=rainbow(10),main="col=rainbow()")
                    # 颜色顺序为红色、橙色、黄色、绿色、蓝色、靛蓝色、紫色
barplot(x,names=a,col=heat.colors(10),main="col=heat.colors()")
                    # 由红色经橙色到白色变化
barplot (x,names=a,col=terrain.colors(10),main="col=terrain.colors()")
                    # 由绿色经棕色到白色变化
barplot (x,names=a,col=topo.colors(10),main="col=topo.colors()")
                    # 由蓝色经棕色到白色变化
barplot(x,names=a,col=cm.colors(10),main="col=cm.colors()")
                    # 由浅蓝色经白色到紫色变化
```

输出结果如图 2-13 所示。

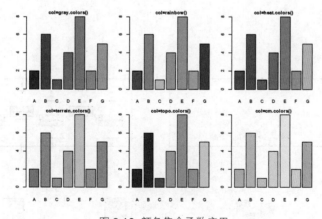

图 2-13　颜色集合函数应用

2.3　页面布局

通常，一个绘图函数会生成一幅独立的图形。有时需要在一个绘图区域（图形页面）内

同时绘制多幅不同的图。R 中有多种页面分割和图形组合实现方法。

2.3.1 par() 函数

在 graphics 包中，通过 par() 函数中的 mfrow 或 mfcol 参数可以将一个绘图页面分割成 nr×nc 的矩阵，然后在每个分割的区域填充一幅图。参数 mfrow=c(nr,nc) 表示按行填充各图，mfcol=c(nr,nc) 则表示按列填充。

par() 函数的参数向量 c(nr,nc) 可以将绘图页面的行和列等分成大小相同的区域。

【例 2-9】绘图页面分割应用示例。输入代码如下：

```
par(mfrow=c(2,2),mai=c(0.5,0.5,0.3,0.1),cex=0.7,mgp=c(2,1,0),
      cex.axis=0.8,cex.main=0.8)
set.seed(9)                          # 生成随机数种子
pa <- rnorm(100)                     # 生成 100 个标准正态分布随机数
pb <- rexp(100)                      # 生成 100 个指数分布随机数
plot(pa,pb,col=sample(c("green","red","blue"),100,replace=TRUE),
      main=" 散点图 ")
boxplot(pa,pb,pa,pb,pa,col=3:7,main=" 箱线图 ")
hist(pa,col="orange1",ylab="pf",main=" 直方图 ")
barplot(runif(6,10,100),col=2:7,main=" 条形图 ")
```

输出结果如图 2-14 所示。

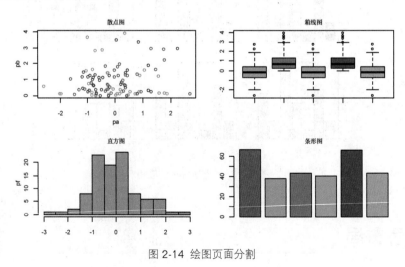

图 2-14 绘图页面分割

2.3.2 layout() 函数

使用 layout() 函数可以将绘图页面划分成大小不同的区域以满足不同图形的要求，layout() 函数将绘图页面划分为 nr×nc 的矩阵，并且可以通过设置参数 widths 和 heights 将矩阵分割成大小不同的区域。函数基本语法格式为：

```
layout(mat,widths=rep.int(1,ncol(mat)),
        heights=rep.int(1,nrow(mat)),respect=FALSE)
```

各参数的含义如表 2-8 所示。

表2-8　参数含义

参　数	含　义
mat	描述绘制的图形比。由0或正整数组成的矩阵，如： 　　matrix(c(1,2,3,4),nrow=2,ncol=2,byrow=FALSE) 表示将绘图页面分割成4部分，nrow=2和ncol=2表示将绘图区域分割成2行2列的矩阵，byrow=FALSE表示4幅图按列填充（默认），byrow=TRUE表示按行填充
widths	分割页面的列宽。相对宽度用向量表示，如widths=c(3,1)表示将绘图页面的列宽按3:1的比例分割。绝对宽度（单位：cm）由lcm()函数指定
heights	分割页面的行高。相对高度用向量表示，如heights=c(3,1)表示将绘图页面的行高按3:1的比例分割。绝对宽度（单位：cm）由lcm()函数指定
respect	逻辑值或矩阵对象。如果是后者，则其必须具有与mat相同的维度，并且矩阵中的每个值必须为0或1

布局设置完成后，通过 layout.show() 函数可以预览图形的布局。函数基本语法格式为：

```
layout.show(n=n)
```

其中，n 表示要绘制的图形数目。

【例 2-10】页面布局应用示例。输入代码如下：

```
set.seed(9)
x <- rnorm(100)
y <- rexp(100)
layout(matrix(c(1,2,3,4,5,5,6,7,8),3,3,byrow=TRUE),
        widths=c(2:1),heights=c(1:1))
par(mai=c(0.3,0.3,0.2,0.1),cex.main=0.9)
barplot(runif(8,1,8),col=2:7,main=" 条形图 ")
smoothScatter(iris$Sepal.Length,iris$Sepal.Width,nbin=100,
            main=" 平滑散点图 ")
qqnorm(y,col=1:8,pch=10,xlab="",ylab="",main="Q-Q 图 ")
```

```
plot(x,y,pch=19,col=c(1,2,4),xlab="",ylab="",main=" 散点图 ")
plot(rnorm(16),rnorm(16),cex=(y+2),col=2:4,lwd=2,xlab="",ylab="",
    main=" 气泡图 ")
plot(density(y),col=4,lwd=1,xlab="",ylab="",main=" 核密度图 ");
polygon(density(y),col="gold",border="orange")
hist(rnorm(1000),col=3,xlab="",ylab="",main=" 直方图 ")
boxplot(x,col=2,main=" 箱线图 ")
```

输出结果如图 2-15 所示。

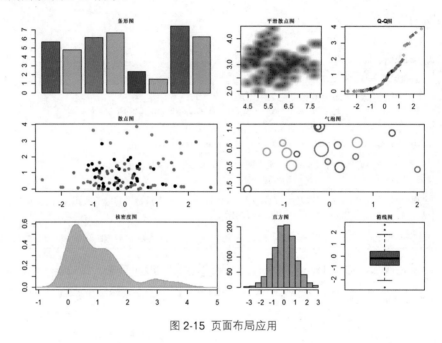

图 2-15 页面布局应用

【例 2-11】页面布局应用示例。输入代码如下：

```
set.seed(16)                     # 设置随机数种子，以确保结果可重复
# 生成两组包含 100 个值的随机数据 x 和 y，这些值范围在 -3~3
x <- pmin(3,pmax(-3,stats::rnorm(100)))
y <- pmin(3,pmax(-3,stats::rnorm(100)))

# 计算 x 和 y 的直方图，将其存储在 xhist 和 yhist 中，并且指定直方图的分组边界
xhist <- hist(x,breaks=seq(-3,3,0.5),plot=FALSE)
yhist <- hist(y,breaks=seq(-3,3,0.5),plot=FALSE)
top <- max(c(xhist$counts,yhist$counts))   # 获取直方图中的最大计数值
```

```
# 指定 x 和 y 轴的范围
xrange <- c(-3,3)
yrange <- c(-3,3)
nf <- layout(matrix(c(2,0,1,3),2,2,byrow=TRUE),c(3,1),c(1,3),TRUE)
                                        # 创建自定义的图形布局
layout.show(nf)                         # 显示图形布局
par(mar=c(3,3,1,1))                     # 设置绘图参数，包括边距


plot(x,y,xlim=xrange,ylim=yrange,xlab="",ylab="",col=rainbow(10))
                                        # 绘制散点图
par(mar=c(0,3,1,1))                     # 设置绘图参数，包括边距
barplot(xhist$counts,axes=FALSE,ylim=c(0,top),space=0,col=rainbow(10))
                                        # 绘制 x 轴的直方图
par(mar=c(3,0,1,1))
                                        # 设置绘图参数，包括边距
barplot(yhist$counts,axes=FALSE,xlim=c(0,top),space=0,
        horiz=TRUE,col=rainbow(10))     # 绘制 y 轴的直方图，水平放置
par(def.par)                            # 重置绘图参数为默认值
```

输出结果如图 2-16 所示。

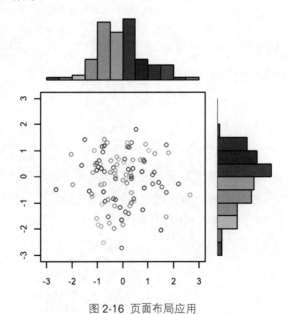

图 2-16　页面布局应用

2.3.3 同时打开多个绘图窗口

在 R 平台中，为方便比较不同的图形，需要同时打开多个绘图窗口，利用 dev.new() 函数可以实现该功能。这与页面布局和图形组合是在一个图形页面中绘制多幅图不同。dev. new() 函数的语法格式为：

```
dev.new()          # 该函数无输入参数
```

譬如，绘制一组数据的条形图后，输入 dev.new() 函数后再绘制这组数据的核密度图，就会在保留直方图窗口的基础上打开一个新的绘图窗口绘制核密度图，直方图窗口依然保留在界面中，R 最多可以同时打开 63 个绘图窗口。

【例 2-12】同时打开多个绘图窗口示例。输入代码如下：

```
set.seed(9)                    # 设置随机数种子，以确保结果可重复
x <- rnorm(100)                # 生成 100 个随机数据点
dev.new()                      # 创建一个新的绘图窗口
plot(density(x),col=4,lwd=1,xlab="",ylab="",main=" 核密度图 ")
                               # 绘制核密度图，使用 density 函数计算核密度估计
polygon(density(x),col="gold",border="orange")
                               # 填充核密度曲线下面的区域，以创建带阴影的核密度图
dev.new()                      # 创建另一个新的绘图窗口
hist(x,col=3,xlab="",ylab="",main=" 直方图 ")        # 绘制直方图
```

执行上述命令后，读者会发现输出两个绘图窗口分别显示绘图结果，输出略。

2.4 本章小结

本章介绍了 R 语言中的传统绘图系统，通过学习本章内容，读者可以掌握传统绘图系统中常用的绘图函数和参数控制方法，能够创建各种类型的图形并调整其外观。同时，读者还可以掌握如何进行页面布局，以便在单个图形设备中同时展示多个图形。下一章将介绍 R 语言中的 ggplot2 包，它提供了一种基于图形语法的现代绘图系统，具有更强大和灵活的绘图功能。

第 3 章
网格绘图系统

网格绘图系统由 R 语言中的 grid 包实现，grid 包没有提供完整的绘图函数，不能直接绘图。而在 grid 包基础之上发展起来的 lattice 和 ggplot2 两个程序包可以实现高级绘图，其中的 ggplot2 包是 R 语言中最流行的绘图工具包，它是一个通过使用"语法"来绘制图形的函数包，其风格与基础绘图系统差别很大，且彼此的函数也不能兼容。本章主要介绍 ggplot2 包的使用。

3.1 基本语法

ggplot2 包是基于 Grammar of Graphics 思想，通过数据集、几何对象和坐标系统建立图形的一种 R 绘图包。图 3-1 展示了 ggplot2 包的基本绘图过程。

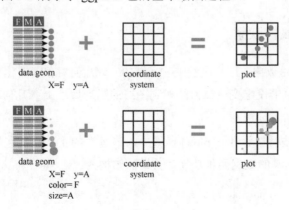

图 3-1 绘图过程

在使用 ggplot2 包时，首先需要安装并加载 ggplot2 包。

```
install.packages('ggplot2')          # 安装 ggplot2 包
library(ggplot2)                      # 加载 ggplot2 包
```

3.1.1 ggplot2 语法框架

ggplot2 包将绘图过程分为创建画布、导入数据、绘制图形、设置标度、要素美化等独立任务，每个函数只完成其中一项任务，然后通过"+"连接各个类型的函数来完成一幅图形的绘制。

所有的 ggplot2 绘图都以 ggplot() 开始，默认由 aes() 将数据集映射至几何对象。在行尾通过"+"添加图层（几何对象、标度、坐标和分面等），最后通过使用 ggsave() 保存绘图。完整的 ggplot2 图形包括：

```
ggplot(data,aes(...))  # 创建一个新的绘图画布，并导入供全局函数使用的数据集
     geom_<func>(aes(...),data,stat,position)# 几何对象（必选项）
     stat_<func>(aes(...),data,geom,position)# 统计变换（必选项）
     coord_<func>(...)               # 坐标系统
     facet_<func>(...)               # 分面
     scale_<func>(...)               # 标度函数，控制各类要素标度
     theme(...)                      # 主题函数，对各类要素进行美化修饰
```

> 说明 data、aes 参数可以在 ggplot()、geom_<func>()、stat_<func>() 任一函数中加载。aes() 映射可以在 ggplot() 和 geom 图层中设置，常用参数包括 alpha、fill、color、group、linetype、size 等。

3.1.2 数据和图形属性映射

ggplot2 图像主要由数据、图形属性映射（绘图）、几何对象（美化）3 个基本部分构成。其中，图形属性映射用于设定变量如何映射到图层的图形属性上；几何对象至少包含一层，用于指定绘图所用的几何对象。

数据和图形属性映射包含在 ggplot() 函数中，该函数的主要功能包括创建绘图画布（绘图开始）、导入绘图所需的数据两种功能。其语法结构为：

```
ggplot(data=NULL,mapping=aes())
```

其中，data 表示用于绘图的默认数据集（数据框），NULL 表示不使用数据集。如果不是 data.frame 结构，则需要通过 fortify() 函数转换为 data.frame 结构；mapping 用于指定绘图映射的默认列表，即绘图所需的变量或其他用于映射的变量。如果未指定，则必须在添加到绘图的每个图层中提供。

> 🎮➕说明　（1）在 ggplot2 中，所接受的数据集必须为数据框（data.frame）格式。
>
> 　　（2）aes() 函数是 ggplot2 中的映射函数，所谓映射，即为数据集中的数据关联到相应图形属性过程中的一种对应关系。参数赋的值只能是数据框中的变量名。
>
> 　　例如，每个点都有自己图像上的属性，比如 x、y 坐标，点的大小、颜色和形状，这些都叫作 aesthetics（图像上可观测到的属性），并通过 aes() 函数来赋值。
>
> 　　（3）设定数据和图形属性映射后，再通过"＋"添加图层（几何对象等）。

【例 3-1】lattice 包下的 singer 数据集包含两个变量：身高（height）和音域（voice. part），试利用该数据集绘制直方图与箱线图。

输入代码如下：

```
library(ggplot2)                      # 加载 ggplot2
data(singer,package="lattice")        # 加载 lattice 包下的 singer 数据集
ggplot(singer,aes(x=height)) +
      geom_histogram()
```

绘制直方图，如图 3-2 所示。

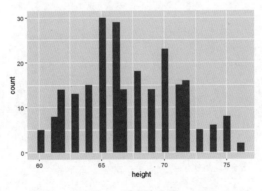

图 3-2　绘制直方图

```
ggplot(singer,aes(x=voice.part,y=height)) +# 两个变量默认映射为 x、y，可省略
      geom_boxplot()
```

绘制箱线图，如图 3-3 所示。

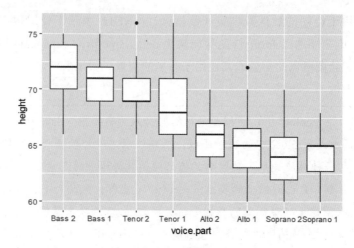

图 3-3 绘制箱线图

在 ggplot2 包中，通过 aes() 可以将数据转换为图形属性。

```
ggplot(singer,aes(voice.part,height,color=voice.part)) + # 省略 x=、y=
    geom_boxplot()
```

绘制以颜色区分的箱线图，如图 3-4 所示。

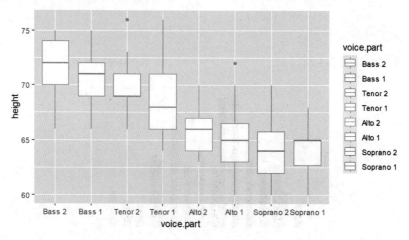

图 3-4 绘制以颜色区分的箱线图

```
ggplot(singer,aes(voice.part,height,fill=voice.part,color=voice.part)) +
    geom_boxplot()
```

绘制以颜色区分的填充箱线图，如图 3-5 所示。

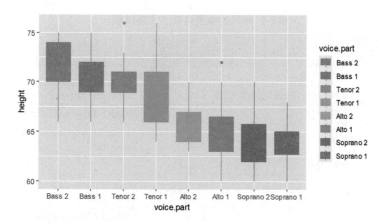

图 3-5　绘制以颜色区分的填充箱线图

3.1.3　几何对象

R 中的 ggplot2 包包含几十种不同的几何对象函数 geom_<func>()，用于绘制不同的图形。以 geom_point() 函数与 geom_area() 函数为例，其语法结构为：

```
# geom_point() 函数的语法结构
geom_point(mapping=NULL,data=NULL,stat="identity",
        position="identity",
        ...,
        na.rm=FALSE,show.legend=NA,inherit.aes=TRUE)
# geom_area() 函数的语法结构
geom_area(mapping=NULL,data=NULL,stat="align",
            position="stack",na.rm=FALSE,orientation=NA,
            show.legend=NA,inherit.aes=TRUE,
            ...,
            outline.type="upper")
```

这里，各参数的含义就不过多介绍了，读者可根据需要查阅帮助文件学习。

常用的绘图函数（几何对象）如表 3-1 所示，不同的几何对象对应不同的图形属性设置（常见选项如表 3-2 所示），以及默认的统计变换形式。

在绘制对应的图形类型时，进行图形属性映射需要选择正确的方式，具体可参考每一种几何对象所能涉及的 aes() 类型。

表3-1　常用的绘图函数（几何对象）

函　数	功　能	默认统计变换形式	aes()参数
GeomSf	可视化sf对象	abline	colour,linetype,size
geom_abline()	由截距a、斜率b指定的参考线	identity	colour,fill,linetype,size,x,y
geom_area()	面积图	bin	colour,fill,linetype,size,weight,x
geom_bar()	柱状图	bin2d	colour,fill,linetype,size,weight,xmax,xmin,ymax,ymin
geom_bin2d()	二维热图	identity	
gcom_blank()	空的几何对象，不绘图	boxplot	colour,fill,lower,middle,size,upper,weight,x,ymax.ymin
geom_boxplpot()	箱线图	bin	colour,fill,linetype,size,weight,x
geom_col()	条形图	contour	colour,linetype,size,weight,x
geom_contour()	等高线图	identity	colour,fill,linetype,size,x,y,ymax,ymin
geom_crossbar()	类箱线图，无须线和离群点	density	colour,fill,linetype,size,weight,x,y
geom_density()	核密度图	density2d	colour,linetype,size,weight,x,y
geom_density2d()	二维核密度图	bindot	colour,fill,x,y
geom_dotplot()	绘制分组点图（配置显示的分组）	identity	colour,linetype,size,width,x,ymax,ymin
geom_errorbar()	误差图，多添加到其他图上	identity	colour,linetype,size,width,x,ymax,ymin
geom_errorbarh()	水平误差线	bin	colour,linetype,size
geom_frcqpoly()	频数多边形（类似于直方图）	binhex	colour,fill,size,x,y
geom_hex()	六边形图（常用于六边形封箱）	bin	colour,fill,linetype,size,weight,x
geom_histogram()	直方图	hline	colour,linetype,size
geom_hline()	水平参考线	identity	colour,fill,shape,size,x,y
geom_jitter()	扰动点	identity	colour,linetype,size,x,y
geom_line()	线图	identity	colour,linetype,size,size,x,ymax,ymin
geom_linerange()	区间图，用竖直线表示	identity	colour,fill,linetype,size,x,y,map_id
geom_map()	创建地图	identity	colour,linetype,size,x,y
geom_path()	几何路径，由一组点按顺序连接	identity	colour,fill,shape,size,x,y
geom_point()	点图	identity	colour,fill,linetype,shape,size,x,ymax,ymin
geom_pointrange()	表示点的范围的一条垂直线	identity	colour,fill,linetype,size,x,y
geom_polygon()	多边形	quantile	colour,linetype,size,weight,x,y
geom_quantile()	分位数线	identity	colour,fill,linetype,size,x,y
geom_raster()	绘制边界图	identity	colour,fill,linetype,size,xmax,xmin,ymax,ymin
geom_rect()	二维长方形	identity	colour,fill,linetype,size,x,ymax,ymin
geom_ribbon()	添加置信区间	identity	colour,linetype,size
geom_rug()	绘制数据的地毯图	identity	colour,linetype,size,x,xend.y.yend

（续表）

函　数	功　能	默认统计 变换形式	aes()参数
geom_segment()	线段	smooth	aplha,colour,fill,linetype,size,weight,x,y
geom_smooth()	添加平滑曲线和置信区间	identity	colour,linetype,size,x,y
geom_step()	阶梯图	identity	angle,colour,hjust,label,size,size,vjust,x,y
geom_text()	文本	identity	colour,fill,linetype,size,x,y
geom_tile()	同geom_rect()，但参数不同	ydensity	weigth,colour,fill,size,linetype,x,y
geom_violin()	小提琴图	vline	colour,linetype,size
geom_vline()	垂直参考线		

表3-2　绘图函数常见选项

选　项	描　述
color	设置点、线和填充区域的颜色
fill	设置填充区域的颜色（如条形、密度区域）
alpha	设置颜色的透明度，取值范围为0（完全透明）~1（不透明）
linetype	设置线条的类型（1=实线，2=虚线，3=点，4=点破折号，5=长破折号，6=双破折号）
size	设置点的大小和线的宽度
shape	设置点的形状（0~25），类似于传统绘图系统中的"pch"，如图3-6所示
position	设置对象的位置（如绘制条形图，position="dodge"绘制并列条形图，position="stack"绘制堆叠条形图等）
binwidth	设置直方图中条的宽度
sides	设置地毯图的位置（如sides="b"表示放在底部，"l"表示放在左侧，"t"表示放在顶部，"r"表示放在右侧等）
width	设置箱线图的宽度

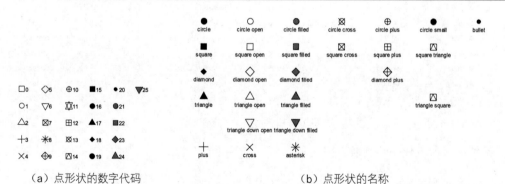

（a）点形状的数字代码　　　　　　　（b）点形状的名称

图 3-6　绘图点形状

【例 3-2】在 ggplot2 包中内置了 mpg 数据集，记录了美国 1999 年和 2008 年部分汽车的制造厂商、型号、类别、驱动系统和耗油量等信息。该数据集各变量的含义如下：

- manufacturer 代表制造厂家，model 表示车辆型号，数据集共有 38 种车型。
- displ 代表发动机排量（单位：升）。
- year 表示制造年份，包含 1999 年和 2008 年两个年份的数据。
- cyl 表示发动机缸数。
- trans 变速器类型。
- drv 表示驱动系统类型：f 为前轮驱动，r 为后轮驱动，4 为四轮驱动。
- cty 记录城市公路驾驶耗油量（单位：英里／加仑）。
- hwy 记录高速公路驾驶耗油量（单位：英里／加仑）。
- fl 代表燃料类型。
- class 表示车辆类别，如双座汽车、SUV、小型汽车等。

加载 ggplot2 读取数据后，通过 View() 函数可以查看数据集的数据信息。

```
library(ggplot2)                    # 加载 ggplot2
View(mpg)                           # 查看数据
```

输出结果如图 3-7 所示。可以看到数据集共有 234 行 11 列数据。

	manufacturer	model	displ	year	cyl	trans	drv	cty	hwy	fl	class
1	audi	a4	1.8	1999	4	auto(l5)	f	18	29	p	compact
2	audi	a4	1.8	1999	4	manual(m5)	f	21	29	p	compact
3	audi	a4	2.0	2008	4	manual(m6)	f	20	31	p	compact
4	audi	a4	2.0	2008	4	auto(av)	f	21	30	p	compact
5	audi	a4	2.8	1999	6	auto(l5)	f	16	26	p	compact
6	audi	a4	2.8	1999	6	manual(m5)	f	18	26	p	compact
7	audi	a4	3.1	2008	6	auto(av)	f	18	27	p	compact
8	audi	a4 quattro	1.8	1999	4	manual(m5)	4	18	26	p	compact
9	audi	a4 quattro	1.8	1999	4	auto(l5)	4	16	25	p	compact
10	audi	a4 quattro	2.0	2008	4	manual(m6)	4	20	28	p	compact

图 3-7 输出结果 1（部分）

继续输入如下代码绘制散点图：

```
ggplot(data=mpg,aes(x=displ,y=hwy)) +
      geom_point()
```

输出结果如图 3-8 所示，该图由以下三个组成部分构成。

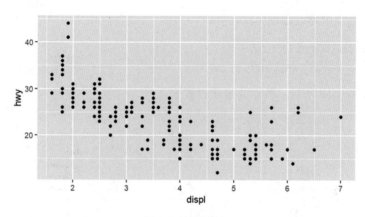

图 3-8　输出结果 2

（1）数据：mpg。

（2）图形属性映射：x 轴对应 displ（发动机排列），y 轴对应 hwy（高速公路耗油量）；

（3）几何对象：散点图。

> 说明　绝大多数图形都会先将变量映射到 x、y 上，即 aes() 中前两个变量默认映射为 x、
> y，因此上面的代码等同于：

```
ggplot(mpg,aes(displ,hwy)) +
    geom_point()
```

在 ggplot2 中，通过 aes() 可以将数据转换为图形属性。

```
ggplot(mpg,aes(displ,hwy,shape=drv,colour=class)) +
    geom_point()
```

输出结果如图 3-9 所示，散点形状由变量 div 区分，颜色由 class 区分。

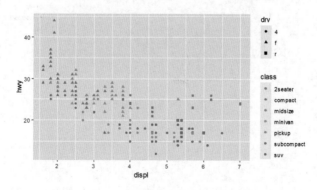

图 3-9　输出结果 3

在几何对象函数中修改图形属性。

```
ggplot(mpg,aes(displ,hwy,colour=class)) +
        geom_point(shape=4,size=3)
```

输出结果如图 3-10 所示，散点的形状设置为 4 号，尺寸大小调整为 3。

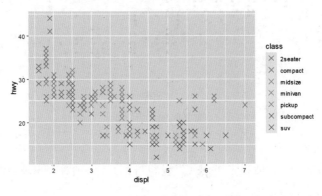

图 3-10 输出结果 4

```
ggplot(mpg,aes(displ,hwy,colour=class)) +
        geom_point(shape=21,size=3,fill="gray")
```

输出结果如图 3-11 所示，散点的形状设置为 21 号，尺寸大小调整为 3，填充颜色为 gray。

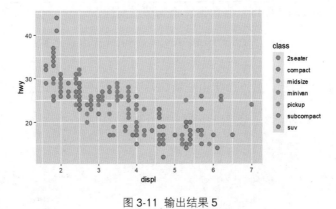

图 3-11 输出结果 5

3.1.4 统计变换

统计变换函数是在数据被绘制出来之前对数据进行聚合和其他计算。stat_<func>() 确定数据的计算方法，不同的计算方法会产生不同的结果，一个 stat() 函数必须与一个 geom() 函数对应才能进行数据的计算，如图 3-12 所示。

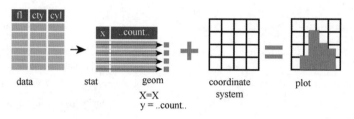

图 3-12　stat_\<func\>() 函数的绘图过程

统计变换和几何对象是 ggplot 绘图的两个侧面，缺一不可。每种几何对象默认对应一种统计变换。每种统计变换默认对应一个几何对象。最简单的统计变换就是不做任何统计变换。

（1）基本图形类型包括两个变量，不需要统计变换，如 geom_point（散点图）、geom_bar（柱状图）、geom_line（折线图）、geom_area（面积图）、geom_polygon（多边形图）、geom_text（添加标签）等。

（2）设置参数 stat="identity" 时，表示不做任何统计变换。

（3）针对离散型变量，利用 geom_bar() 直接绘制条形图、利用 stat_count() 直接计数；针连续型变量，利用 geom_histogram() 绘制直方图，利用 stat_bin() 划分窗口后再计数。

以 stat_\<func\>() 开头的图层，在画统计图形时，无须设定统计变换参数（因为函数开头名称已经声明），但需指定集合对象名称图表类型 geom，就可以绘制与之对应的统计类型图表。这样变换 geom() 函数，就可以根据统计变换结果绘制不同的图表，可以使得作图过程更加侧重统计变换过程。

以 geom_\<func\>() 开头的图层，更加侧重图表类型的绘制，而通过修改统计变换参数，也可以实现绘图前数据的统计变换，如绘制均值散点图，下面两条语句的功能是一样的。

```
stat_summary(fun.y="mean",fun.args=list(mult=1),geom="point")
geom _point(stat="summary",fun.y="mean",fun.args=list(mult=1))
```

常用的统计变换及应用场景如表 3-3 所示。

表3-3　常用的统计变换

统计变换	功　能	应用函数
abline	绘制直线	geom_abline()
bin	计算封箱数据，绘制直方图或频率多边形	geom_histogram()、geom_freqpoly()、stat_bin()
bin2d	计算矩形封箱内的观测值个数，绘制二维热图	geom_bin2d()、stat_bin2d()
bindot	计算"点直方图"的封箱数据	geom_dotplot()

（续表）

统计变换	功 能	应用函数
binhex	计算六边形热图的封箱数据	geom_hex()、stat_bin_hex()
boxplot	计算箱线图的各个元素，绘制箱线图	geom_boxplot()、stat_boxplot()
contour	绘制三维等高线	geom_contour()、stat_contour()
count	对观测值进行计数	geom_bar()、stat_count()
density	一维密度估计，绘制密度曲线	geom_density()、stat_density()
density2d	二维密度估计，绘制二维密度线图	geom_density2d()、stat_density_2d0)
function	调用新函数进行统计变换	stat_function()
identity	不对数据进行统计变换	geom_area()、geom_point()、geom_errorbar()等
qq	计算qq图指标，绘制qq图	geom_qq()、stat_qq()
quantile	计算分位数	geom_quantile()、stat_quantile()
smooth	添加平滑曲线	geom_smooth()、stat_smooth()
unique	删除重复值	stat_uniquc()

【例 3-3】通过直方图的绘制学习统计变换。输入代码如下：

```
library(ggplot2)                          # 加载 ggplot2
set.seed(8)
dfa <- data.frame(x=rpois(16,6))          # 输入 dfa$x 可查看数据
barplot(dfa$x)                            # 输出结果如图 3-13(a) 所示
ggplot(dfa,aes(x)) +
    geom_bar()                            # 输出结果如图 3-13(b) 所示
```

输出结果如图 3-13 所示。可以看出，两个函数绘制出的图形完全不同，其中 ggplot2 绘制出的柱状图才是符合要求的。这是因为使用原始数据绘制柱状图前，首先需要进行频数统计，该过程就是统计变换。

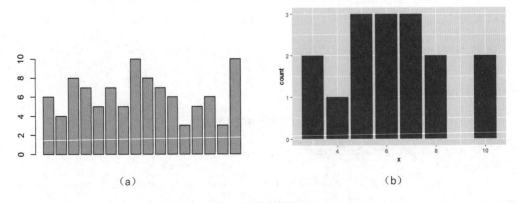

（a）　　　　　　　　　　　（b）

图 3-13 输出结果 6

通过输入 ?geom_bar 可以查看 geom_bar() 函数的语法，如下所示：

```
geom_bar(mapping=NULL,data=NULL,stat="count",position="stack",
  ...,
  just=0.5,width=NULL,na.rm=FALSE,orientation=NA,
  show.legend=NA,inherit.aes=TRUE)
```

这里 stat 参数就是统计变换参数，stat="count" 表示 geom_bar() 函数默认执行的是频数统计转换，因此在默认情况下，geom_bar() 函数能使用原始数据绘制柱状图，而传统绘图系统中的 barplot() 函数不能实现。

【例 3-4】统计变换应用示例。输入代码如下：

```
library(ggplot2)                          # 加载 ggplot2
set.seed(12)
df <- data.frame(x=rnorm(150))
ggplot(df,aes(x)) +
  geom_density() +
  stat_function(fun=dnorm,colour="red")
```

输出结果如图 3-14 所示。

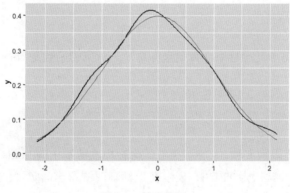

图 3-14　输出结果 7

继续输入代码如下：

```
ggplot(faithful,aes(waiting,eruptions,color=eruptions>3)) +
    geom_point() +
    stat_ellipse(type="norm",linetype=2) +
    stat_ellipse(type="t")
```

输出结果如图 3-15 所示。

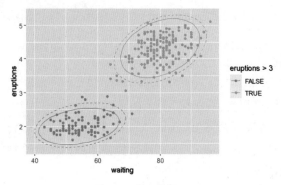

图 3-15 输出结果 8

3.2 坐标系统

每一幅图形都伴随着一个坐标系统，ggplot2 绘图系统的坐标系统函数以 coord_ 开头进行命名。ggplot2 中提供了笛卡儿坐标系、极坐标系和地理坐标系三种坐标系，基本可以满足数据可视化的需求。

3.2.1 笛卡儿坐标系

默认坐标系统是笛卡儿坐标系（直角坐标系），对应的函数是 coord_cartesian()，该函数的语法格式为：

```
coord_cartesian(xlim=NULL,ylim=NULL,expand=TRUE,
    default=FALSE,clip="on")
```

其中，xlim、ylim 用于限制 x 轴、y 轴，类似于坐标标度函数中的 limits 参数，但略有不同。expand 是逻辑型参数，默认为 TRUE，表示在坐标轴两侧留出间隙（扩展因子），以确保数据和轴不会重叠。

【例 3-5】坐标系统应用示例 1。输入代码如下：

```
library(ggplot2)                    # 加载 ggplot2
p0 <- ggplot(mtcars,aes(disp,wt)) +
    geom_point() +
    geom_smooth()
```

```
p11 <- p0 + scale_x_continuous(limits=c(325,500))
p12 <- p0 + coord_cartesian(xlim=c(325,500))
p13 <- p0 + coord_cartesian(xlim=c(325,500),expand=FALSE)

p0 + p11 + p12 + p13
```

执行后会输出如图 3-16 所示的图形，同时输出以下警告信息：

```
Warning messages:
1: Removed 24 rows containing non-finite values (`stat_smooth()`).
2: Removed 24 rows containing missing values (`geom_point()`).
```

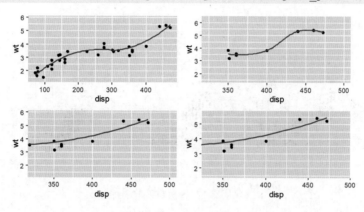

图 3-16　输出结果 9

在笛卡儿坐标系中，还有另外 3 个函数：

（1）函数 coord_fixed() 通过 ratio 参数控制 y 轴和 x 轴单位长度的实际比例，类似于基础绘图系统中 plot() 函数的 asp 参数，默认状态下等同于 coord_equal() 函数。在绘制华夫图和复合型散点饼图时，需要控制纵横比为 1，即：

```
coord_fixed(ratio=1)
```

（2）函数 coord_flip() 用于将 x、y 坐标轴的位置对调，即翻转坐标系，参数同 coord_cartesian() 函数。通过翻转坐标系可以将竖直的柱形图转换成水平的条形图。

（3）在初始笛卡儿坐标系上，坐标轴上的刻度比例尺是不变的，而 coord_trans() 坐标系的坐标轴上的刻度比例尺是变化的，可以实现将曲线变成直线显示。

【例 3-6】坐标系统应用示例 2。输入代码如下：

```
library(ggplot2)                    # 加载 ggplot2
p1 <- ggplot(mpg,aes(displ,cty)) +
```

```
          geom_point() +
          geom_smooth()

     p2 <- ggplot(mpg,aes(cty,displ)) +   # 交换 cty 和 dspL，90° 翻转图像
          geom_point() +
          geom_smooth()               # 平滑函数对翻转后的数据进行拟合

     p3 <- ggplot(mpg,aes(displ,cty)) +
          geom_point() +
          geom_smooth() +
          coord_flip()                # 平滑函数对原来的数据进行拟合，然后翻转输出

     p1 + p2 + p3
```

输出结果如图 3-17 所示。

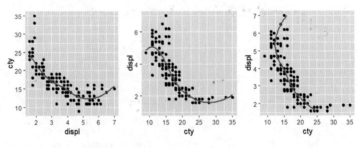

图 3-17 输出结果 10

3.2.2 极坐标系

在平面内，由极点、极轴和极径组成的坐标系为极坐标系，雷达图、饼图等就是在极坐标系下绘制的。在 ggoplot2 中，可以使用 coord_polar() 函数将坐标系从笛卡儿坐标系转换到极坐标系，其语法格式为：

```
coord_polar(theta="x",start=0,direction=1,clip="on")
```

各参数的含义如表 3-4 所示。

表3-4 参数含义

参　数	含　义
theta	要极坐标化的中心轴，即X轴转换为圆周，Y轴转换为半径
start	起始角度，以距离12点针的弧度衡量，direction为1在顺时针start角度处，为-1在逆时针start角度处
direction	排列方向，direction=1表示顺时针，direction=-1表示逆时针
clip	确定是否将图形剪裁到绘图面板的范围，on（默认值）表示剪裁，off表示不剪载

注意　极坐标转换比较耗费计算机资源，以下语句可以清空内存：

```
rm(list=ls()); gc()
```

【例3-7】极坐标系绘制示例。输入代码如下：

```
library(ggplot2)                      # 加载 ggplot2
pie <- ggplot(mtcars,aes(x=factor(1),fill=factor(cyl))) +
    geom_bar(width=1)
pic01 <- pie+coord_polar(theta="y")

cxc <- ggplot(mtcars,aes(x=factor(cyl),fill=factor(cyl))) +
    geom_bar(width=1,colour="black")
pic02 <- cxc+coord_polar()

pic01 + pic02
```

输出结果如图 3-18 所示。

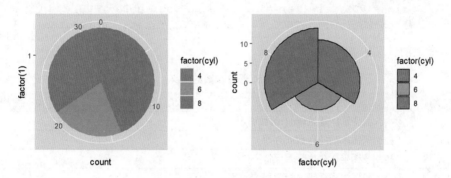

图 3-18　输出结果 11

3.2.3 地理坐标系

通过地理坐标系可以映射位置数据（包括经度、纬度等），单纯只给出经度和纬度是一种误导，必须对数据进行"投影"。在 ggplot2 中，使用 coord_map() 函数和 coord_quickmap() 函数可以设定坐标系为地理空间坐标系。

（1）coord_quickmap() 函数是一种保留经纬直线的快速近似绘制的地理坐标系，通过设定宽高比来保证在图形中 1 米的纬度和 1 米的经度有着相同的距离，适合靠近赤道的较小区域展示。

（2）coord_map() 函数可以通过设定 projection 投影参数来实现不同投影的地理空间坐标系，该函数需要使用 mapproj 软件包。

3.3 图形分面

图形分面是根据某个或某些分类变量（包括但不限于因子类型变量）将绘图数据分成若干子集并分别绘图的方法。

ggplot2 绘图系统中有 facet_wrap()、facet_grid() 两个专门的分面函数，它们的基本语法格式为：

```
facet_wrap(facets,nrow=NULL,ncol=NULL,scales="fixed",
    shrink=TRUE,labeller="label_value",as.table=TRUE,
    switch=deprecated(),drop=TRUE,dir="h",strip.position="top")

facet_grid(rows=NULL,cols=NULL,scales="fixed",space="fixed",
    shrink=TRUE,labeller="label_value",as.table=TRUE,
    switch=NULL,drop=TRUE,margins=FALSE,facets=deprecated())
```

部分参数的含义如表 3-5 所示。

表3-5 部分参数的含义

参　数	含　义
facets	为分面变量，通过vars()函数引用
nrow、ncol	控制子图排列的行数或列数
scales	控制子图坐标刻度是否保持一致
fixed	表示子图的横、纵坐标都保持一致
free	表示各子图坐标刻度自由变化
free_x、fix_y	分别表示允许横、纵坐标自由变化
labeller	用于修改子图标题格式
as.table	用于修改子图排列顺序，TRUE表示分面变量数值越大，对应的子图越靠近左下方，FALSE表示数值越大，越靠近右上方
drop	当分面变量是因子类型时，是否删除没有对应样本的因子水平
dir	控制子图排列顺序。H为默认值，表示水平排序，即先左右、后上下；v表示垂直排序，即先上下、后左右
strip.position	控制子图标题位置（top、bottom、left、right）
margins	添加边际图形（var:(all)）

【例 3-8】利用 mpg 数据集展示图形分面的应用。输入代码如下：

```
library(ggplot2)                                              # 加载 ggplot2
```

```
p <- ggplot(mpg,aes(displ,hwy,color=class)) +
    geom_point()
p + facet_wrap(vars(class),nrow=3)
                # vars() 函数提供面处理变量，使用 nrow 和 ncol 控制行数和列数
```

输出结果如图 3-19 所示。

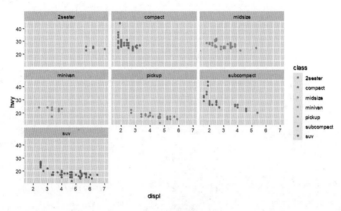

图 3-19　输出结果 12

```
ggplot(mpg,aes(displ,hwy,color=class)) +
    geom_point() +
    facet_wrap(vars(cyl,drv),labeller="label_both")
                # 使用 labeller 选项控制标签的显示方式
```

输出结果如图 3-20 所示。

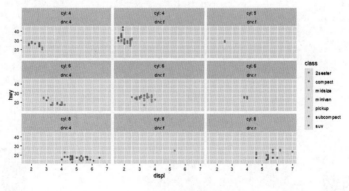

图 3-20　输出结果 13

```
p <- ggplot(mpg,aes(displ,cty,color=class)) +
    geom_point()
```

```
p + facet_grid(vars(drv),vars(cyl))
```

输出结果如图 3-21 所示。

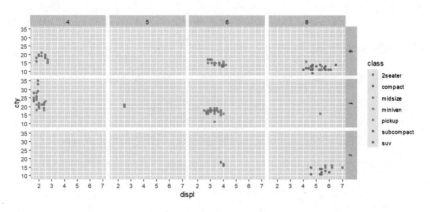

图 3-21 输出结果 14

```
mt <- ggplot(mtcars,aes(mpg,wt,colour=factor(cyl))) +
      geom_point()
mt + facet_grid(vars(cyl),scales="free")
```

输出结果如图 3-22 所示。

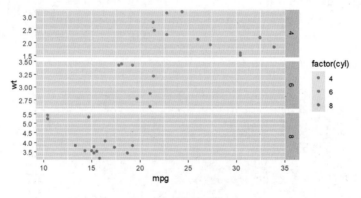

图 3-22 输出结果 15

3.4 标度函数

在 ggplot2 绘图系统中，标度函数用于建立绘图数据与图形属性之间的联系，标度函数
涉及的属性类别包括透明度（alpha）、表观颜色（color 或 colour）、填充颜色（fill）、线

型（linetype）、形状（shape）、尺寸（size）、坐标轴（x、y）等。常用的标度函数类型如表 3-6 所示。

表3-6　标度函数类型

参　数	含　义	参　数	含　义
scale_alpha_<func>	透明度标度	scale_shape_<func>	点的形状标度
scale_color_<func>	颜色标度	scale_size_<func>	点的大小和线的粗细标度
scale_fill_<func>	填充颜色标度	scale_x_<func>	横坐标轴标度
scale_linetype_<func>	线型标度	sclae_y_<func>	纵坐标轴标度

下面通过介绍颜色标度函数与坐标标度函数来讲解标度函数的使用。

3.4.1　颜色标度函数

在 ggplot2 绘图系统中，图形的配色除通过将已生成的颜色序列赋值给绘图函数的参数来实现外，还可以使用颜色标度函数进行配色。颜色标度函数的选取要根据数据类型考虑映射方式。

1. 离散型变量

离散型变量主要是针对因子变量（factor）。离散映射默认表观颜色标度函数为 scale_color_hue()，填充颜色标度函数为 scale_fill_hue()，采用 HCL 配色模型，函数的基本语法格式为：

```
scale_colour_hue(...,h=c(0,360)+15,c=100,l=65,h.start=0,
    direction=1,na.value="grey50",aesthetics="colour")

scale_fill_hue(...,h=c(0,360)+15,c=100,l=65,h.start=0,
    direction=1,na.value="grey50",aesthetics="fill")
```

其中，h 包 s 含两个元素的向量，表示色相（H）的取值范围，c 为饱和度（C）的取值，l 为亮度（L）的取值；h.start 为色相取值的起始值；direction 取 1 表示在色环上按顺时针取色，-1 表示按逆时针取色。

> 说明　由上面的语法格式可知，表观颜色（color 或 colour）和填充颜色（fill）虽然涂色的位置不同，但对应的标度函数的用法一致，后面不再介绍填充颜色标度函数。

【例 3-9】标度函数应用示实例 1。输入代码如下：

```
library(ggplot2)              # 加载 ggplot2
library(patchwork)            # 用于图形组合，在页面布局中讲解
```

```
df <- data.frame(x=c("a","b","c","d"),y=c(2,6,1,4))

p11 <- ggplot(df,aes(x,y,fill=x)) +
    geom_bar(stat="identity") +
    labs(x=NULL,y=NULL) +
    theme(legend.position="none")               # 默认设置

p12 <- p11 + scale_fill_hue(h=c(100,255),c=20)   # 使用颜色标度函数
p11 + p12
```

输出结果如图 3-23 所示。

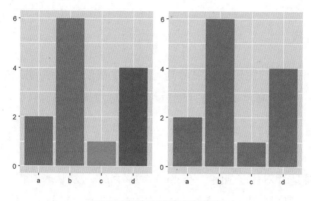

图 3-23 采用默认表观颜色

通过 scale_color_brewer() 函数可以直接调用 RColorBrewer 工具包的调色板，函数的基本语法格式为：

```
scale_colour_brewer(...,type="seq",
    palette=1,direction=1,aesthetics="colour")
```

其中，type 为类型参数，即 RColorBrewer 工具包的三类调色板：seq、div、qual；palette 为调色板名称或序号（见 RColorBrewer 工具包）。

> 说明 seq、div 类型不属于连续映射，而是有序的离散型映射，不能用于连续型变量。

【例 3-10】标度函数应用示例 2。输入代码如下：

```
p21 <- p11 +
    scale_fill_brewer(type="qual",palette="Set2")
p22 <- p11 +
```

```
scale_fill_brewer(palette="OrRd")
p21 + p22
```

输出结果如图 3-24 所示。

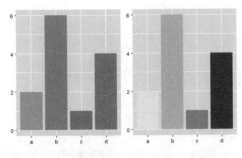

图 3-24　调用调色板

scale_color_grey() 函数使用的是灰度配色模型，函数的基本语法格式为：

```
scale_colour_grey(...,start=0.2,end=0.8,
na.value="red",aesthetics="colour")
scale_fill_grey()
```

其中，start、end 为灰度的起始值、终止值。

【例 3-11】标度函数应用示例 3。输入代码如下：

```
p31 <- p11 +
  scale_fill_grey()
p32 <- p11 +
  scale_fill_grey(start=0,end=0.5)
p31 + p32
```

输出结果如图 3-25 所示。

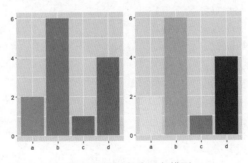

图 3-25　使用灰度配色模型

scale_color_manual() 函数采取的是手动赋值的方法，也就是直接把颜色序列赋值给它的参数 value。

【例 3-12】标度函数应用示例 4。输入代码如下：

```
p41 <- p11 +
  scale_fill_manual(values=c("red","blue","darkgreen","orange"))
p42 <- p11 +
  scale_fill_manual(values=c("green","tomato","orange","blue"))
p41 + p42
```

输出结果如图 3-26 所示。

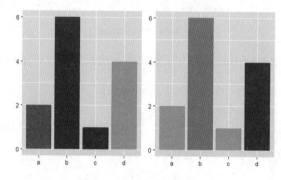

图 3-26 使用灰度配色模型

scale_color_identity() 函数是一种特殊的离散映射方式，因为它的映射变量本身就是颜色编码。

```
scale_colour_identity(...,guide="none",aesthetics="colour")
```

【例 3-13】标度函数应用示例 5。输入代码如下：

```
df <- data.frame(x=c("sienna1","sienna4","hotpink1","hotpink4"),
                 y=c(5,3,1,7))
p0 <- ggplot(df,aes(x,y,fill=x)) +                    # 默认
  geom_bar(stat="identity") +
  labs(x=NULL,y=NULL) +
  theme(legend.position="none")

p1 <- p0 + scale_fill_identity()                      # 使用颜色标度函数
p0 + p1
```

输出结果如图 3-27 所示。

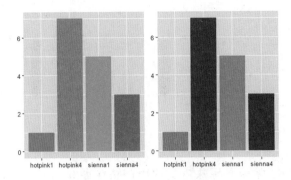

图 3-27 映射本身为颜色编码

2. 连续型变量

对于连续型变量，映射方式可以采用连续的调色板使每个数值都对应一种颜色，即真正的连续映射（continuous mapping），也可以将其离散化后映射，即分箱映射（binned mapping）。

连续型变量的默认离散方式是连续映射，连续映射默认的颜色标度函数是 scale_colour_gradient()。其基本语法结构如下：

```
scale_colour_gradient(...,low="# 132B43",high="# 56B1F7",space="Lab",
    na.value="grey50",guide="colourbar",aesthetics="colour")
```

该函数只需要使用 low 和 high 参数分别指定连续变量的最小值和最大值对应的颜色，即可自动计算一条连续的调色板。

【例 3-14】标度函数应用示例 6。输入代码如下：

```
set.seed(1)
df <- data.frame(x=1:25,y=rnorm(25))
p11 <- ggplot(df,aes(x,y,color=y)) +           # 默认
  geom_point(size=2) +
  labs(x=NULL,y=NULL)


p12 <- p11 +
  scale_color_gradient(low="blue",high="red")   # 使用颜色标度函数
p11 + p12
```

输出结果如图 3-28 所示。

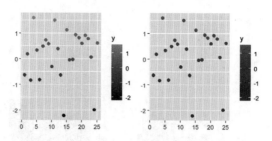

图 3-28 连续映射默认的颜色标度

当连续型变量中包含具有特殊意义的中间值（如 0、1）时，可以使用 scale_color_gradient2() 函数：

```
scale_colour_gradient2(...,low=muted("red"),mid="white",
      high=muted("blue"),midpoint=0,space="Lab",
      na.value="grey50",guide="colourbar",aesthetics="colour")
```

当有多个中间值时，可以使用 scale_colour_gradientn() 函数：

```
scale_colour_gradientn(...,colours,values=NULL,space="Lab",
  na.value="grey50",guide="colourbar",aesthetics="colour",colors)
```

其中，colours 为颜色向量，函数会在向量每两个元素之间生成一个连续调色板。

【例 3-15】标度函数应用示例 7。输入代码如下：

```
p21 <- p11 +
  scale_color_gradient2(low="blue",mid="green",high="red")
p22 <- p11 +
  scale_color_gradientn(colors=c("blue","green","yellow","red"),
                        breaks=c(-Inf,-1,1,Inf))
p21 + p22
```

输出结果如图 3-29 所示。

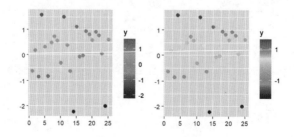

图 3-29 两个或多个中间值的颜色标度

scale_color_steps() 函数用于连续变量的分箱映射。

```
scale_colour_steps(...,low="# 132B43",high="# 56B1F7",space="Lab",
na.value="grey50",guide="coloursteps",aesthetics="colour")
```

与 scale_colour_gradient() 函数一样，scale_color_steps() 函数也有两个扩展形式：scale_color_steps2() 和 scale_color_stepsn()，这里不再介绍。

【例 3-16】标度函数应用示例 8。输入代码如下：

```
P31 <- p11 +
  scale_color_steps(low="blue",high="red")
p32 <- p11 +
  scale_color_steps(low="blue",high="red",breaks=c(-Inf,-1,1,Inf))
p31 + p32
```

输出结果如图 3-30 所示。

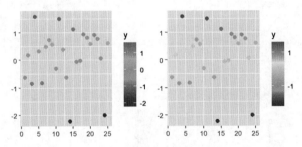

图 3-30 分箱映射的颜色标度

3.4.2 坐标标度函数

与颜色标度函数一样，坐标标度函数也分为离散、连续和分箱等类型。由于 x 轴和 y 轴的标度函数类似，这里不作区别介绍。

1. 离散坐标标度

离散坐标标度对应的函数是 scale_x_discrete()，其基本语法结构如下：

```
scale_x_discrete(...,expand=waiver(),guide=waiver(),position="bottom")
```

其中，…为离散标度函数的通用参数，其他参数是坐标标度函数的专用参数。

常用的通用参数包括：breaks 确定坐标轴刻度位置，limits 对应基础绘图系统中的 xlim、ylim 参数，name 确定坐标轴名称，labels 设定坐标轴刻度标签（必须与 breaks 参数一一对应）。

常用的专用参数包括：expand 设置坐标轴两侧的空隙，格式为包含两个元素的向量；guide 设置图例参数；position 设置坐标轴的位置（x 轴有 top、bottom 两种，y 轴有 left、right 两种）。

【例 3-17】坐标标度函数应用示例 1。输入代码如下：

```
p11 <- ggplot(mtcars,aes(factor(cyl),fill=factor(cyl))) +
    geom_bar()

# 通过 name、breaks、labels 参数调整了 x 轴的名称、刻度位置、刻度标签
p12 <- p11+
  scale_x_discrete(name="cyl",breaks=c("4","8"),
                   labels=c("No.4","No.8"))

# 通过 limits 参数限定变量的取值范围，范围外的样本会被从绘图数据中剔除
p13 <- p11+
  scale_x_discrete(name="cyl",limits=c("4","8"))
p11 + p12 + p13
```

输出结果如图 3-31 所示。

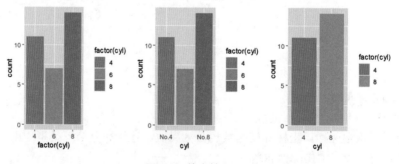

图 3-31 输出结果 16

```
p21 <- p11 +
  scale_x_discrete(expand=c(0,0))          # 调整坐标轴两侧的空隙为 0
p22 <- p11 +
  scale_x_discrete(position="top")         # 调整坐标轴轴标题位置

p21 + p22
```

输出结果如图 3-32 所示。

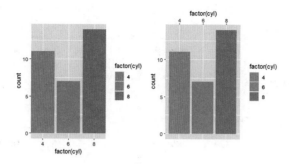

图 3-32　输出结果 17

2. 连续坐标标度

连续坐标标度对应的函数是 scale_x_continuous()，其语法结构如下：

```
scale_x_continuous(name=waiver(),
    breaks=waiver(),minor_breaks=waiver(),n.breaks=NULL,
    labels=waiver(),limits=NULL,expand=waiver(),oob=censor,
    na.value=NA_real_,trans="identity",guide=waiver(),
    position="bottom",sec.axis=waiver())
```

连续坐标标度函数还有 3 个快捷转换函数：

```
scale_x_log10(...)
scale_x_reverse(...)
scale_x_sqrt(...)
```

连续坐标标度函数除与离散坐标标度函数有一些共同参数外，还包括 minor_breaks（次级刻度的位置）与 n.breaks（breaks 参数的替代参数，指定坐标轴刻度的数目）。另外，变换参数 trans，变换后坐标轴刻度不再是顺序、等间隔的。

【例 3-18】坐标标度函数应用示例 2。输入代码如下：

```
p31 <- ggplot(mtcars,aes(mpg,drat,colour=factor(cyl))) +
  geom_point()
p32 <- p31 +
  scale_x_continuous(limits=c(15,30),breaks=seq(15,30,3))
p33 <- p31 +
  scale_x_continuous(limits=c(15,30),n.breaks=4)
p34 <- p31 +
  scale_x_continuous(limits=c(15,30),n.breaks=4,labels=LETTERS[1:4])
(p31 + p32)/(p33 + p34)
```

输出结果如图 3-33 所示。

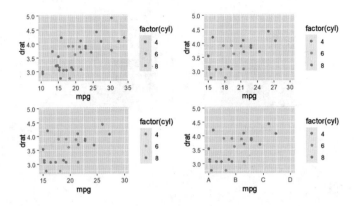

图 3-33 输出结果 18

```
p41 <- p31 + scale_x_continuous(trans="reverse")
p42 <- p31 + scale_x_continuous(trans="log10")
p43 <- p31 + scale_x_reverse()
p44 <- p31 + scale_x_log10()
(p41 + p42)/(p43 + p44)
```

输出结果如图 3-34 所示。

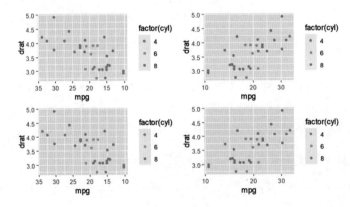

图 3-34 输出结果 19

3. 分箱坐标标度

分箱坐标标度对应的函数为 scale_x_binned()，该函数可以将对应的连续变量分割成若干段。

```
scale_x_binned(name=waiver(),
    n.breaks=10,nice.breaks=TRUE,breaks=waiver(),
```

```
        labels=waiver(),limits=NULL,expand=waiver(),
        oob=squish,na.value=NA_real_,right=TRUE,
        show.limits=FALSE,trans="identity",guide=waiver(),
        position="bottom")
```

【例 3-19】坐标标度函数应用示例 3。输入代码如下：

```
p51 <- ggplot(mtcars,aes(mpg,drat,colour=factor(cyl))) +
geom_point() +
scale_x_binned(n.breaks=5,show.limits=T)
p52 <- ggplot(mtcars,aes(mpg,fill=factor(cyl))) +
geom_bar() +
scale_x_binned(n.breaks=5)
p51 + p52
```

输出结果如图 3-35 所示。

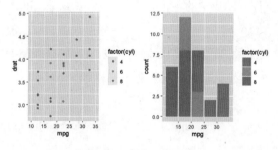

图 3-35　输出结果 20

4. 时间坐标标度

当 x 轴或 y 轴对应的是时间类型变量时，需要使用时间坐标标度函数对其进行调整。R 语言中的时间变量有 3 种类型，对应的时间坐标标度函数分别如下，限于篇幅，本书不再介绍时间坐标标度函数的应用。

```
scale_x_date(...)
scale_x_datetime(...)
scale_x_time(...)
```

3.5　主题函数

主题函数 theme() 是 ggplot2 库中用于自定义图形主题的函数，可以实现对图形要素的美化，它拥有丰富的参数，命名方式也是遵循逐级命名的规则，通过输入 help(theme) 命令可以查看其中的参数。

```
theme(line,rect,text,title,aspect.ratio,
      axis.title,axis.text,axis.ticks,axis.line,...,
      legend.background,legend.margin,legend.spacing,...,
      panel.background,panel.border,panel.spacing,panel.grid,...,
      plot.background,plot.title,plot.subtitle,...,
      strip.background,strip.clip,strip.placement,strip.text,
      ...,
      complete=FALSE,validate=TRUE)
```

theme() 函数以详细的方式来设置图形的外观，包括图形元素（Element）、标题（Title）、坐标轴（Axis）、图例（Legend）、面板（Panel）、整体（Overall）、条带（Strip）等多个方面。

（1）图形元素：用于控制图形中的各种元素的外观，如线条（line）、矩形（rect）、文本（text）等。

（2）标题：用于设置图形的标题和副标题的外观，包括主标题（title）、副标题（subtitle）。

（3）坐标轴：用于控制坐标轴的外观，包括轴标题（axis.title）、刻度线（axis.line）、刻度标签（axis.text）等。

（4）图例：用于控制图例的外观，包括背景（legend.background）、边距（legend.margin）、间距（legend.spacing）等。

（5）面板：用于设置图形面板的外观，包括背景（panel.background）、边框（panel.border）、间距（panel.spacing）、网格（panel.grid）等。

（6）整体：用于设置整体图形的外观，包括背景（plot.background）、标题（plot.title）、副标题（plot.subtitle）等。

（7）条带：用于设置图形中条带的外观，通常在多面板图中使用，包括背景（trip.background）、范围（strip.clip）、位置（strip.placement）、标签 <strip.text> 等。

（8）其他参数：除上述参数外，还有其他可以用于自定义图形外观的参数。

【例 3-20】theme() 函数应用示例。输入代码如下：

```
p1 <- ggplot(mtcars,aes(wt,mpg,colour=factor(cyl))) +
      geom_point() +
      labs(title="Fuele conomy declines as weight increases")
p11 <- p1 +
```

```
    theme(panel.border=element_rect(linetype="dashed",fill=NA))
p12 <- p1 + theme(
        axis.ticks.length.y=unit(.25,"cm"),
        axis.ticks.length.x=unit(-.25,"cm"),
        axis.text.x=element_text(margin=margin(t=.3,unit="cm")))
p1/p11/p12
```

输出结果如图 3-36 所示。

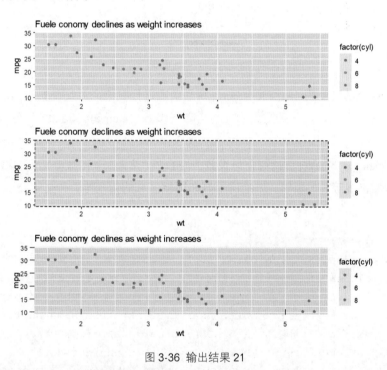

图 3-36　输出结果 21

```
p2 <- ggplot(mtcars,aes(wt,mpg)) +
  # 添加散点，根据 cyl 和 vs 进行着色和形状区分
    geom_point(aes(colour=factor(cyl),shape=factor(vs))) +
  # 设置 x 轴和 y 轴标签
    labs(x="Weight(1000lbs)",y="Fueleconomy(mpg)",
  # 设置颜色和形状图例标签
        colour="Cylinders",shape="Transmission")
p21 <- p2 + theme(legend.position="bottom")              # 调整图例位置
p2/p21
```

输出结果如图 3-37 所示。

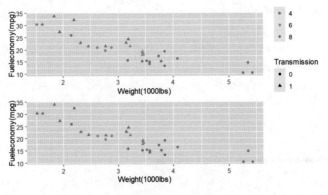

图 3-37 输出结果 22

主题函数可以通过使用 element_<func> 系列函数进行赋值，对某个要素的颜色、形状、大小等诸多属性进行设置，各函数又独立包含若干参数。element_<func> 系列函数主要包含 4 个函数。

其中，除 element_blank() 将绘图背景设置为空白外，其余 3 个函数分别针对线状（如轴线、主网格线和次网格线等）、矩形（如绘图区域和面板区域的背景等）和文本类要素进行设置，其语法格式如下：

```
element_blank()
element_rect(fill=NULL,colour=NULL,linewidth=NULL,linetype=NULL,
        color=NULL,inherit.blank=FALSE,size=deprecated())
element_line(colour=NULL,linewidth=NULL,linetype=NULL,lineend=NULL,
        color=NULL,arrow=NULL,inherit.blank=FALSE,size=deprecated())
element_text(family=NULL,face=NULL,colour=NULL,size=NULL,
        hjust=NULL,vjust=NULL,angle=NULL,lineheight=NULL,
        color=NULL,margin=NULL,debug=NULL,inherit.blank=FALSE)
```

另外，theme_grey() 为默认主题，theme_bw() 为白色背景主题，theme_classic() 为经典主题，theme_minimal() 为简约风格主题。

【例 3-21】主题应用示例。输入代码如下：

```
library(ggplot2)                          # 加载 ggplot2
# 载入数据
data(diamonds)
set.seed(1234)
diamond <- diamonds[sample(nrow(diamonds),2000),]
```

```
# 绘制初始图形
p0 <- ggplot(data=diamond) +
  geom_point(aes(x=carat,y=price,colour=color,shape=cut)) +
  labs(title="Learning ggplot2 Visualization",
       subtitle="Parameter Learning",
       caption="Explanatory Note")
p0
```

输出结果如图 3-38 所示。

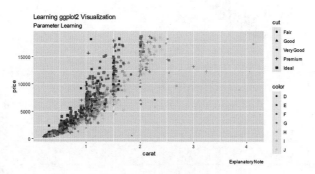

图 3-38　输出结果 23

```
# 设置 title 的尺寸、颜色、线高、位置
p0 + theme(plot.title=element_text(
                           size=16,
                           face="bold",
                           color="blue",           # 颜色
                           hjust=0.5,               # 调整位置，正中间
                           lineheight=1.2))
```

输出结果如图 3-39 所示。

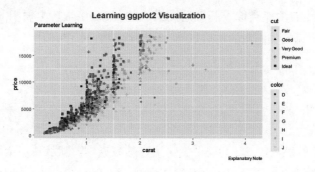

图 3-39　输出结果 24

```
p0 + theme_bw() +
    labs(subtitle="Change theme_bw")
```

输出结果如图 3-40 所示。

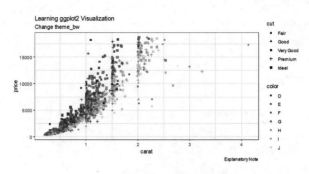

图 3-40 输出结果 25

3.6 注释

在 ggplot2 绘图系统中，除使用几何图形函数、统计变换函数添加注释外，还可以通过专门的注释函数 annotate() 添加注释。

3.6.1 添加文本注释

文本注释是比较常用的注释方法。利用 geom_text() 函数、geom_label() 函数可以实现文本注释。

1. geom_text() 函数

geom_text() 函数的功能类似于基础绘图系统的 text() 函数，它属于 ggplot2 绘图系统中的几何图形函数，遵循这类函数的使用规则。语法结构如下：

```
geom_text(mapping=NULL,data=NULL,stat="identity",position="identity",
    ...,
    parse=FALSE,nudge_x=0,nudge_y=0,check_overlap=FALSE,
    na.rm=FALSE,show.legend=NA,inherit.aes=TRUE)
```

其中，mapping 为映射参数，data 为映射变量所在的数据框，默认使用全局数据框。parse 设为 TRUE，label 参数的内容遵循 plotmath 编译规则，nudge_x、nudge_y 为偏移量，其单位和对应坐标轴的刻度相同；check_overlap 设为 TRUE，则重叠的文本注释会被去除。

> 💠 **说明** geom_text() 函数可用于映射的美学参数（aesthetics）包括 x、y、label、alpha、angle、colour、family、fontface、group、hjust、lineheight、size、vjust 等，其中 label 为必选参数。

【例 3-22】添加文本注释应用示例 1。输入代码如下：

```
library(ggplot2)        # 加载 ggplot2
library(patchwork)      # 用于组合多个图形
p11 <- ggplot(mtcars,aes(x=wt,y=mpg,col=vs)) +
    geom_point() + theme_bw() +
    theme(legend.position="none",
        axis.text=element_text(size=15),
        axis.title=element_text(size=18))
p12 <- p11 +
  geom_text(aes(label=vs,vjust=1,hjust="outward"))
p11 + p12
```

输出结果如图 3-41 所示。

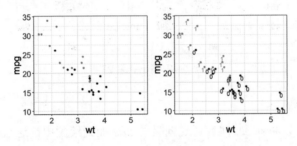

图 3-41　输出结果 26

2. geom_label() 函数

geom_label() 函数也可以添加文本作为注释，但效果与 geom_text() 函数不同。它的语法结构如下：

```
geom_label(mapping=NULL,data=NULL,stat="identity",position="identity",
    ...,
    parse=FALSE,nudge_x=0,nudge_y=0,
    label.padding=unit(0.25,"lines"),label.r=unit(0.15,"lines"),
    label.size=0.25,na.rm=FALSE,show.legend=NA,inherit.aes=TRUE)
```

其中，label.padding 设置标签文本与外框的距离大小，label.r 设置外框圆角的半径，label.size 设置外框线条的尺寸（单位：mm）。

【例 3-23】添加文本注释应用示例 2。输入代码如下：

```
# 创建 p21，基于 p11 添加带标签的散点
p21 <- p11 +
  geom_label(aes(label=vs),nudge_x=0.25)

# 创建 p22，基于 p11 添加带标签的散点，并调整标签的位置、内边距、半径和大小
p22 <- p11 +
  geom_label(aes(label=vs),nudge_x=0.15,
             label.padding=unit(0.1,"lines"),
             label.r=unit(0.05,"lines"),label.size=0.1)
p21 + p22
```

输出结果如图 3-42 所示。

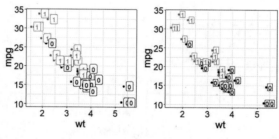

图 3-42 输出结果 27

3. annotate() 函数

annotate() 函数可以将 geom 属性通过向量传递添加到绘图中，这与 geom 函数通过数据框的变量映射不同。对于添加部分注释（如文本标签）或将数据放在向量中，并且不想将其放在数据框中时非常有用。annotate() 函数的语法结构如下：

```
annotate(geom,x=NULL,y=NULL,
        xmin=NULL,xmax=NULL,ymin=NULL,ymax=NULL,xend=NULL,yend=NULL,
        ...,
        na.rm=FALSE)
```

annotate() 函数通过 geom 参数调用相关的几何图形函数的绘图效果，并将控制绘图区域的参数统一命名为 x、y、xmin、xmax、ymin、ymax、xend、yend，…表示针对几何图形函数的特殊参数。

文本注释大多数情况下并不需要针对所有点进行，此时使用 annotate() 函数要比 geom_text() 或 geom_label() 函数快捷、方便得多。

【例 3-24】添加文本注释应用示例 3。输入代码如下：

```
# 使用 mtcars 数据集创建一个散点图图形对象 p
# x 轴是汽车重量 wt，y 轴是每加仑行驶的英里 mpg，颜色表示汽缸数 cyl
p <- ggplot(mtcars,aes(x=wt,y=mpg,colour=factor(cyl))) +
  geom_point()

# 创建带有文本注释的新图形对象 p11，添加文本 "Sometext" 在坐标 (2:5,25) 处
p11 <- p +
  annotate("text",x=2:5,y=25,label="Sometext")

# 创建带有矩形注释的新图形对象 p12，矩形边界由 (xmin,xmax,ymin,ymax) 确定，透明度为 0.2
p12 <- p +
  annotate("rect",xmin=3,xmax=4.2,ymin=12,ymax=21,alpha=.2)

# 创建带有文本注释的新图形对象 p13，在坐标 (2:3,20:21) 处添加标签 "mylabel" 和 "label2"
p13 <- p +
  annotate("text",x=2:3,y=20:21,label=c("mylabel","label2"))

# 创建带有数学表达式的文本注释的新图形对象 p14，文本为 "italic(R)^2==0.75"
# parse=TRUE 表示解释数学表达式
p14 <- p +
  annotate("text",x=4,y=25,label="italic(R)^2==0.75",parse=TRUE)

# 将 p11 和 p12 两个图形对象相加，然后除以 p13 和 p14 两个图形对象相加，得到最终的图形
(p11 + p12)/(p13 + p14)
```

输出结果如图 3-43 所示。

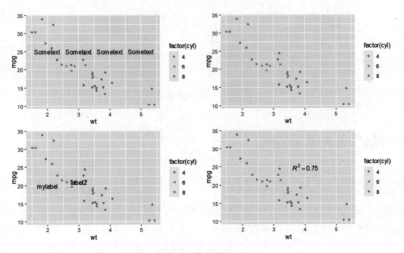

图 3-43　输出结果 28

3.6.2　通过嵌套为图形做注释

annotation_custom() 函数通过嵌套其他图形来为图形做注释，其基本语法结构如下：

```
annotation_custom(grob,xmin=-Inf,xmax=Inf,ymin=-Inf,ymax=Inf)
```

其中，grob 为嵌套的图形；xmin、xmax、ymin、ymax 为嵌套图形放置的区域。

> 🎮➕说明　嵌套图形需要先使用 ggplot2 绘图系统进行绘制，再使用 ggplotGrob() 函数进行封装。

【例 3-25】通过嵌套为图形做注释示例。输入代码如下：

```
g <- ggplot(mtcars,aes(x=factor(cyl))) +
        geom_bar() +
        theme_bw() +
        scale_x_discrete(name="cyl")
g <- ggplotGrob(g)                          # 封装
p + annotation_custom(g,xmin=3.5,xmax=5.5,ymin=20,ymax=35)
```

输出结果如图 3-44 所示。

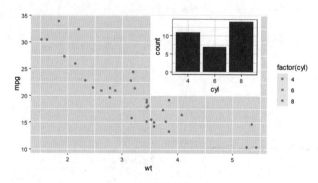

图 3-44　输出结果 29

3.6.3　为坐标轴添加对数刻度线

annotation_logticks() 函数为图形的坐标轴添加对数刻度线。其语法结构如下：

```
annotation_logticks(base=10,sides="bl",outside=FALSE,scaled=TRUE,
        short=unit(0.1,"cm"),mid=unit(0.2,"cm"),long=unit(0.3,"cm"),
        colour="black",size=0.5,linetype=1,alpha=1,color=NULL,
        ...)
```

其中，base 为对数底数；sides 为对数刻度出现的位置；t、b、l、r 分别表示上、下、左、右坐标轴，可使用字符串进行任意组合。

【例 3-26】为坐标轴添加对数刻度线示例。输入代码如下：

```
p <- ggplot(msleep,aes(bodywt,brainwt,colour=factor(vore))) +
  geom_point(na.rm=TRUE)  +
  scale_x_log10(
    breaks=scales::trans_breaks("log10",function(x)10^x),
    labels=scales::trans_format("log10",scales::math_format(10^.x))) +
  scale_y_log10(
    breaks=scales::trans_breaks("log10",function(x)10^x),
    labels=scales::trans_format("log10",scales::math_format(10^.x))) +
  theme_bw()
p1 <- p + annotation_logticks(sides="trbl")        # 为所有轴均添加对数刻度
p2 <- p + annotation_logticks(short=unit(.5,"mm"),
                   mid=unit(3,"mm"),long=unit(4,"mm"))# 调整刻度线尺寸
p1/p2
```

输出结果如图 3-45 所示。

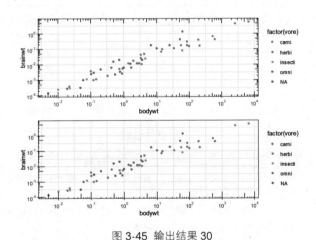

图 3-45　输出结果 30

3.7　页面布局与保存

图形绘制完成之后，需要对几幅图形进行布局设计，最后通过 ggsave() 函数将图形保存为自己需要的文件。

3.7.1 页面布局

1. 利用 patchwork 包实现

利用 ggplot 绘图系统的拓展包 patchwork 包可以将多个 ggplot 格式的图形组合成一幅大图（组图），以便于展示。使用前需要安装加载包：

```
install.packages('patchwork')          # 安装 patchwork
library(patchwork)
```

patchwork 包利用几个类似四则运算符号的操作符进行组图，掌握每个操作符的功能特点及少量函数的用法就可以灵活地进行组图，其功能如表 3-7 所示。

表3-7 组图操作符

操作符	含 义	操作符	含 义
|	竖杠，横向组图	+	根据参与组图的图形数量决定布局
/	斜杠，纵向组图	−	横向组图

> **注意** 单独使用"|""/""+"会将所有子图置于同一嵌套水平，而每使用一次"−"都会产生一个嵌套水平。操作符的优先级顺序为"/">"+"="−">"|"。

通过 plot_layout() 函数可以对组图的布局做进一步调整，其语法格式为：

```
plot_layout(ncol=NULL,nrow=NULL,byrow=NULL,
    widths=NULL,heights=NULL,guides=NULL,
    tag_level=NULL,design=NULL)
```

各参数的含义如表 3-8 所示。

表3-8 参数说明

参 数	含 义
ncol,nrow	组图的维度，ncol表示列数，nrow表示行数，都为NULL时，将使用与facet_wrap()相同的逻辑来设置维度
byrow	若为FALSE，则绘图将按列顺序填入，类似于matrix()中的byrow
widths,heights	网格中每列和每行的相对宽度和高度
guides	指定在布局中应如何处理辅助线的字符串
tag_level	字符串（'keep'或'new'），用于指示自动标记的行为
design	布局中区域位置的规范

【例 3-27】使用 patchwork 包实现页面布局示例，读者自行体会各布局组图方式。输入代码如下：

```
p1 <- ggplot(mpg) +
```

```
        geom_point(aes(x=displ,y=hwy,colour=class))
p2 <- ggplot(mpg) +
        geom_bar(aes(x=as.character(year),fill=drv),position="dodge") +
        labs(x="year")
p3 <- ggplot(mpg) +
        geom_density(aes(x=hwy,fill=drv),colour=NA) +
        facet_grid(rows=vars(drv))
p4 <- ggplot(mpg) +
        stat_summary(aes(x=drv,y=hwy,fill=drv),geom="col",fun.data=mean_se)
p1 + p2 + p3 + p4
```

输出结果如图 3-46 所示。

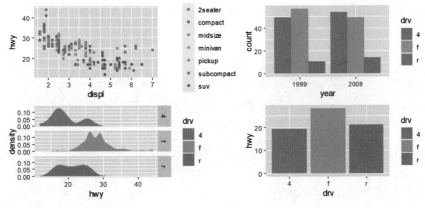

图 3-46　输出结果 31

```
p3 | (p1 / (p2 | p4))                        # 嵌套布局
```

输出结果如图 3-47 所示。

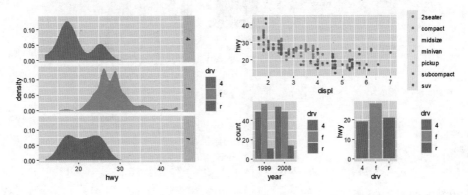

图 3-47　输出结果 32

```
p1 + p2 + p3 + plot_layout(ncol=2)
```

输出结果如图 3-48 所示。

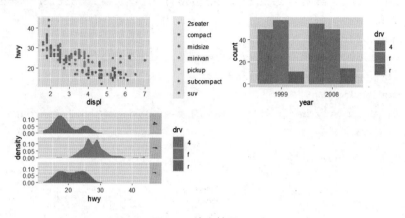

图 3-48 输出结果 33

```
design <- "
  1##
  123
  ## 3
"
p1 + p2 + p3 + plot_layout(design=design)
```

输出结果如图 3-49 所示。

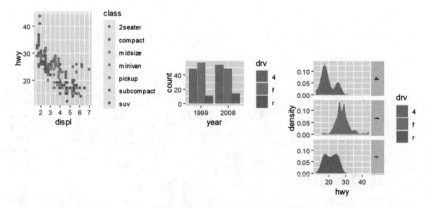

图 3-49 输出结果 34

```
p1 + p2 + p3 + plot_layout(ncol=2,guides="collect")
```

输出结果如图 3-50 所示。

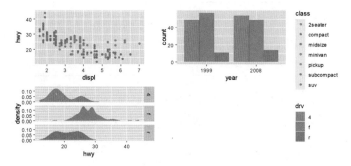

图 3-50　输出结果 35

```
p1 / p2 - p3
```

输出结果如图 3-51 所示。

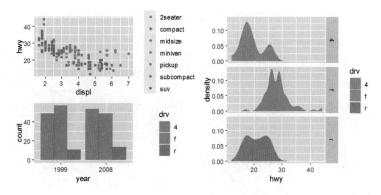

图 3-51　输出结果 36

2. 利用 gridExtra 包实现

利用 ggplot2 包绘制的每一幅图都是一个独立的图形，要将不同的 ggplot2 包图形组合在一起，可以使用 gridExtra 包中的 arrangeGrob() 函数与 grid.arrange() 函数。语法格式为：

```
arrangeGrob(...,grobs=list(...),layout_matrix,vp=NULL,
        name="arrange",as.table=TRUE,respect=FALSE,clip="off",
        nrow=NULL,ncol=NULL,widths=NULL,heights=NULL,top=NULL,
        bottom=NULL,left=NULL,right=NULL,padding=unit(0.5,"line"))

grid.arrange(...,nrow=n1,ncol=n2,newpage=TRUE)
```

其中，... 为 grobs、gtables、ggplot 或 trellis 对象，nrow=n1 表示按 n1 行排列，ncol=n2 表按 n2 列排列。

> 说明 使用时需要先安装并加载 gridExtra 包。

```
> install.packages("gridExtra")
> library(gridExtra)
```

【例 3-28】使用 gridExtra 包实现布局页面示例。输入代码如下：

```
p11 <- ggplot(mtcars,aes(mpg,drat,colour=factor(cyl))) +
       geom_point() +
       scale_x_binned(n.breaks=5,show.limits=T)
p12 <- ggplot(mtcars,aes(mpg,fill=factor(cyl))) +
       geom_bar() +
       scale_x_binned(n.breaks=5)
grid.arrange(p11,p12,ncol=2,newpage=TRUE)
```

输出结果如图 3-52 所示。上述代码首先创建散点图和堆积条形图两个图形，然后使用 gridExtra 包中的 grid.arrange 函数将它们排列在一个页面上。

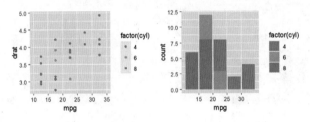

图 3-52 输出结果 37

```
grid.arrange(p11,p12,p11,ncol=2,nrow=2,
             layout_matrix=rbind(c(1,1),c(2,3)))
```

输出结果如图 3-53 所示。

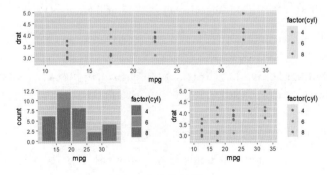

图 3-53 输出结果 38

3.7.2 保存图形

ggplot2 包输出图形的函数是 ggsave()，该函数重要的参数有以下 4 个：

```
ggsave(filename,plot=last_plot(),device=NULL,
        path=NULL,scale=1,width=NA,height=NA,
        units=c("in","cm","mm","px"),
        dpi=300,limitsize=TRUE,bg=NULL,...)
```

其中，filename 为可带路径的文件名，width 和 height 为输出图形的尺寸，dpi 为输出图片分辨率。默认保存最后一幅由 ggplot2 绘制的图形。

```
ggplot(mtcars,aes(mpg,wt)) +
    geom_point()
ggsave("mtcars.pdf",width=4,height=4)                  # 默认保存最后一幅图形
ggsave("mtcars.pdf",width=20,height=20,units="cm")
```

上述代码首先创建散点图，然后使用 ggsave 函数保存图形为 PDF 文件。

3.8 本章小结

ggplot2 为读者提供了丰富的工具和技巧，以创建美观、可视化的图形并有效传达数据的信息。本章内容涵盖网格绘图系统 ggplot2 包的各个方面，包括基本语法、坐标系统、图形分面、标度函数、主题函数、注释、页面布局等内容。通过本章的学习，可以为后续数据可视化的学习奠定基础。

第 4 章
类别比较数据可视化

　　类别比较数据可视化是一种用于呈现和分析离散或分类变量的数据可视化方法。类别数据（也称为离散数据）是一种具有有限数量的可能取值的数据类型，它表示不同的类别、类型或标签。类别数据可视化的目标是展示不同类别之间的关系、频率分布以及类别的比较，帮助用户更好地理解数据中的模式、趋势和关联信息。

4.1 柱状图

　　柱状图（Bar Chart）用于显示不同类别或组之间的比较或分布情况。它由一系列垂直的矩形柱组成，每个柱子的高度表示对应类别或组的数值大小。当柱水平排列时，又称为条形图。

4.1.1 柱状图释义

　　柱状图的主要目的是帮助观察者直观地比较不同类别或组之间的差异、趋势或分布情况。在柱状图中，通常有以下要素。

　　（1）X 轴（水平轴）：用于表示不同的类别或组。每个柱子通常对应一个类别。

　　（2）Y 轴（垂直轴）：用于表示数值的大小或数量。Y 轴可以表示各种度量，如计数、百分比、频率等，具体取决于数据类型和分析目的。

（3）柱子（矩形条）：每个柱子的高度代表相应类别或组的数值大小。柱子的宽度可以是固定的或可以调整。

（4）填充颜色：柱子可以使用不同的填充颜色来区分不同的类别或组。颜色选择可以根据需要进行调整，以提高可读性或强调特定的类别。

柱状图可以根据不同的分类方式进行绘制，以展示不同类别或组之间的比较或分布情况。柱状图通常分为单一柱状图、分组柱状图、堆积柱状图、百分比柱状图、均值柱状图等。

在 graphics 中使用 barplot() 函数创建柱状图；在 ggplot2 中使用 geom_bar() 函数创建柱状图。使用 geom_bar() 函数绘制柱形图时，position 的参数有以下 4 种。

（1）identity：不进行任何位置调整，这种情况在多分类柱形图中不可用，序列间会遮盖，但是在多序列散点图、折线图中可用，不存在遮盖问题。

（2）stack：垂直堆叠放置（堆积柱形图）。

（3）dodge：水平抖动放置（簇状柱形图，position=position_dodge()）。

（4）fill：百分比化（垂直堆叠放置，如百分比堆积面积图、百分比堆积柱形图等）。

4.1.2　单一柱状图

在单一柱状图中，每个柱子代表一个类别或组，并显示该类别或组的数值。这种柱状图通常用于表示不同类别之间的数量或大小差异。

【例 4-1】采用 5 个类别及对应的值创建单一柱状图。输入代码如下：

```
# 加载包
library(ggplot2)                  # 用于数据可视化

# 自定义数据集
rm(list=ls())                     # 清空工作空间的所有变量
data <- data.frame(category=c("A","B","C","D","E"),
                value=c(10,15,7,12,8))
View(data)                        # 查看数据框

# 创建单一柱状图
ggplot(data,aes(x=category,y=value)) +
  geom_bar(stat="identity",fill="steelblue") +
  labs(x="Category",y="Value") +
  theme_minimal()                 # 用于设置图表的主题样式为简约风格
```

查看数据框，如图 4-1 所示。输出结果如图 4-2 所示。

	category	value
1	A	10
2	B	15
3	C	7
4	D	12
5	E	8

图 4-1 数据框

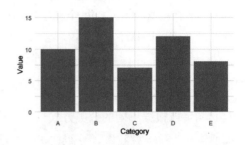

图 4-2 输出结果 1

> **说明** theme_minimal() 函数的特点包括：将图表背景设置为白色；去除图表周围的边框线；添加水平方向的灰色网格线；采用默认的文本样式，即黑色，字号适中；坐标轴的线条较细，刻度线较短。

4.1.3 分组柱状图

分组柱状图将不同类别或组的柱子并排显示，以便直观地比较它们之间的差异。每个类别或组可以由不同颜色的柱子表示，使得观察者可以快速识别不同类别或组的数值。

【例 4-2】创建包含 5 个类别和 4 个对应的数值列的分组柱状图。输入代码如下：

```
# 加载包
library(ggplot2)                    # 用于数据可视化

# 自定义一个包含多列数据的数据框
data <- data.frame(category=c("A","B","C","D","E"),
                value1=c(10,15,7,12,8),value2=c(6,9,5,8,4),
                value3=c(3,5,2,4,6),value4=c(9,6,8,3,5))
View(data)                          # 查看数据框
```

查看数据框，如图 4-3 所示。

	category	value1	value2	value3	value4
1	A	10	6	3	9
2	B	15	9	5	6
3	C	7	5	2	8
4	D	12	8	4	3
5	E	8	4	6	5

图 4-3 数据框

```
# 转换数据为长格式
data_long <- tidyr::gather(data,key="variable",value="value",-category)
# 创建堆积柱状图
ggplot(data_long,aes(x=category,y=value,fill=variable)) +
  geom_bar(stat="identity",position="dodge") +
  labs(x="Category",y="Value") +
  scale_fill_manual(values=c("steelblue","orange","green","purple")) +
  theme_minimal()
```

输出结果如图 4-4 所示。

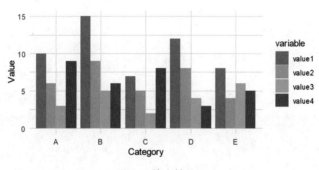

图 4-4　输出结果 2

4.1.4　堆积柱状图

堆积柱状图将不同类别或组的柱子叠加显示，以显示整体和各个部分的关系。每个柱子的高度表示该类别或组的总数值，而不同颜色的部分表示该类别或组在总数值中的占比。

【例 4-3】创建包含 5 个类别和 4 个对应的数值列的堆积柱状图。输入代码如下：

```
# 续上例，创建堆积柱状图
ggplot(data_long,aes(x=category,y=value,fill=variable)) +
  geom_bar(stat="identity",position="stack") +
  labs(x="Category",y="Value") +
  scale_fill_manual(values=c("steelblue","orange","green","purple")) +
  theme_minimal()
```

输出结果如图 4-5 所示。

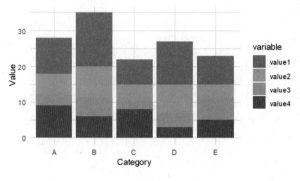

图 4-5　输出结果 3

4.1.5　百分比柱状图

百分比柱状图是一种堆积柱状图的变体，用于显示各个类别或组在整体中的百分比。每个柱子的高度表示整体的百分比，而不同颜色的部分表示各个类别或组的相对百分比。

【例 4-4】创建包含 5 个类别和 4 个对应的数值列的百分比柱状图。输入代码如下：

```
# 续上例，创建堆积柱状图
ggplot(data_long,aes(x=category,y=value,fill=variable)) +
    geom_bar(stat="identity",position="fill") +
    labs(x="Category",y="Value") +
    scale_fill_manual(values=c("steelblue","orange","green","purple")) +
    theme_minimal()
```

输出结果如图 4-6 所示。

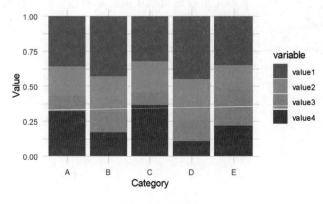

图 4-6　输出结果 4

4.1.6 均值柱状图

均值柱状图将不同类别或组的均值以柱子的高度表示，同时可使用误差线或置信区间来表示变异范围。这种柱状图通常用于比较均值差异或展示数据的中心趋势。

【例 4-5】创建包含 5 个类别和 4 个对应的数值列的均值柱状图。输入代码如下：

```
# 加载包
library(ggplot2)# 用于数据可视化
library(dplyr)   # 加载数据操作包，用于对数据进行筛选、排序、分组、汇总等操作

# 自定义数据集
data <- data.frame(category=c("A","B","C","D","E"),
                   value1=c(10,15,7,12,8),value2=c(6,9,5,8,4),
                   value3=c(3,5,2,4,6),value4=c(9,6,8,3,5))

# 计算每个类别的均值和标准误差
mean_data <- data %>%
  summarise(across(starts_with("value"),mean))
se_data <- data %>%
  summarise(across(starts_with("value"),
                   function(x)sd(x)/sqrt(length(x))))
```

> 说明　在 R 语言中，"%>%"是由 dplyr 包引入的，称为管道操作符，其作用是将前一个表达式的结果作为参数传递给后一个表达式，常用在数据操作和函数调用的连续操作中。此处是将 data 数据框传递给 summarise() 函数进行后续的数据汇总操作。

```
# 转换数据为长格式
mean_se_data <- tidyr::gather(mean_data,key="variable",
                              value="mean_value") %>%
  left_join(tidyr::gather(se_data,key="variable",value="se_value"),
            by="variable")

# 创建均值柱状图并添加误差棒
ggplot(
  mean_se_data,aes(x=variable,y=mean_value,fill=variable)) +
  geom_bar(stat="identity",width=0.6,color="blue",position="dodge") +
  geom_errorbar(aes(ymin=mean_value-se_value,ymax=mean_value+se_value),
```

```
width=0.4,color="blue",linewidth=0.8,position="dodge") +
labs(x="Variable",y="MeanValue") +
theme_minimal() +
scale_fill_brewer(palette="Set1"
)
```

输出结果如图 4-7 所示。

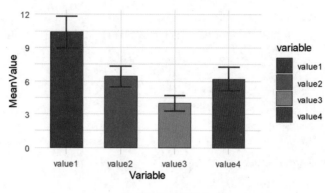

图 4-7 输出结果 5

4.1.7 不等宽柱状图

不等宽柱状图中每个柱形的宽度不相等，是根据某个变量的值来确定的。较大的数值对应的柱形宽度较宽，而较小的数值对应的柱形宽度较窄。

不等宽柱状图的宽度表示了另一个维度的信息，这可以是某个连续变量、离散变量或者数据的权重。通过使用不等宽柱状图，可以更直观地展示柱形之间的差异。

【例 4-6】创建包含 5 个类别和 5 个对应的值及宽度值的不等宽柱状图。输入代码如下：

```
# 加载包
library(ggplot2)                    # 用于数据可视化

# 创建数据集
data <- data.frame(category=c("A","B","C","D","E"),
    value=c(10,15,7,12,8),
    width=c(0.8,0.4,1.0,0.5,0.9))   # width 指定每个条形的宽度
View(data)                          # 查看数据框
```

查看数据框，如图 4-8 所示。

	category	value	width
1	A	10	0.8
2	B	15	0.4
3	C	7	1.0
4	D	12	0.5
5	E	8	0.9

图 4-8 数据框

```
# 创建不等宽条形图
ggplot(data,aes(x=category,y=value,fill=category,width=width)) +
  geom_bar(stat="identity") +
  labs(x="Category",y="Value") +
  theme_minimal() +
  theme(legend.position="none",
        axis.title=element_text(size=12,face="bold"),
        panel.grid.major.y=element_line(color="gray80") )
```

输出结果如图 4-9 所示。

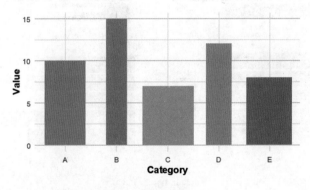

图 4-9 输出结果 6

4.2 条形图

　　条形图是一种常用的数据可视化图表，用于显示不同类别或组之间的比较或分布情况。与柱状图类似，条形图使用水平或垂直的矩形条（条形）来表示数据。在条形图中，主要有以下要素：

（1）Y 轴（垂直轴）：用于表示不同的类别或组。每个条形通常对应一个类别。

（2）X 轴（水平轴）：用于表示数值的大小或数量。X 轴可以表示各种度量，如计数、百分比、频率等，具体取决于数据类型和分析目的。

（3）条形（矩形条）：每个条形的长度代表相应类别或组的数值大小。条形的宽度可以是固定的或可以调整。

（4）填充颜色：条形可以使用不同的填充颜色来区分不同的类别或组。颜色选择可以根据需要进行调整，以提高可读性或强调特定的类别。

【例 4-7】创建条形图示例。

使用 ggplot2 包绘制条形图时只需要添加 ggplot2 包的 coord_flip() 语句，即可将 X-Y 坐标轴旋转，从而将柱形图转换成条形图，如图 4-10 所示。

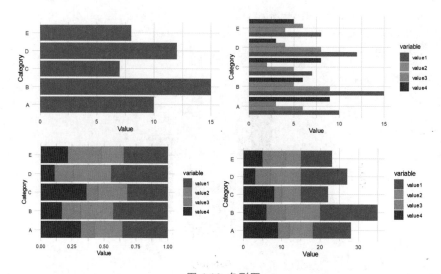

图 4-10 条形图

4.3 棒棒糖图

棒棒糖图（Lollipop Chart）也称为火柴棒图（Stick Chart）或标志线图（Flag Chart），是一种用于可视化数据的图表类型，结合了柱状图和折线图的元素。它以一条垂直线（棒棒糖）和一个标记点（棒棒糖头）的形式来表示数据的分布和取值。

在棒棒糖图中，通常使用垂直线段表示数值变量，而水平的点表示分类变量。数值变量可以是平均值、中位数或其他统计量，而分类变量则表示不同的类别或分组。

棒棒糖图的优点是可以同时显示数据的数值和范围，通过垂直线和标记点的组合，使得数据的分布和差异更直观地呈现。它适用于比较多个类别或分组的数据，并突出显示数据的关键数值。

> 🎮➕注意　棒棒糖图适用于表示有序的、离散的数据集，而不适用于表示连续的数据集。当数据集较大或类别较多时，棒棒糖图可能会显得拥挤和混乱，因此在使用时应根据数据的特点和数量进行调整，以确保图表的可读性和准确性。

4.3.1　基础棒棒糖图

【例 4-8】创建基础棒棒糖图示例。输入代码如下：

```
# 加载包
library(ggplot2)                     # 用于数据可视化

# 创建数据集
set.seed(10)
data <- data.frame(x=LETTERS[1:26],y=abs(rnorm(26)))
View(data)                           # 查看数据框
```

查看数据框，如图 4-11 所示。

	x	y
1	A	0.01874617
2	B	0.18425254
3	C	1.37133055
4	D	0.59916772
5	E	0.29454513

图 4-11　数据框（部分）

```
# 绘图
ggplot(data,aes(x=x,y=y)) +
  geom_point(color="red",size=4,alpha=0.8) +
  geom_segment(aes(x=x,xend=x,y=0,yend=y),color="skyblue") +
  coord_flip() +                     # 翻转坐标系
```

```
theme(panel.grid.major.y=element_blank(),
    panel.border=element_blank(),
    axis.ticks.y=element_blank()) +
xlab("") +
ylab("Value of Y")
```

示例中首先利用 geom_point() 函数创建棒棒糖散点，然后利用 geom_segment() 函数创建棒棒糖的柄。输出结果如图 4-12 所示。

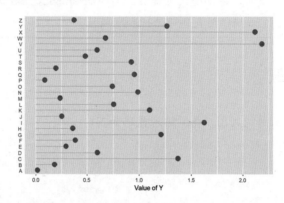

图 4-12 水平棒棒糖图

如果去掉 coord_flip() 函数，输出结果如图 4-13 所示。

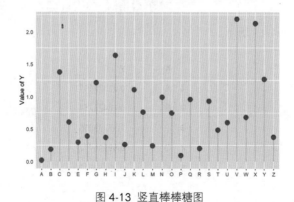

图 4-13 竖直棒棒糖图

【例 4-9】利用 ggpubr 包绘制棒棒糖图示例。输入代码如下：

```
# 加载包
library(ggpubr)                    # 基于 ggplot2 的可视化包


data("mtcars")
```

```
dfm <- mtcars
dfm$cyl <- as.factor(dfm$cyl)              # 将 cyl 变量转换为因子
dfm$name <- rownames(dfm)                  # 添加名称列
head(dfm[,c("name","wt","mpg","cyl")])     # 检查数据


# 计算 mpg 数据的 z 分数
dfm$mpg_z <- (dfm$mpg-mean(dfm$mpg))/sd(dfm$mpg)
dfm$mpg_grp <- factor(ifelse(dfm$mpg_z<0,"low","high"),
                      levels=c("low","high"))
head(dfm[,c("name","wt","mpg","mpg_z","mpg_grp","cyl")])# 检查数据


ggdotchart(dfm,x="name",y="mpg",
        color="cyl",                       # 颜色分组
        palette=c("#00AFBB","#E7B800","#FC4E07"),  # 自定义调色板
        sorting="ascending",               # 按降序对值进行排序
        add="segments",                    # 添加从 y=0 到点的分段
        # ①
        ggtheme=theme_pubr()               # ggplot2 主题
)
```

输出结果如图 4-14 所示。棒棒糖图显示了不同车型的 mpg（每加仑英里数）数据，颜色表示不同的汽缸数（cyl）。散点图的每个点表示一个车型，Y 轴表示 mpg 值，X 轴表示车型名称，点的颜色表示汽缸数，同时根据 mpg_z 值的正负来分为 "low" 和 "high" 两组。

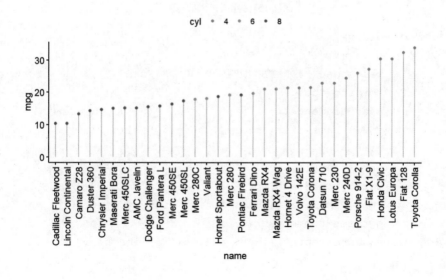

图 4-14 棒棒糖图

将位置①之后的代码修改如下：

```
# rotate=TRUE,                              # 垂直旋转
  group="cyl",                              # 按组排序
  dot.size=6,                               # 调整点尺寸
  label=round(dfm$mpg),                     # 将 mpg 值添加为点标签
  font.label=list(color="white",size=9,
                  vjust=0.5)                # 调整标签参数
```

输出结果如图 4-15 所示。

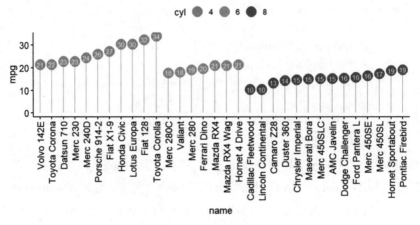

图 4-15 分组排序的棒棒糖图

```
ggdotchart(dfm,x="name",y="mpg_z",
           color="cyl",
           palette=c("#00AFBB","#E7B800","#FC4E07"),
           sorting="descending",
           add="segments",                      # 添加从 y=0 到点的分段
           add.params=list(color="lightgray",size=2),
           group="cyl",
           dot.size=6,
           label=round(dfm$mpg_z,1),            # 将 mpg 值添加为点标签
           font.label=list(color="white",size=9,vjust=0.5),
           ggtheme=theme_pubr()) +
  geom_hline(yintercept=0,linetype=2,color="lightgray")
```

输出结果如图 4-16 所示。

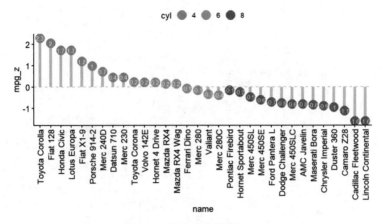

图 4-16　带偏差的棒棒糖图

4.3.2　带基线的棒棒糖图

【例 4-10】创建带基线的棒棒糖图示例。

基线由 geom_segment() 函数确定，本例设置基线为 y=1。输入如下代码：

```
# 加载包
library(ggplot2)                    # 用于数据可视化
# 创建数据集
set.seed(10)
data <- data.frame(x=LETTERS[1:26],y=abs(rnorm(26)))


# 绘图
ggplot(data,aes(x=x,y=y)) +
  geom_point(color="orange",size=4,alpha=0.8) +
  geom_segment(aes(x=x,xend=x,y=1,yend=y),color="grey") +
  theme(panel.grid.major.x=element_blank(),
        panel.border=element_blank(),
        axis.ticks.x=element_blank()) +
  xlab("") + ylab("Value of Y")
```

输出结果如图 4-17 所示。

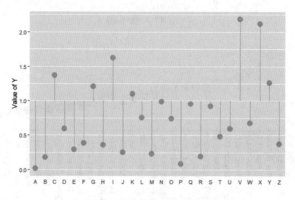

图 4-17 带基线的棒棒糖图

4.3.3 克利夫兰点图

克利夫兰点图（Cleveland Dot Plot）中每个实体用一个点表示，点的位置沿着水平轴表示第一个值，点的大小或颜色表示第二个值。通过将点按照实体进行排列，可以直观地比较它们之间的差异。

【例 4-11】创建克利夫兰点图示例。继续输入如下代码：

```
# 绘图
ggplot(data,aes(x=reorder(x,y),y=y)) +
  geom_point(shape=21,size=4,colour="gray60",fill="skyblue") +
  coord_flip() +                              # 翻转坐标系
  xlab("") + ylab("Value of Y")
```

输出结果如图 4-18 所示。

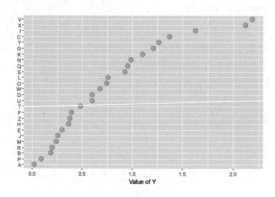

图 4-18 克利夫兰点图

【例 4-12】利用 ggpubr 包绘制克利夫兰点图示例。输入代码如下：

```
library(ggpubr)                    # 基于 ggplot2 的可视化包

data("mtcars")
dfm <- mtcars
dfm$cyl <- as.factor(dfm$cyl)                    # 将 cyl 变量转换为因子
dfm$name <- rownames(dfm)                        # 添加名称列
head(dfm[,c("name","wt","mpg","cyl")])           # 检查数据

# 计算 mpg 数据的 z 分数
dfm$mpg_z <- (dfm$mpg-mean(dfm$mpg))/sd(dfm$mpg)
dfm$mpg_grp <- factor(ifelse(dfm$mpg_z<0,"low","high"),
                      levels=c("low","high"))

ggdotchart(dfm,x="name",y="mpg",
           color="cyl",
           palette=c("#00AFBB","#E7B800","#FC4E07"),
           sorting="descending",
           rotate=TRUE,
           dot.size=2,
           y.text.col=TRUE,
           ggtheme=theme_pubr()) +
  theme_cleveland()
```

输出结果如图 4-19 所示。

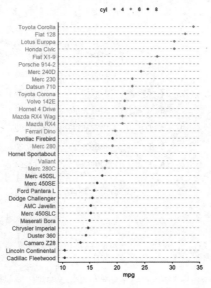

图 4-19　克利夫兰点图

4.3.4 哑铃图

棒棒糖图还可以比较多个实体的两个值之间的差异。对于每个实体，为每个变量绘制一个点，并使用不同的颜色区分。它们之间的差异则通过一段线条进行突出显示。这种可视化方法也被称为哑铃图。

> 提示 在进行比较时，建议根据均值、中位数或群体差异对个体进行排序，以使图形更具洞察力。

【例 4-13】创建哑铃图示例。输入如下代码：

```
# 加载包
library(ggplot2)                    # 用于数据可视化
library(dplyr)                      # 用于数据转换

# 创建数据集
set.seed(10)
value1 <- abs(rnorm(26))*2
data <- data.frame(x=LETTERS[1:26],
  value1=value1,
  value2=value1+1+rnorm(26,sd=1))
View(data)                          # 查看数据框
```

查看数据框，如图 4-20 所示。

	x	value1	value2
1	A	0.03749234	0.34993691
2	B	0.36850508	0.49634626
3	C	2.74266110	3.64090009
4	D	1.19833543	1.94455490
5	E	0.58909025	-0.26465020
6	F	0.77958860	1.70164254

图 4-20 数据框（部分）

```
# ①处
# 绘图
ggplot(data) +
  geom_segment(aes(x=x,xend=x,y=value1,yend=value2),color="grey") +
  geom_point(aes(x=x,y=value1),color=rgb(0.1,0.9,0.5,1),size=3) +
```

```
geom_point(aes(x=x,y=value2),color=rgb(0.9,0.1,0.5,1),size=3) +
coord_flip() +
xlab("") +
ylab("Value of Y")
```

输出结果如图 4-21 所示（未对数据进行排序）。

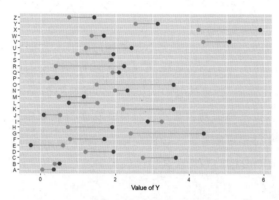

图 4-21　哑铃图（未排序）

在①处添加如下代码，对数据进行排序。

```
# 使用平均值重新排序数据
data <- data %>%
  rowwise() %>%
  mutate(mymean=mean(c(value1,value2))) %>%
  arrange(mymean) %>%
  mutate(x=factor(x,x))
```

运行代码，输出结果如图 4-22 所示（对数据进行排序）。

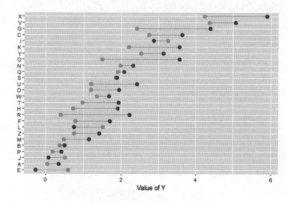

图 4-22　哑铃图（排序）

4.4 雷达图

雷达图（Radar Chart）也称为蜘蛛图（Spider Chart）或星形图（Star Plot），是一种用于可视化多维数据的图表类型。它以一个多边形来表示数据的不同维度或变量，并通过将每个变量的取值连接起来，形成一个闭合的图形来展示数据之间的关系和相对大小。

雷达图可以同时显示多个变量的相对大小和差异，能够直观地比较不同维度之间的差异和模式，适用于评估和比较多个方面或属性的性能、能力、优劣或优先级。通过雷达图，可以更好地理解数据的多维特征，并发现其中的模式、异常或趋势。

由于雷达图在处理大量维度或数据量较大时可能会变得复杂和混乱。另外，雷达图在数据分布不平衡或缺失维度时也可能存在一定的局限性。因此，在使用雷达图时，应仔细选择和处理数据，确保图表清晰易读，并结合其他图表类型进行综合分析和解读。

1. 利用 fmsb 包绘制

【例 4-14】利用 fmsb 包绘制雷达图示例。输入代码如下：

```
# 加载包
# install.packages("fmsb")
library(fmsb)                       # 绘制雷达图的专用包

set.seed(123)
# 创建具有一个组的数据集
df <- data.frame(rbind(rep(10,8),rep(0,8),
                       matrix(sample(0:10,8),nrow=1)))
colnames(df) <- paste("Var",1:8)

# 创建具有多个组的数据集
df2 <- data.frame(rbind(rep(10,8),rep(0,8),
                        matrix(sample(0:10,24,replace=TRUE),nrow=3)))
colnames(df2) <- paste("Var",1:8)

radarchart(df,
           cglty=1,                 # 网格线型
           cglcol="gray",           # 网格线颜色
           cglwd=1,                 # 网格的线宽
```

```
        pcol=4,                           #  线条颜色
        plwd=2,                           #  线条宽度
        plty=1)                           #  线条线型
```

输出结果如图 4-23 所示。

```
# 填充颜色
radarchart(df,cglty=1,cglcol="gray",
           pcol=4,plwd=2,pfcol=rgb(0,0.4,1,0.25))
```

输出结果如图 4-24 所示。

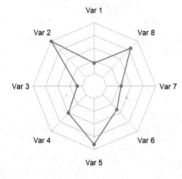

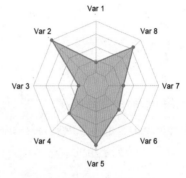

图 4-23 输出结果 7　　　　　　　　　　图 4-24 输出结果 8

```
#  绘制具有多个组的雷达图
radarchart(df2,
           cglty=1,                #  网格线型
           cglcol="gray",          #  网格线颜色
           pcol=2:4,               #  线条颜色
           plwd=2,                 #  线条宽度
           plty=1)                 #  线条线型
```

输出结果如图 4-25 所示。

```
#  填充颜色
areas <- c(rgb(1,0,0,0.25),
           rgb(0,1,0,0.25),
           rgb(0,0,1,0.25))
#  绘图
radarchart(df2,cglty=1,cglcol="gray",pcol=2:4,plwd=2,plty=1,
           pfcol=areas)          #  区域填充色
legend("topright",legend=paste("Group",1:3),
```

```
                            bty="n",pch=20,col=areas,text.col="grey25",pt.cex=2)
```

输出结果如图 4-26 所示。

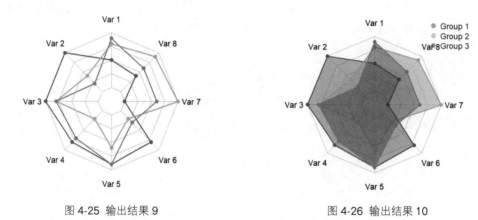

图 4-25 输出结果 9　　　　　　　　　　　　　　图 4-26 输出结果 10

2. 利用 ggradar 包绘制

利用 ggradar 包也可以绘制雷达图，该包包含一个同名函数，该函数需要一个数据帧作为输入，其中第一列是组的名称，每列代表一个变量。

【例 4-15】利用 ggradar 包绘制交互式雷达图示例。输入代码如下：

```
# 加载包
# install.packages("devtools")
library(ggradar)                         # 绘制交互式雷达图

# 创建数据集
set.seed(123)
df <- data.frame(matrix(runif(30),ncol=10))
df[,1] <- paste0("G",1:3)
colnames(df) <- c("Group",paste("Var",1:9))

# 绘图
ggradar(df,values.radar=c(0,0.5,1),
        axis.labels=paste0("A",1:9))
```

输出结果如图 4-27（a）所示。

```
ggradar(df,
        background.circle.colour="white",        # 设置背景颜色
```

```
axis.line.colour="gray60",                  # 设置线条颜色
gridline.min.colour="gray60",                    # 定义网格线颜色
gridline.mid.colour="gray60",
gridline.max.colour="gray60",
group.colours=c("#EEA236","#5CB85C","#46B8DA"))
```

输出结果如图 4-27（b）所示。

```
ggradar(df,
        background.circle.colour="white",
        gridline.min.linetype=1,
        gridline.mid.linetype=1,
        gridline.max.linetype=1,
        group.colours=c("#EEA236","#5CB85C","#46B8DA"),
        legend.title="Group",
        legend.position="bottom")
```

输出结果如图 4-27（c）所示。如果需要去掉图例，可以设置 plot.legend=FALSE 或设置 legend.position="none"。

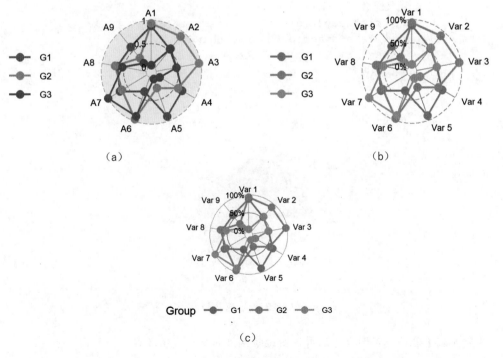

（a）

（b）

（c）

图 4-27 交互式雷达图

【例 4-16】在数学、体育、统计学等科目上的分数从 40 到 100 不等。试通过雷达图查看学生哪些科目表现良好或较差。输入代码如下：

```
# 加载库
library(fmsb)
library(colormap)          # 用于颜色映射

# 创建数据集
set.seed(123)
data <- as.data.frame(matrix(sample(40:100,10,replace=T),ncol=10))
colnames(data) <- c("math","english","biology","music","R-coding",
                    "chinese","french","physic","statistic","sport")

# 使用 fmsb 包，须在数据帧中添加两行：每个科目的最大值和最小值，以显示在绘图上
data <- rbind(rep(100,10),rep(0,10),data)

# 定义雷达图
par(mar=c(0,0,0,0))
radarchart(data,axistype=1,
        # 定义多边形
          pcol=rgb(0.2,0.5,0.5,0.9),pfcol=rgb(0.8,0.5,0.5,0.5),plwd=1,
        # 定义网格
          cglcol="grey",cglty=1,axislabcol="grey",
          caxislabels=seq(0,100,25),cglwd=0.8,
          vlcex=0.8)               # 定义标签
```

输出结果如图 4-28 所示。

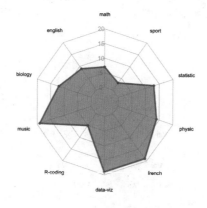

图 4-28 输出结果 11

【例 4-17】在同一幅图上通过雷达图比较两名学生的成绩差异。输入代码如下：

```
# 创建数据
```

```
set.seed(123)
data <- as.data.frame(matrix(c(sample(40:100,10,replace=T),
                               sample(20:80,10,replace=T)),
                             ncol=10,byrow=TRUE))
colnames(data) <- c("math","english","biology","music","R-coding",
                "chinese","french","physic","statistic","sport")
data[2,2]=19

# 使用 fmsb 包，须在数据帧中添加两行：每个科目的最大值和最小值，以显示在绘图上
data <- rbind(rep(100,10),rep(0,10),data)

# 定义颜色
colors_border=c(rgb(0.2,0.5,0.5,0.9),rgb(0.8,0.2,0.5,0.9))
colors_in=c(rgb(0.2,0.5,0.5,0.4),rgb(0.8,0.2,0.5,0.4))

# 定义雷达图
radarchart(data,axistype=1,
           pcol=colors_border,pfcol=colors_in,plwd=2,plty=1,# 定义多边形
        # 定义网格
           cglcol="grey",cglty=1,axislabcol="blue",
           caxislabels=seq(0,100,25),cglwd=1.1,
           vlcex=0.8)          # 定义标签
# 添加图例
legend(x=0.85,y=1,legend=c("Shirley","Sonia"),bty="n",
      pch=20,col=colors_border,text.col="black",cex=0.9,pt.cex=1.6)
```

输出结果如图 4-29 所示。

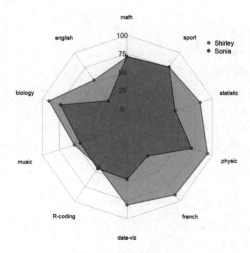

图 4-29　输出结果 12

【例 4-18】在同一幅图上通过雷达图比较两名学生的成绩差异。输入代码如下：

```
# 创建数据
set.seed(123)
data <- as.data.frame(matrix(sample(40:100,60,replace=T),
                             ncol=10,byrow=TRUE))
colnames(data) <- c("math","english","biology","music","R-coding",
                    "chinese","french","physic","statistic","sport")

# 使用 fmsb 包，须在数据帧中添加两行：每个科目的最大值和最小值，以显示在绘图上
data <- rbind(rep(100,10),rep(0,10),data)

# 定义颜色
colors_border=colormap(colormap=colormaps$viridis,nshades=6,alpha=1)
colors_in=colormap(colormap=colormaps$viridis,nshades=6,alpha=0.3)

mytitle <- c("Ding","Liu","Yang","Xu","Can","Yao")       # 定义标题
# 分成 6 个显示部分
par(mar=rep(0.8,4))
par(mfrow=c(2,3))

# 循环显示 6 个图形
for(i in 1:6){
  # 定义雷达图
  radarchart(data[c(1,2,i + 2),],axistype=1,
             # 定义多边形
             pcol=colors_border[i],pfcol=colors_in[i],plwd=1,plty=1,
             # 定义网格
             cglcol="grey",cglty=1,axislabcol="grey",
             caxislabels=seq(0,100,25),cglwd=0.8,
             vlcex=0.8,                                   # 定义标签
             title=mytitle[i] )                           # 定义标题
}
```

输出结果如图 4-30 所示。

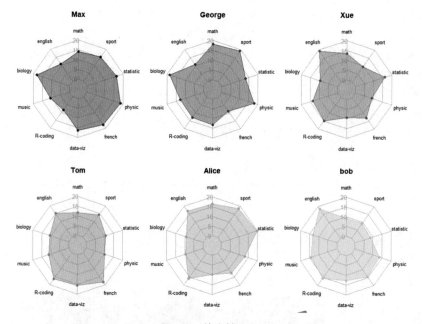

图 4-30 输出结果 13

4.5 玫瑰图

玫瑰图（Rose Plot）也称为极坐标直方图（Polar Histogram），是一种在极坐标系统下显示数据分布的图表类型。它以一个圆形或半圆形的坐标系来表示数据，其中数据的频率或计数通过半径的长度来表示，角度则代表不同的类别或区间。

玫瑰图常用于显示具有周期性或方向性特征的数据，例如风向分布、季节性数据、方位角分布等。它可以帮助我们直观地理解数据的分布情况和主要趋势，同时提供了一种有效的可视化方式，对多个类别或区间的数据进行比较。

【例 4-19】绘制玫瑰图示例 1。输入代码如下：

```
# 加载包
library(ggplot2)            # 用于数据可视化

# 为 mtcars 数据集添加一列名为 car 的变量，用于表示车型
mtcars$car=row.names(mtcars)
```

```
# 创建 ggplot 对象 p，设置数据和映射关系
p=ggplot(mtcars,aes(x=car,y=mpg,fill=mpg)) +
  geom_bar(binwidth=1,stat='identity') +          # 创建直方图
  theme_light() +                                 # 设置图表主题为浅色背景
  scale_fill_gradient(low='red',high='white',limits=c(5,40)) +
                                                  # 设置填充颜色的渐变范围
  theme(axis.title.y=element_text(angle=0))       # 设置 y 轴标题的角度为 0 度

# 设置 x 轴标签文本的角度和对齐方式
p + theme(axis.text.x=element_text(angle=45,vjust=1,hjust=1))
```

输出结果如图 4-31 所示。

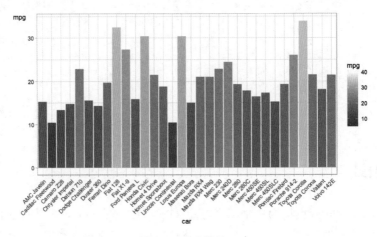

图 4-31 输出结果 14

此时绘制的是柱状图。继续输入：

```
p + coord_polar()
```

输出结果如图 4-32（a）所示。继续输入：

```
p + coord_polar() + aes(x=reorder(car,mpg)) +
    theme(axis.text.x=element_text(angle=-20))
```

输出结果如图 4-32（b）所示。

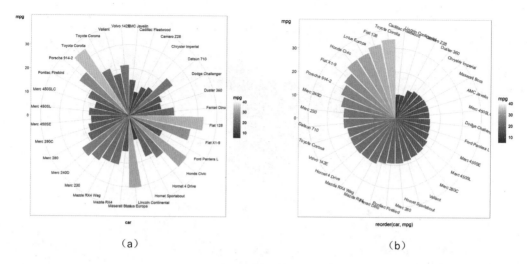

（a）　　　　　　　　　　　　　（b）

图 4-32　输出结果 15

【例 4-20】绘制玫瑰图示例 2。输入代码如下：

```
# 加载包
library(ggplot2)                   # 用于数据可视化

set.seed(123)
# 随机生成 80 次风向，并汇集到 12 个区间内
dir <- cut_interval(runif(80,0,360),n=12)
# 随机生成 80 次风速，并划分成 4 种强度
mag <- cut_interval(rgamma(80,15),4)
sample <- data.frame(dir=dir,mag=mag)

# 将风向映射到 x 轴，频数映射到 y 轴，风速大小映射到填充色
ggplot(sample,aes(x=dir,y=..count..,fill=mag)) +
  # 生成条形图后再转为极坐标形式
  geom_bar() +
  coord_polar()
```

输出结果如图 4-33 所示。

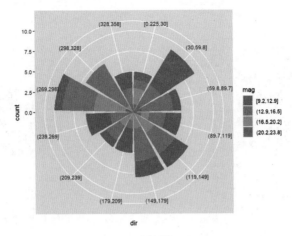

图 4-33 输出结果 16

【例 4-21】绘制玫瑰图示例 3。输入代码如下：

```
# 加载包
library(ggplot2)                    # 用于数据可视化
library(reshape2)                   # 用于数据重塑和转换

setwd("D:\\DingJB\\R Graph")       # 设置工作环境
rm(list=ls())                       # 清空工作空间的所有变量
data=read.csv("Rosechart.csv")

# 将数据从"宽格式"转换为"长格式"，并对部分数据进行类型转换
data=data[1:12,]                    # 保留 data 数据框的前 12 行
data1=data.frame(t(data))           # 将 data 数据框进行转置
data2=data1[2:8,]                   # 从转置后的数据框 data1 中选择第 2~8 行
colnames(data2)=month.name          # 将 data2 数据框的列名设置为月份的英文名称
data2$group=row.names(data2)        # 创建名为 "group" 的新列，将数据框的行名赋给该列
                                    # 在后续操作中可以将该列作为标识数据的分类或组别
data3=melt(data2,id="group")        # 将 data2 数据框从"宽格式"转换为"长格式"
data3$value=as.numeric(data3$value) # 将 data3 数据框中的 value 列转换为数值型
# head(data3)

# 绘图
ggplot(data=data3,aes(x=variable,y=value,fill=group)) +
  geom_bar(stat="identity",width=1,colour="black",size=0.1) +
  coord_polar() +
```

```
scale_fill_brewer(palette="Oranges") +
xlab("") + ylab("") +
theme_minimal()
```

输出结果如图 4-34 所示。

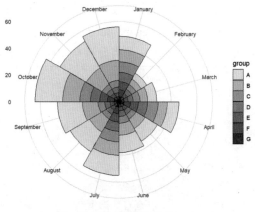

图 4-34　输出结果 17

4.6　径向柱状图

径向柱状图（Radial Bar Chart）也被称为圆环图（Circular Bar Plot），是一种以圆环形式展示数据的柱状图。其优点是可以同时展示多个类别或分组的数据，以及它们的相对大小和差异。通过径向布局，更容易比较不同类别之间的数据大小和趋势。

在径向柱状图中，每个数据类别或实体被表示为一个从圆心向外伸展的条形。每个条形的长度表示该类别或实体的数值大小。整个圆环被等分为多个扇区，每个扇区代表一个数据类别或实体。

由于径向柱状图在数据较多或柱状条形重叠时可能会显得混乱，因此在使用径向柱状图时，应根据数据的特点和数量进行调整，以确保图表的可读性和准确性。

4.6.1　基础径向柱状图

绘制径向柱状图采用 geom_bar() 函数，同时需要调用 coord_polar() 函数将坐标系从笛卡儿坐标转变为极坐标，并通过 ylim() 函数控制内圆的大小。

【例 4-22】创建基础径向柱状图。输入如下代码：

```
# 加载包
library(tidyverse)      # 数据科学和数据处理生态系统包，用于数据处理和绘图
library(patchwork)      # 该包用于在 ggplot2 图形库的基础上进行图形拼接和组合
```

说明 tidyverse 是 R 语言中一个功能强大的数据科学和数据处理生态系统。它由众多 R 包组成，包括 ggplot2、dplyr、tidyr、readr、purrr、tibble 等。这些包相互之间协同工作，提供了一种统一且一致的数据处理工作流，使得数据科学的工作更加高效便捷。

```
# 创建数据集
set.seed(10)
data <- data.frame(
  id=seq(1,60),
  individual=paste("DingM",seq(1,60),sep=""),
  value=sample(seq(10,100),60,replace=T) )
View(data)                      # 查看数据框
```

查看数据框，如图 4-35 所示。

	id	individual	value
1	1	DingM1	18
2	2	DingM2	83
3	3	DingM3	85
4	4	DingM4	64
5	5	DingM5	81

图 4-35 数据框（部分）

```
# ①处
# 绘图
ggplot(data,aes(x=as.factor(id),y=value)) +      # id 作为因子变量
  geom_bar(stat="identity",fill=alpha("orange",1)) +
  coord_polar(start=0) +          # 设置坐标系为极坐标
  ylim(-100,120) +                # 负值控制内圆的大小，正值调整径向柱状图的大小
  theme_minimal() +
  theme(axis.text=element_blank(),
        axis.title=element_blank(),
        panel.grid=element_blank(),
        plot.margin=unit(rep(-2,4),"cm"))        # 删除不必要的边际图形
```

```
#  ②处
```

上述代码创建了一个极坐标的径向柱状图，其中横轴表示 id，纵轴表示 value。每个 id 对应一个柱状图的柱，柱的高度由 value 决定。整个图形的主题为简洁风格，没有显示坐标轴的文本、标题和网格线。输出结果如图 4-36 所示。

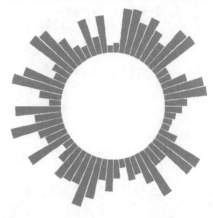

4.6.2　带标签的径向柱状图

【例 4-23】基于上例的径向柱状图创建带标签的径向柱状图。

图 4-36　输出结果 18

在①处添加如下代码，设置标签角度。

```
# 为标签准备数据帧
# 获取每个标签的名称和 y 位置
label_data <- data
# 设置标签角度
number_of_bar <- nrow(label_data)
angle <- 90-360*(label_data$id-0.5)/number_of_bar
                # 字母必须具有条形中心的角度，非极右（1）或极左（0），故减去 0.5
label_data$hjust <- ifelse(angle < -90,1,0)
label_data$angle <- ifelse(angle < -90,angle + 180,angle)
```

在绘图代码部分添加 geom_text() 函数（在②处添加如下红色部分代码），为基础径向柱状图添加标签。

```
# 绘图
ggplot(data,aes(x=as.factor(id),y=value)) +
  geom_bar(stat="identity",fill=alpha("orange",1)) +
  coord_polar(start=0) +
  ylim(-100,120) +
  theme_minimal() +
  theme(axis.text=element_blank(),
        axis.title=element_blank(),
        panel.grid=element_blank(),
        plot.margin=unit(rep(-1,4),"cm") ) +
```

```
geom_text(data=label_data,
          aes(x=id,y=value + 10,label=individual,hjust=hjust),
          color="black",alpha=1,size=2.5,
          angle=label_data$angle,inherit.aes=FALSE)
```

输出结果如图 4-37 所示。

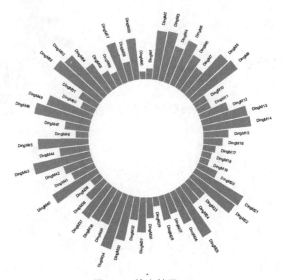

图 4-37 输出结果 19

4.6.3 带断点的径向柱状图

【例 4-24】基于上例的径向柱状图创建带断点的径向柱状图。

将①处之后的代码替换为如下代码：

```
empty_bar <- 6                              # 设置"空白柱"的数量
# 将线条添加到初始数据集中
to_add <- matrix(NA,empty_bar,ncol(data))
colnames(to_add) <- colnames(data)
data <- rbind(data,to_add)
data$id <- seq(1,nrow(data))

# 获取每个标签的名称和 y 轴位置
number_of_bar <- nrow(data)
```

```
angle <- 90-360*(data$id-0.5)/number_of_bar
data$hjust <- ifelse(angle < -90,1,0)
data$angle <- ifelse(angle < -90,angle + 180,angle)

# 绘图
ggplot(data,aes(x=as.factor(id),y=value)) +
  geom_bar(stat="identity",fill=alpha("green",1)) +
  ylim(-100,120) +
  theme_minimal() +
  theme(
    axis.text=element_blank(),axis.title=element_blank(),
    panel.grid=element_blank(),plot.margin=unit(rep(-1,4),"cm")) +
  coord_polar(start=0) +
  geom_text(data=data,aes(x=id,y=value+10,label=individual,hjust=hjust),
            color="black",alpha=1,size=2.5,
            angle=data$angle,inherit.aes=FALSE)
```

输出结果如图 4-38 所示。

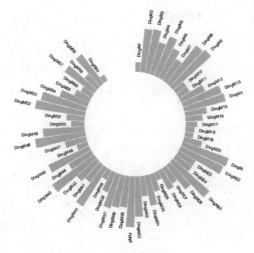

图 4-38 输出结果 20

4.6.4 分组径向柱状图

【例 4-25】创建分组径向柱状图。输入如下代码：

加载包

```
library(tidyverse)                      # 用于数据处理和绘图

# 创建数据集
set.seed(10)
data <- data.frame(
  individual=paste("DingM",seq(1,60),sep=""),
  group=c(rep('A',10),rep('B',30),rep('C',14),rep('D',6)),
  value=sample(seq(10,100),60,replace=T))
View(data)                              # 查看数据框
```

查看数据框，如图 4-39 所示。

	individual	group	value
1	DingM1	A	18
2	DingM2	A	83
3	DingM3	A	85
4	DingM4	A	64
5	DingM5	A	81
6	DingM6	A	63

图 4-39 数据框（部分）

```
# ①
# 在每个分组末尾设置"空白柱"的数量
empty_bar <- 3
to_add <- data.frame(matrix(NA,empty_bar*nlevels(as.factor(data$group)),
                     ncol(data)))
colnames(to_add) <- colnames(data)
to_add$group <- rep(levels(as.factor(data$group)),each=empty_bar)
data <- rbind(data,to_add)
data <- data %>%
  arrange(group)
data$id <- seq(1,nrow(data))

# 获取每个标签的名称和 y 坐标
lab_data <- data
number_of_bar <- nrow(lab_data)
angle <- 90 - 360*(lab_data$id-0.5)/number_of_bar
lab_data$hjust <- ifelse(angle < -90,1,0)
```

```
lab_data$angle <- ifelse(angle < -90,angle + 180,angle)

# ②
# 绘图
ggplot(data,aes(x=as.factor(id),y=value,fill=group)) +
  geom_bar(stat="identity",alpha=1) +
  ylim(-100,120) +
  theme_minimal() +
  theme(legend.position="none",
    axis.text=element_blank(),axis.title=element_blank(),
    panel.grid=element_blank(),plot.margin=unit(rep(-1,4),"cm")) +
  coord_polar() +
  geom_text(data=lab_data,aes(x=id,y=value + 10,label=individual,
            hjust=hjust),color="black",alpha=1,size=2.5,
            angle=lab_data$angle,inherit.aes=FALSE)
```

输出结果如图 4-40（a）所示。

在对新创建的数据集进行排序时，可以绘制组内排序径向柱状图。在①处添加如下语句：

```
data=data %>%
  arrange(group,value)
```

对排序后的数据集执行上述操作，可以得到如图 4-40（b）所示的径向柱状图。

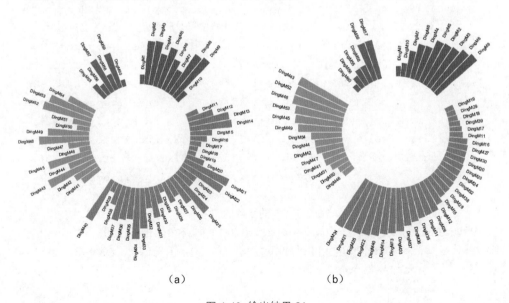

（a）　　　　　　　　　　　　（b）

图 4-40　输出结果 21

4.6.5 为径向柱状图添加元素

【例 4-26】在图表中可以添加一些定制的元素，这里添加组名称（A、B、C 和 D），并添加一个刻度来帮助比较条形图的大小。

将上述②以后的代码更换为以下代码：

```
# 为基线准备一个数据框
base_data <- data %>%
  group_by(group) %>%
  summarize(start=min(id),end=max(id)-empty_bar) %>%
  rowwise() %>%
  mutate(title=mean(c(start,end)))

# 为网格（刻度）准备一个数据框
grid_data <- base_data
grid_data$end <- grid_data$end[c(nrow(grid_data),1:nrow(grid_data)-1)] + 1
grid_data$start <- grid_data$start-1
grid_data <- grid_data[-1,]

# 绘图
ggplot(data,aes(x=as.factor(id),y=value,fill=group)) +
  geom_bar(aes(x=as.factor(id),y=value,fill=group),stat="identity") +
  # 添加 val=100/75/50/25 的基线，并放在开始位置以确保条形图在其上方显示
  geom_segment(data=grid_data,aes(x=end,y=80,xend=start,yend=80),
               colour="grey",alpha=1,size=0.3,inherit.aes=FALSE) +
  geom_segment(data=grid_data,aes(x=end,y=60,xend=start,yend=60),
               colour="grey",alpha=1,size=0.3,inherit.aes=FALSE) +
  geom_segment(data=grid_data,aes(x=end,y=40,xend=start,yend=40),
               colour="grey",alpha=1,size=0.3,inherit.aes=FALSE) +
  geom_segment(data=grid_data,aes(x=end,y=20,xend=start,yend=20),
               colour="grey",alpha=1,size=0.3,inherit.aes=FALSE) +

  # 添加显示每个 val=100/75/50/25 的数值的文本
  annotate("text",x=rep(max(data$id),4),y=c(20,40,60,80),
           label=c("20","40","60","80"),color="grey",size=3,
           angle=0,fontface="bold",hjust=1) +

  geom_bar(aes(x=as.factor(id),y=value,fill=group),
```

```
            stat="identity",alpha=1) +
ylim(-100,120) +
theme_minimal() +
theme(legend.position="none",
  axis.text=element_blank(),
  axis.title=element_blank(),
  panel.grid=element_blank(),
  plot.margin=unit(rep(-1,4),"cm")) +
coord_polar() +
geom_text(data=lab_data,aes(x=id,y=value+10,label=individual,
                          hjust=hjust),color="black",size=2.5,
          angle=lab_data$angle,inherit.aes=FALSE) +

# 添加基线信息
geom_segment(data=base_data,aes(x=start,y=-5,xend=end,yend=-5),
          colour="black",size=0.6,inherit.aes=FALSE) +
geom_text(data=base_data,aes(x=title,y=-18,label=group),
          hjust=c(1,1,0,0),colour="black",size=4,inherit.aes=FALSE)
```

输出结果如图 4-41（a）所示。

在对新创建的数据集进行排序时，可以绘制组内排序径向柱状图。在①处添加如下语句：

```
data=data %>%
  arrange(group,value)
```

对排序后的数据集执行上述操作，可以得到如图 4-41（b）所示的径向柱状图。

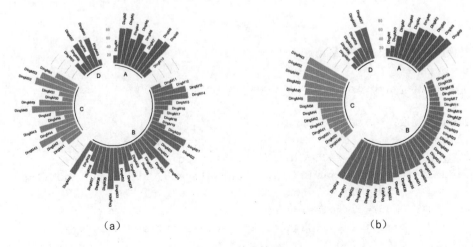

（a）　　　　　　　　　　　　　　　　　（b）

图 4-41　输出结果 22

4.6.6 分组堆叠径向柱状图

【例 4-27】绘制分组堆叠径向柱状图。输入如下代码：

```
# 加载包
library(tidyverse)          # 用于数据处理和绘图
library(viridis)            # 用于颜色选择

# 创建数据集
set.seed(23)
data=data.frame(
    individual=paste("DingM",seq(1,60),sep=""),
    group=c(rep('A',10),rep('B',30),rep('C',14),rep('D',6)),
    value1=sample(seq(10,100),60,replace=T),
    value2=sample(seq(10,100),60,replace=T),
    value3=sample(seq(10,100),60,replace=T))
View(data)                  # 查看数据框
```

查看数据框，如图 4-42 所示。

	individual	group	value1	value2	value3
1	DingM1	A	38	69	52
2	DingM2	A	37	63	96
3	DingM3	A	81	13	60
4	DingM4	A	52	53	14
5	DingM5	A	54	55	97
6	DingM6	A	43	37	21

图 4-42 数据框（部分）

```
# 转换整洁格式的数据（长格式）
data=data %>%
    gather(key="observation",value="value",-c(1,2))

# 在每组末尾设置要添加的 " 空柱 " 数
empty_bar=2
nObsType=nlevels(as.factor(data$observation))
to_add=data.frame(matrix(NA,empty_bar*nlevels(data$group)*nObsType,
                         ncol(data)))
colnames(to_add)=colnames(data)
to_add$group=rep(levels(data$group),each=empty_bar*nObsType)
data=rbind(data,to_add)
```

```
data=data %>%
  arrange(group,individual)
data$id=rep(seq(1,nrow(data)/nObsType),each=nObsType)

# 获取每个标签的名称和 y 位置
lab_data=data %>%
  group_by(id,individual) %>%
  summarize(tot=sum(value))
number_of_bar=nrow(lab_data)
angle=90 - 360*(lab_data$id-0.5) /number_of_bar
lab_data$hjust <- ifelse(angle < -90,1,0)
lab_data$angle <- ifelse(angle < -90,angle+180,angle)

# 准备基线数据框
base_data=data %>%
  group_by(group) %>%
  summarize(start=min(id),end=max(id) - empty_bar) %>%
  rowwise() %>%
  mutate(title=mean(c(start,end)))

# 准备网格（比例）数据框
grid_data=base_data
grid_data$end=grid_data$end[c(nrow(grid_data),1:nrow(grid_data)-1)]+1
grid_data$start=grid_data$start-1
grid_data=grid_data[-1,]

# 绘图
ggplot(data) +
  # 添加叠加柱
  geom_bar(aes(x=as.factor(id),y=value,fill=observation),
           stat="identity",alpha=0.5) +
  scale_fill_viridis(discrete=TRUE) +
  geom_segment(data=grid_data,aes(x=end,y=0,xend=start,yend=0),
               colour="grey",alpha=1,size=0.3,inherit.aes=FALSE) +
  geom_segment(data=grid_data,aes(x=end,y=50,xend=start,yend=50),
               colour="grey",alpha=1,size=0.3,inherit.aes=FALSE) +
  geom_segment(data=grid_data,aes(x=end,y=100,xend=start,yend=100),
               colour="grey",alpha=1,size=0.3,inherit.aes=FALSE) +
  geom_segment(data=grid_data,aes(x=end,y=150,xend=start,yend=150),
               colour="grey",alpha=1,size=0.3,inherit.aes=FALSE) +
  geom_segment(data=grid_data,aes(x=end,y=200,xend=start,yend=200),
```

```
                 colour="grey",alpha=1,size=0.3,inherit.aes=FALSE) +
    # 添加显示文本信息
    annotate("text",x=rep(max(data$id),5),y=c(0,50,100,150,200),
             label=c("0","50","100","150","200"),color="grey",
             size=2,angle=0,fontface="bold",hjust=1) +
    ylim(-150,max(lab_data$tot,na.rm=T)) +
    theme_minimal() +
    theme(legend.position="none",
      axis.text=element_blank(),
      axis.title=element_blank(),
      panel.grid=element_blank(),
      plot.margin=unit(rep(-1,4),"cm")
) +
    coord_polar() +
    # 在每个柱的顶部添加标签
    geom_text(data=lab_data,aes(x=id,y=tot+10,label=individual,hjust=hjust),
             color="black",fontface="bold",alpha=0.6,
             size=3,angle=lab_data$angle,inherit.aes=FALSE) +
    # 添加基线信息
    geom_segment(data=base_data,aes(x=start,y=-5,xend=end,yend=-5),
             colour="black",alpha=0.8,size=0.6,inherit.aes=FALSE) +
    geom_text(data=base_data,aes(x=title,y=-18,label=group),
             hjust=c(1,1,0,0),colour="black",alpha=0.8,size=4,
             fontface="bold",inherit.aes=FALSE)
```

输出结果如图 4-43 所示。

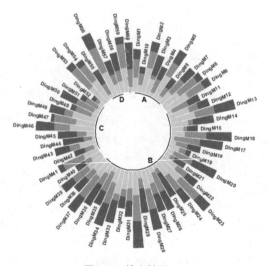

图 4-43 输出结果 23

4.7　词云图

词云图（Word Cloud）是一种可视化工具，用于展示文本数据中单词的频率或重要性。它通过在一个图形区域内根据单词的频率或重要性来调整单词的大小，并将这些单词以一种装饰性的方式呈现，形成一个图形化的云状图。

词云图通过直观地展示单词的频率或重要性，帮助我们快速了解文本数据的主题、关键词或热点。词云图常用于可视化文本摘要、主题分析、舆情分析等领域。然而，词云图并不能提供详细的语义信息，因此在进行深入分析时，可能需要结合其他文本分析技术或图表。

此外，为了准确地反映文本的特征，在词云图的制作过程中需要注意合理选择预处理方法和调整词频或重要性的计算方式。

【例 4-28】利用 wordcloud2 包绘制词云图示例。输入代码如下：

```
# 加载包
library(wordcloud2)                  # 用于创建词云图
# 创建标准词云图
wordcloud2(data=demoFreq)            # 输出略


# 创建词云图并调整字体大小
wordcloud2(demoFreq,size=0.5)
```

输出结果如图 4-44 所示。上述代码使用 wordcloud2 函数创建词云图，同时演示如何调整词云的字体大小。

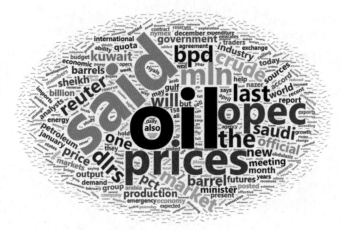

图 4-44　输出结果 24

```
# 创建带有不同形状的词云图
wordcloud2(demoFreq,size=0.5,shape='pentagon')    # 输出略
wordcloud2(demoFreq,size=0.5,shape='star')
```

输出结果如图 4-45 所示。上述代码演示了使用 wordcloud2 函数创建不同形状的词云图，通过设置 shape 参数可以改变词云的外形。示例中，词云以五边形和星形的形状呈现出来，而不是传统的矩形形状。

图 4-45 输出结果 25

```
# 创建带有随机颜色和背景颜色的词云图
wordcloud2(demoFreq,size=2,color="random-light",
        backgroundColor="grey")                   # 输出略

# 创建带有不同旋转角度的词云图
wordcloud2(demoFreq,size=1,minRotation=-pi/2,
        maxRotation=-pi/2)                         # 输出略
wordcloud2(demoFreq,size=1,minRotation=-pi/6,
        maxRotation=-pi/6,rotateRatio=1)           # 输出略
wordcloud2(demoFreq,size=1,minRotation=-pi/6,
        maxRotation=pi/6,rotateRatio=0.9)          # 输出略

# 创建带有自定义颜色的词云图
wordcloud2(demoFreqC,size=1,color="random-light",
        backgroundColor="grey")                    # 输出略
wordcloud2(demoFreqC,size=1,minRotation=-pi/6,
        maxRotation=-pi/6,rotateRatio=1)
```

输出结果如图4-46所示。上述演示了使用wordcloud2函数创建不同风格和特性的词云图，包括颜色、旋转角度和背景颜色的自定义设置等。

图 4-46 输出结果

```
# 创建带有自定义颜色向量的词云图
colorVec=rep(c('orange','blue'),length.out=nrow(demoFreq))
wordcloud2(demoFreq,color=colorVec,fontWeight="bold")  # 输出略

# 创建根据条件设置颜色的词云图
wordcloud2(demoFreq,color=ifelse(demoFreq[,2] > 20,
                                  'orange','skyblue'))
```

输出结果如图 4-47 所示。上述代码演示了如何使用 wordcloud2 包创建不同样式和特性的词云图，包括调整字体大小、使用不同形状、旋转角度、颜色和背景颜色等。读者可以根据需要选择适合数据和可视化目标的词云图样式。

图 4-47 输出结果 27

4.8　本章小结

本章介绍了类别比较数据的可视化，包括柱状图、条形图、棒棒糖图、雷达图、玫瑰图以及径向柱状图等。读者在学习过程中需要多理解类别比较数据的结构形式，在 R 语言中如何绘制对应的图形，深入理解代码含义，才能提高自己的作图水平。

第 5 章
数值关系数据可视化

数值关系数据可视化是数据科学和数据分析中至关重要的一部分。通过将数据可视化，可以将数据转换为图形或图表，使得数据的模式、关联和趋势变得更加清晰和直观。本章将介绍常见的数值关系数据可视化的实现方法，包括散点图、气泡图、等高线图等。通过本章的学习可以掌握数值关系数据可视化的知识，并能在实际应用中灵活运用。

5.1 散点图

散点图（Scatter Plot）是一种用于可视化两个连续变量之间关系的图表类型。它以坐标系中的点的位置来表示数据的取值，并通过点的分布来展示两个变量之间的相关性、趋势和离散程度。

散点图可以展示两个变量之间的分布模式和趋势，帮助观察变量之间的关系和可能的相关性。通过散点图，可以发现数据的聚集、离散、趋势、异常值等特征。

当数据点较多时，散点图可能会出现重叠，导致点的形状和分布难以辨认，此时可以使用透明度、颜色编码等方式来区分和凸显不同的数据子集。

5.1.1 二维散点图

【例 5-1】二维散点图绘制示例。输入代码如下：

```
# 加载包
library(ggplot2)              # 用于数据可视化
View(iris)                    # 查看数据框
```

查看数据框，如图 5-1 所示。

	Sepal.Length	Sepal.Width	Petal.Length	Petal.Width	Species
1	5.1	3.5	1.4	0.2	setosa
2	4.9	3.0	1.4	0.2	setosa
3	4.7	3.2	1.3	0.2	setosa
4	4.6	3.1	1.5	0.2	setosa
5	5.0	3.6	1.4	0.2	setosa
6	5.4	3.9	1.7	0.4	setosa
7	4.6	3.4	1.4	0.3	setosa

图 5-1 数据框（部分）

```
# 基础散点图
ggplot(iris,aes(x=Sepal.Length,y=Sepal.Width)) +
    geom_point()
```

输出结果如图 5-2 所示。

```
# 调整颜色透明度后的散点图
ggplot(iris,aes(x=Sepal.Length,y=Sepal.Width)) +
  geom_point(color="orange",fill="skyblue",shape=21,
             alpha=0.7,size=2,stroke=1.2)
```

输出结果如图 5-3 所示。

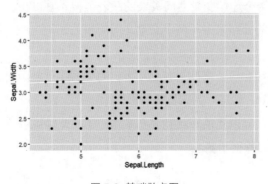

图 5-2 基础散点图

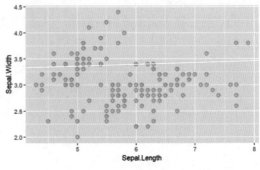

图 5-3 修饰后的散点图

更改主题时需要加载 hrbrthemes 包，代码如下：

```
library(ggplot2)              # 用于数据可视化
library(hrbrthemes)           # 用于主题设置

ggplot(iris,aes(x=Sepal.Length,y=Sepal.Width)) +
  geom_point(color="green",fill="skyblue",shape=22,
             alpha=0.7,size=2,stroke=1) +
  theme_ipsum()               # 简约化主题
```

输出结果如图 5-4 所示。

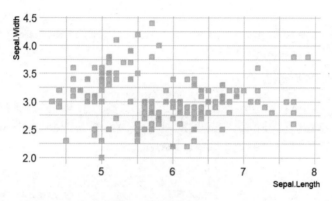

图 5-4　简约化主题

5.1.2　三维散点图

【例 5-2】三维散点图绘制示例。输入代码如下：

```
# 加载包
library(ggplot2)                  # 用于数据可视化
ggplot(iris,aes(x=Sepal.Length,y=Sepal.Width,color=Species)) +
  geom_point(size=2)
```

输出结果如图 5-5 所示。

```
# 透明度
ggplot(iris,aes(x=Sepal.Length,y=Sepal.Width,alpha=Species)) +
  geom_point(size=2,color="blue")
```

输出结果如图 5-6 所示。

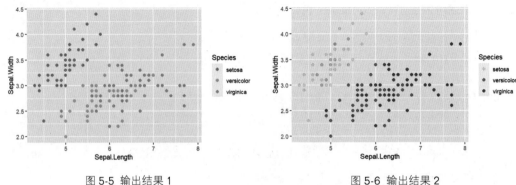

图 5-5 输出结果 1　　　　　　　　　　　图 5-6 输出结果 2

```
# 形状
ggplot(iris,aes(x=Sepal.Length,y=Sepal.Width,shape=Species)) +
  geom_point(size=2,color="orange")
```

输出结果如图 5-7 所示。

```
# 尺寸
ggplot(iris,aes(x=Sepal.Length,y=Sepal.Width,size=Species)) +
  geom_point(color="skyblue",alpha=0.7)
```

输出结果如图 5-8 所示。

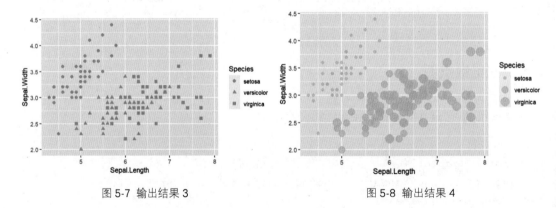

图 5-7 输出结果 3　　　　　　　　　　　图 5-8 输出结果 4

5.1.3 线性拟合与置信区间

【例 5-3】在散点图中进行线性拟合，并给出置信区间。输入代码如下：

```
# 加载包
library(ggplot2)                # 用于数据可视化
```

```
# 创建数据集
set.seed(1234)
data <- data.frame(cond=rep(c("condition_1","condition_2"),each=10),
  mx=1:100+rnorm(100,sd=8),
  my=1:100+rnorm(100,sd=12))
View(data)                        # 查看数据框
```

查看数据框，如图 5-9 所示。

	cond	mx	my
1	condition_1	-8.656526	5.9742824
2	condition_1	4.219434	-3.6966217
3	condition_1	11.675529	3.7919219
4	condition_1	-14.765582	-2.0297334
5	condition_1	8.432998	-4.9119830
6	condition_1	10.048447	8.0038714

图 5-9 数据框（部分）

```
# 基础散点图
 ggplot(data,aes(x=mx,y=my)) +
  geom_point(color="#15b2a5")
```

输出结果如图 5-10 所示。

```
# 线性拟合
ggplot(data,aes(x=mx,y=my)) +
  geom_point(color="#15b2a5") +
  geom_smooth(method=lm,color="red",se=FALSE)
```

输出结果如图 5-11 所示。

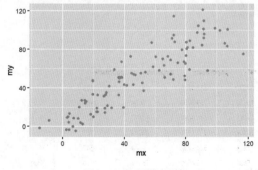

图 5-10 绘制散点图

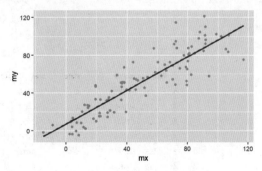

图 5-11 添加线性拟合直线

```
# 线性拟合及置信区间
ggplot(data,aes(x=mx,y=my)) +
  geom_point(color="#15b2a5") +
  geom_smooth(method=lm,color="red",fill="orange",se=TRUE)
```

输出结果如图 5-12 所示。

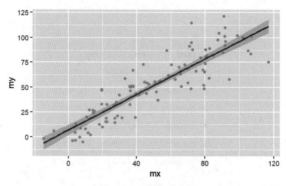

图 5-12 添加置信区间

5.1.4 带标定区域的散点图

【例 5-4】在散点图中标定区域。输入代码如下：

```
# 加载包
library(ggplot2)                  # 用于数据可视化

theme_set(theme_bw())             # 设置为黑白主题
data("midwest",package="ggplot2")
options(scipen=999)               # 禁用科学记数法显示
View(midwest)                     # 查看数据框
```

查看数据框，如图 5-13 所示。

	PID	county	state	area	poptotal	popdensity	popwhite	popblack
1	561	ADAMS	IL	0.052	66090	1270.9615	63917	1702
2	562	ALEXANDER	IL	0.014	10626	759.0000	7054	3496
3	563	BOND	IL	0.022	14991	681.4091	14477	429
4	564	BOONE	IL	0.017	30806	1812.1176	29344	127
5	565	BROWN	IL	0.018	5836	324.2222	5264	547
6	566	BUREAU	IL	0.050	35688	713.7600	35157	50

图 5-13 数据框（部分）

```
# 散点图
ggplot(midwest,aes(x=area,y=poptotal)) +
  geom_point(aes(col=state,size=popdensity)) +
  geom_smooth(method="loess",se=F) +
  xlim(c(0,0.1)) +
  ylim(c(0,500000)) +
  labs(subtitle="Area Vs Population",y="Population",x="Area",
       title="Scatterplot",caption="Source: midwest")
```

输出结果如图 5-14 所示。

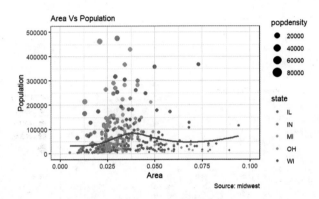

图 5-14 输出结果 5

有时需要在图表中圈出特定的一组点或区域，以引起读者对特殊情况的注意。使用 ggalt 包中的 geom_encround() 函数可以方便地完成。

```
# devtools::install_github("hrbrmstr/ggalt")      # 安装 ggalt 包
library(ggplot2)        # 用于数据可视化
library(ggalt)          # 用于在 ggplot2 基础上添加一些特殊的图形元素或修改坐标轴

options(scipen=999)     # 设置选项，用于控制数字的科学记数法显示
# 从 midwest 数据集中选择符合条件的子集
midwest_select <- midwest[midwest$poptotal > 350000 &
                          midwest$poptotal <=500000 &
                          midwest$area > 0.01 &
                          midwest$area < 0.1,]

# 绘图
ggplot(midwest,aes(x=area,y=poptotal)) +
  geom_point(aes(col=state,size=popdensity)) +   # 绘制散点
```

```
geom_smooth(method="loess",se=F) +
xlim(c(0,0.1)) +
ylim(c(0,500000)) +  # 绘制平滑线
geom_encircle(aes(x=area,y=poptotal),
              data=midwest_select,
              color="red",
              size=2,
              expand=0.08) +                          # 绘制圈选区域
labs(subtitle="Area Vs Population",
     y="Population",x="Area",
     title="Scatterplot+Encircle",
     caption="Source: midwest")
```

输出结果如图 5-15 所示。

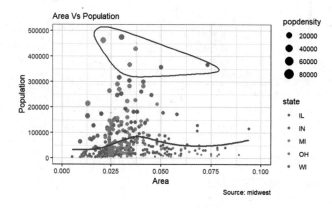

图 5-15 输出结果 6

5.1.5 利用 viridis 包绘制散点图

【例 5-5】利用 viridis 包绘制散点图示例。输入代码如下：

```
# 加载包
library(tidyverse)            # 用于数据处理和绘图
library(hrbrthemes)           # 用于主题设置
library(viridis)              # 用于颜色选择

# 加载数据
setwd("D:\\DingJB\\R Graph")   # 设置工作环境
```

```
rm(list=ls())                        # 清空工作空间的所有变量
data <- read.table("2_TwoNum.csv",header=T,sep=",") %>%
  dplyr::select(GrLivArea,SalePrice)
# head(data,5)
View(data)                           # 查看数据框
```

查看数据框，如图 5-16 所示。

	GrLivArea	SalePrice
1	1710	208500
2	1262	181500
3	1786	223500
4	1717	140000
5	2198	250000
6	1362	143000

图 5-16 数据框（部分）

```
# 绘图
data %>%
  ggplot(aes(x=GrLivArea,y=SalePrice/1000)) +
  geom_point(color="blue",alpha=0.6) +
  ggtitle("Explains sale price of apartments") +
  theme(plot.title=element_text(size=12)) +
  ylab('Sale price(k$)') +
  xlab('Ground living area')
```

输出结果如图 5-17 所示。

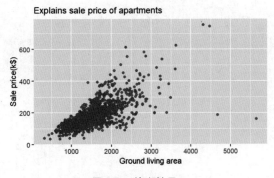

图 5-17 输出结果 7

```
# 创建数据集
d1 <- data.frame(x=seq(1,100),y=rnorm(100),name="No trend")
```

```
d2 <- d1 %>%
  mutate(y=x*10+rnorm(100,sd=60)) %>%
  mutate(name="Linear relationship")
d3 <- d1 %>%
  mutate(y=x^2+rnorm(100,sd=140)) %>%
  mutate(name="Square")
d4 <- data.frame(x=seq(1,10,0.1),y=sin(seq(1,10,0.1)) +rnorm(91,sd=0.6)) %>%
  mutate(name="Sin")
don <- do.call(rbind,list(d1,d2,d3,d4))
View(don)                    # 查看数据框
```

查看数据框，如图 5-18 所示。

```
# 绘图
don %>%
  ggplot(aes(x=x,y=y)) +
  geom_point(color="# 69b3a2",alpha=0.8) +
  # theme_ipsum() +
  facet_wrap(~name,scale="free")
```

	x	y	name
1	1	0.485226821	No trend
2	2	0.696768779	No trend
3	3	0.185513916	No trend
4	4	0.700733516	No trend
5	5	0.311681029	No trend
6	6	0.760462362	No trend

图 5-18 数据框（部分）

输出结果如图 5-19 所示。

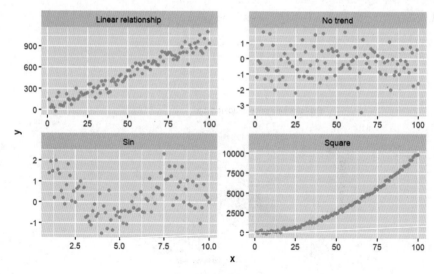

图 5-19 输出结果 8

5.2　气泡图

气泡图（Bubble Chart）是一种用于可视化三个变量之间关系的图表类型。气泡图基本上类似于一个散点图，它在坐标系中以点的形式表示数据，并使用不同大小的气泡（圆形）来表示第三个变量的数值。

气泡图能够同时展示三个变量之间的关系，通过点的位置和气泡的大小可以观察两个变量之间的相关性、趋势，并展示第三个变量的相对大小。

> 🎮➕注意　绘图时需要考虑气泡的大小范围，确保气泡大小的差异在图表中明显可见。可以根据数据的范围和分布进行适当的调整。如果数据集中有多个类别或分组，可以考虑使用不同的颜色或形状来区分和表示不同的类别，以增加图表的多样性和可读性。

5.2.1　绘制基础气泡图

【例 5-6】使用 gapminder 数据集绘制气泡图（通过 gapminder 包获得），该数据集提供了 100 多个地区人的平均预期寿命、人均 GDP 和人口规模等信息。

输入代码如下：

```
# 加载包
# install.packages('gapminder')
library(ggplot2)              # 用于数据可视化
library(dplyr)                # 用于数据转换
library(hrbrthemes)           # 用于主题设置
library(gapminder)            # 提供数据集

data <- gapminder %>%
  filter(year=="2007") %>%
    dplyr::select(-year)

# 基础气泡图
ggplot(data,aes(x=gdpPercap,y=lifeExp,size=pop)) +
  geom_point(alpha=0.5)

# 修改气泡大小及颜色
data %>%
```

```
arrange(desc(pop)) %>%                    # 对数据集通过 pop 变量进行排序
mutate(country=factor(country,country)) %>%
                                          # 对 country 变量的因子顺序进行设置
ggplot(aes(x=gdpPercap,y=lifeExp,size=pop,color=continent)) +
geom_point(alpha=0.5) +
scale_size(range=c(0.1,12),name="Population (M)")
```

输出结果如图 5-20 所示。示例中使用 scale_size 函数设置气泡点的大小范围，从 0.1 到 12，并将气泡点的图例名称通过 name 参数修改为 Population(M)。由图 5-20 可知，气泡的大小明显变大，气泡之间避免被覆盖的情况。

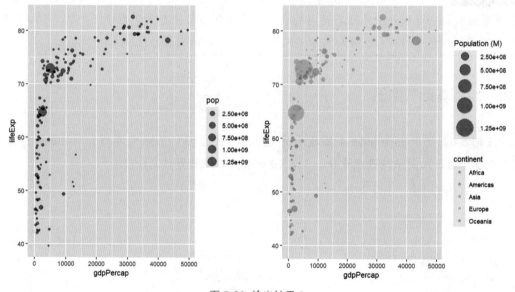

图 5-20　输出结果 9

5.2.2　美化气泡图

利用 viridis 包可以对气泡图进行美化。

【例 5-7】利用 viridis 包可以设置更加漂亮的调色板，以美化气泡图。继续上面的操作，输入代码如下：

```
# 加载包
library(viridis)                          # 用于颜色选择
```

```
# 绘图
data %>%
  arrange(desc(pop)) %>%
  mutate(country=factor(country,country)) %>%
  ggplot(aes(x=gdpPercap,y=lifeExp,size=pop,fill=continent)) +
  geom_point(alpha=0.5,shape=21,color="black") +
  scale_size(range=c(.1,20),name="Population (M)") +

  # 美化气泡图
  scale_fill_viridis(discrete=TRUE,guide=FALSE,option="A") +
  # theme_ipsum() +
  theme(legend.position="bottom") +
  ylab("Life Expectancy") +
  xlab("Gdp per Capita") +
  theme(legend.position="none")
```

输出结果如图 5-21 所示。代码中将 continent 变量映射为 fill 参数，并设置 shape 参数为 21。使用 scale_fill_viridis() 函数调整图形的配色，同时使用 theme() 函数取消图例。

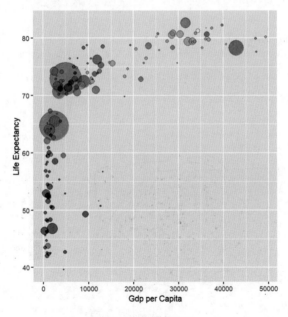

图 5-21　输出结果 10

5.3 等高线图

等高线图（Contour Plot）也称为等值线图或等高图，是一种用于可视化二维数据的图表类型。它通过绘制等高线来表示数据的变化和分布，将相同数值的数据点连接起来形成曲线，以展示数据的等值线和梯度。

等高线图能够直观地显示二维数据的变化和分布，帮助观察数据的轮廓、梯度和峰值。它可以揭示数据的高低区域、变化趋势以及相邻区域之间的差异。

1. 基础等高线图

【例 5-8】基础等高线图绘制示例。输入代码如下：

```
# 加载包
library(ggplot2)                  # 用于数据可视化
# 创建数据集
set.seed(123)
df <- data.frame(x=rnorm(200),y=rnorm(200))


# 绘图
ggplot(df,aes(x=x,y=y)) +
  geom_point() +
  geom_density_2d(bins=15,aes(color=..level..)) +
  scale_color_viridis_c()
```

输出结果如图 5-22 所示。

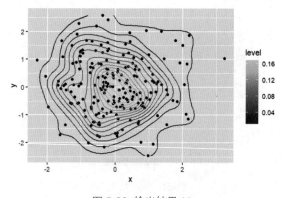

图 5-22 输出结果 11

```
# 填充图
# 将 geom_contour() 更改为 stat_contour() 时，可以对每个层进行着色
```

```
ggplot(df,aes(x=x,y=y,fill=..level..)) +
  stat_density_2d(geom="polygon")
```

输出结果如图 5-23 所示。

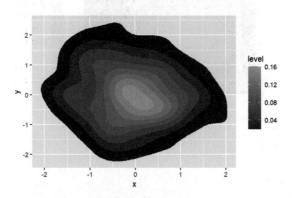

图 5-23 输出结果 12

```
ggplot(df,aes(x=x,y=y)) +
  geom_point() +
  geom_density_2d_filled(alpha=0.4) +
  geom_density_2d(colour="blue")
```

输出结果如图 5-24 所示。

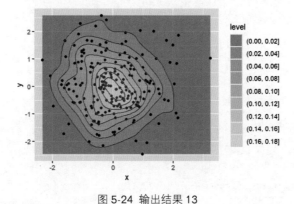

图 5-24 输出结果 13

```
ggplot(df,aes(x=x,y=y)) +
  geom_density_2d_filled() +
  guides(fill=guide_legend(title="Level"))
```

输出结果如图 5-25 所示。

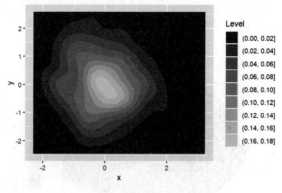

图 5-25 输出结果 14

2. 利用 Plotly 包绘制

利用 Plotly 包中的 ggplotly() 函数可以将等高线图转换为交互式图形，以便在浏览器中进行缩放、旋转和查看。

【例 5-9】绘制等高线图，并将其转换为交互式图形。输入代码如下：

```
# 加载包
# install.packages('reshape2')
library(plotly)                # 用于创建交互式图形
library(reshape2)              # 用于数据重塑


setwd("D:\\DingJB\\R Graph")   # 设置工作环境
rm(list=ls())                  # 清空工作空间的所有变量
df <- melt(volcano)


p <- ggplot(df,aes(Var1,Var2,z=value,colour=stat(level))) +
  geom_contour() +
  scale_colour_distiller(palette="YlGn",direction=1)
ggplotly(p)                    # 通过 ggplotly() 函数将图形转换为交互式图形
```

输出结果如图 5-26 所示。

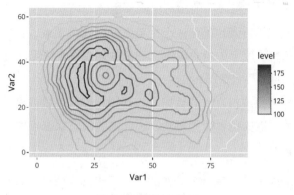

图 5-26　输出结果 15

```
# 填充图
# 将 geom_contour() 更改为 stat_contour() 时，可以对每个层进行着色
p <- ggplot(df,aes(Var1,Var2,z=value)) +
    stat_contour(geom="polygon",aes(fill=stat(level))) +
    scale_fill_distiller(palette="Spectral",direction=-1)
ggplotly(p)
```

输出结果如图 5-27 所示。

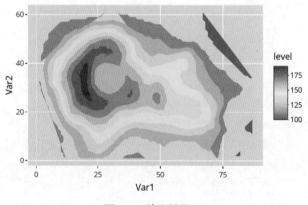

图 5-27　输出结果 16

5.4　三元相图

三元相图（Ternary Plot）也称为三角图，是一种用于可视化三个相互关联的变量之间的比例、组合或分布关系的图表类型。它使用一个等边三角形作为坐标系，每个顶点代表一个

变量，而内部的点表示各个变量之间的相对比例或组合。

三元相图的优点是能够直观地显示三个变量之间的比例关系、组合关系或分布模式。它可以帮助观察数据在三个维度上的相对权重、特征差异或聚集情况。三元相图可以通过 R 的 ggtern、vcd、grid、ggplot2 等包绘制。

三元相图适用于比例性或组合性的数据，不适用于连续变量或离散变量。由于三元相图的坐标轴是固定的，数据点的位置受到限制，因此需要注意数据点的范围和分布，以确保数据能够充分展示在图表中。

【例 5-10】使用 ggtern 包创建一个三元相图，其中包含随机生成的数据点，并在图上绘制三元密度多边形和散点。输入代码如下：

```
# 加载包
library(ggtern)                    # 用于创建三维坐标图
set.seed(1)
# 创建 ggtern 图
ggtern(data=data.frame(x=runif(100),y=runif(100),z=runif(100)),
       mapping=aes(x,y,z=z)) +
  # 绘制三元密度多边形
  stat_density_tern(geom='polygon',n=400,
                    aes(fill=..level..,alpha=..level..)) +
  geom_point() +
  # 设置填充颜色渐变
  scale_fill_gradient(low="orange",high="green",name="",breaks=1:5,
                      labels=c("low","","","","high")) +
  scale_L_continuous(breaks=0:5/5,labels=0:5/5) +
  scale_R_continuous(breaks=0:5/5,labels=0:5/5) +
  scale_T_continuous(breaks=0:5/5,labels=0:5/5) +
  labs(title="Density/ContourPlot") +
  guides(fill=guide_colorbar(order=1),alpha=guide_none()) +
  theme_rgbg() +
  theme_noarrows() +
  theme(legend.justification=c(0,1),legend.position=c(0,1))
```

上述代码创建了一个三元密度多边形图和散点图的组合，用不同的颜色填充显示密度。输出结果如图 5-28 所示。

Density/ContourPlot

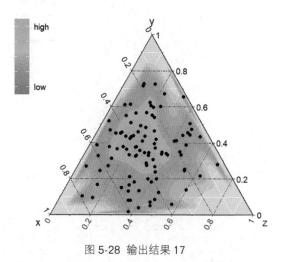

图 5-28　输出结果 17

【例 5-11】使用 Fragments 示例数据通过 ggtern 包绘制三元相图，并在图上绘制数据点及围绕数据点的圈。输入代码如下：

```
# 加载包
library(ggtern)          # 用于创建三维坐标图
library(ggalt)           # 用于在 ggplot2 基础上添加一些特殊的图形元素或修改坐标轴

data("Fragments")
base=ggtern(Fragments,aes(Qm,Qp,Rf+M,fill=GrainSize,shape=GrainSize)) +
  theme_bw() +
  theme_legend_position('tr') +
  geom_encircle(alpha=0.5,size=1) +
  geom_point() +
  labs(title="Example Plot",subtitle="using geom_encircle")
print(base)
```

输出结果如图 5-29 所示。以上代码绘制了一个三元相图，其中每个数据点根据其 Qm、Qp 和 Rf+M 三个变量在相图中的位置显示，并根据 GrainSize 的不同使用不同的颜色和形状来区分。

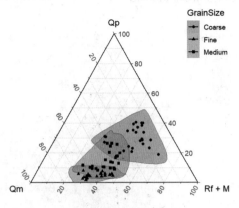

图 5-29 输出结果 18

```
df.vp=data.frame(x=c(.5,1,0,0,1),y=c(.5,1,0,1,0),
                 label=c('Middle','Top Right','Bottom Left',
                         'Top Left','Bottom Right'))
base2=base+
  theme(legend.position='right') +
  geom_mask() +
  geom_text_viewport(data=df.vp,aes(x=x,y=y,label=label,color=label),
                     inherit.aes=FALSE) +
  labs(color="Label",
       subtitle="using geom_text_viewport")
print(base2)
```

输出结果如图 5-30 所示。

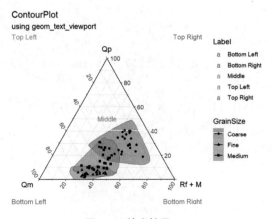

图 5-30 输出结果 19

5.5　瀑布图

　　瀑布图（Waterfall Chart）是一种用于可视化数据的累积效果和变化情况的图表类型。它通过一系列的矩形条表示数据的起始值、各个增减项和最终值，以展示数据在不同阶段的增减和总体变化。

　　瀑布图能够直观地显示数据在不同阶段的增减和累积效果。它可以帮助观察数据的变化趋势，识别主要增减项，并对总体变化进行可视化。

> 注意　根据数据的特点和目的，可以使用不同的颜色来表示正增减项和负增减项，以增加图表的对比度和可读性，确保矩形条的起始位置正确表示前一阶段的累积值，高度准确表示增减的数值大小。

　　【例 5-12】瀑布图绘制示例。输入代码如下：

```
# 加载包
library(waterfalls)         # 用于创建瀑布图
library(ggplot2)            # 用于数据可视化
# 创建数据框
group <- LETTERS[1:15]
value <- c(60,157,198,324,350,331,276,-89
           -164,-101,-266,-239,-149,-95,161,53)
df <- data.frame(x=group,y=value)
waterfall(df)
```

输出结果如图 5-31 所示。

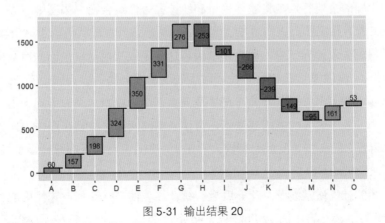

图 5-31　输出结果 20

```
# 利用 calc_total=TRUE 计算数值总和并展现在图中
waterfall(df,rect_width=0.4,calc_total=TRUE)   # 调整矩形的宽度，输出略
waterfall(df,draw_lines=FALSE,calc_total=TRUE)   # 删除矩形之间的连线，输出略
waterfall(df,linetype=1,calc_total=TRUE)   # 保持矩形之间的直线，输出略

# 设置 fill_colours 参数自定义颜色
waterfall(df,fill_by_sign=FALSE,fill_colours=1:15)
```

输出结果如图 5-32 所示。

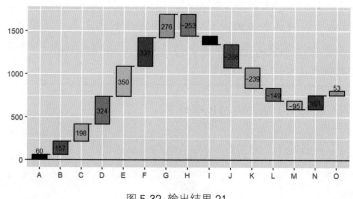

图 5-32 输出结果 21

5.6 火山图

火山图用于展示两组样本之间的差异性和统计显著性。它常用于基因表达分析和差异分析等领域。火山图的主要特点是将差异度量和统计显著性结合在一幅图中，以直观地显示基因或变量之间的差异程度和显著性水平。它的名称源自其外观形状类似于火山喷发的形状。

火山图的横轴表示差异度量，通常是基因表达水平或其他衡量指标的对数倍数变化（如 log fold change）。纵轴表示统计显著性，常用的度量是调整的 p-value（经过多重检验校正后的 p-value）或其他显著性指标。每个基因或变量在图中以一个点的形式表示。

在火山图中，显著差异的基因或变量通常位于图的两侧，并且在图中表现为离中心轴较远的点。这意味着它们在差异度量上有较大的变化，并且具有较低的统计显著性。与之相反，非显著的基因或变量通常集中在中心轴附近。

绘制火山图的过程通常涉及对差异度量和统计显著性进行计算，并使用适当的软件或编程工具来生成图形。R 语言中的 ggplot2 包、ggVolcano 包、limma 包等可以绘制火山图。

1. 利用 ggplot2 绘制

【例 5-13】利用 ggplot2 绘制火山图示例。输入代码如下：

```
# 加载包
library(ggplot2)                    # 用于数据可视化

# 读取数据
setwd("D:\\DingJB\\R Graph")        # 设置工作环境
rm(list=ls())                       # 清空工作空间的所有变量
df <- read.table(file="Volcano plot data results.txt",
                sep="\t",header=T,check.names=FALSE)
# 绘图
ggplot(df,aes(log2FoldChange,-log10(pvalue))) +
  geom_point(alpha=0.6,size=2)      # 输出结果略

# 数据分类
df$group <- as.factor(ifelse(
  df$pvalue < 0.05 & abs(df$log2FoldChange)>=0.8,
  ifelse(df$log2FoldChange>=0.8,'up','down'),'NS'))
# 绘图
p <- ggplot(df,aes(log2FoldChange,-log10(pvalue))) +
geom_point(aes(color=group),alpha=0.6,size=2) +
scale_color_manual(values=c('#E94234','skyblue','#269846')) # 设置颜色
p
```

输出结果如图 5-33 所示。

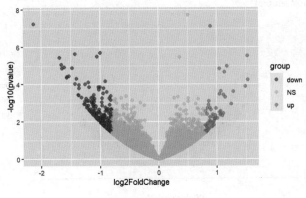

图 5-33　输出结果 22

```
# 添加竖直及垂直辅助线
p1 <- p+geom_vline(xintercept=c(-0.8,0.8),lty=3,color='black',lwd=0.5) +
  geom_hline(yintercept=-log10(0.05),lty=3,color='black',lwd=0.5)
```

输出结果如图 5-34 所示。

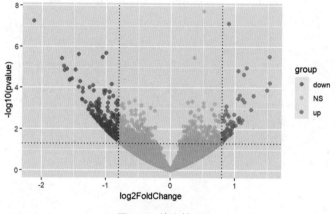

图 5-34 输出结果 23

```
# 设置主题
p2 <- p1+
  theme_bw() +
  theme(legend.title=element_blank(),panel.grid=element_blank()) +
  labs(title="volcanoplot",x='log2foldchange',y='-log10pvalue')
p2
```

输出结果如图 5-35 所示。

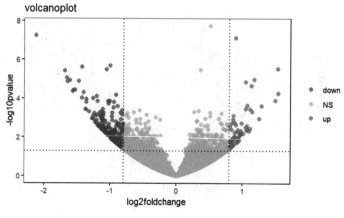

图 5-35 输出结果 24

2. 利用 ggVolcano 绘制

ggVolcano 是一个可以轻松绘制漂亮火山图的工具包，它包含三种类型的火山图：普通火山图（ggvolcano）、渐变颜色火山图（gradual_volcano）和 GO 术语火山图（term_volcano）。

使用前需要安装 ggVolcano，方法如下：

```
# install.packages("devtools")
devtools::install_github("BioSenior/ggVolcano")
```

1）绘制普通火山图

差异表达基因结果数据框需要包括 GeneName、Log2FC、pValue 和 FDR，若数据框中没有名为 'regulate' 的列，则可使用 add_regulate 函数添加。

【例 5-14】使用 ggvolcano 函数绘制普通火山图示例。输入代码如下：

```
# 加载包
library(ggVolcano)          # 用于创建火山图
library(tidyverse)          # 用于数据处理和绘图
library(patchwork)          # 用于组合多个图形

# 采用自带数据 deg_data
data(deg_data)
# 使用 add_regulate 函数将一个 'regulate' 列添加到差异表达基因结果数据框中
data <- add_regulate(deg_data,log2FC_name="log2FoldChange",
                fdr_name="padj",log2FC=1,fdr=0.05)
# 绘制火山图
ggvolcano(data,x="log2FoldChange",y="padj",
        label="row",label_number=10,output=FALSE)
```

输出结果如图 5-36 所示。

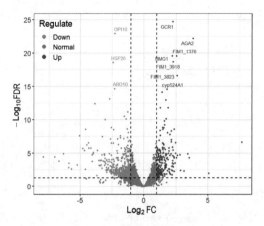

图 5-36 输出结果 25

其中，label_number 用于调整显示标签的数量（根据 FDR 值选择前 label_number 个基因）。

```
# 更改填充和颜色
p1 <- ggvolcano(data,x="log2FoldChange",y="padj",
            fills=c("#E94234","# b4b4d8","# 269846"),
            colors=c("#E94234","# b4b4d8","# 269846"),
            label="row",label_number=10,output=FALSE)


p2 <- ggvolcano(data,x="log2FoldChange",y="padj",
            label="row",label_number=10,output=FALSE) +
  ggsci::scale_color_aaas() +
  ggsci::scale_fill_aaas()
p1|p2
```

输出结果如图 5-37 所示。

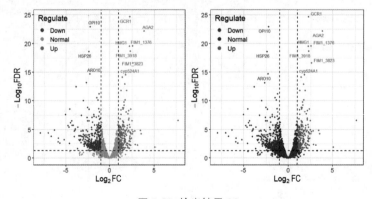

图 5-37 输出结果 26

2）绘制渐变颜色火山图

【例 5-15】使用 ggvolcano 函数绘制渐变颜色火山图示例。输入代码如下：

```
library(RColorBrewer)
# 绘制渐变颜色火山图
gradual_volcano(deg_data,x="log2FoldChange",y="padj",
                label="row",label_number=10,output=FALSE)
```

输出结果如图 5-38 所示。

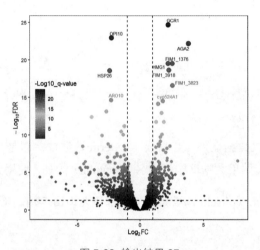

图 5-38　输出结果 27

```
# 更改填充和颜色
p1 <- gradual_volcano(data,x="log2FoldChange",y="padj",
        fills=brewer.pal(5,"RdYlBu"),
        colors=brewer.pal(8,"RdYlBu"),
        label="row",label_number=10,output=FALSE)

p2 <- gradual_volcano(data,x="log2FoldChange",y="padj",
        label="row",label_number=10,output=FALSE) +
  ggsci::scale_color_gsea() +
  ggsci::scale_fill_gsea()
p1|p2
```

输出结果如图 5-39 所示。

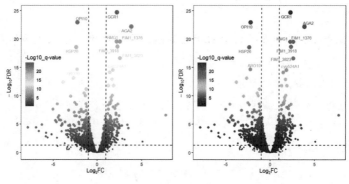

图 5-39 输出结果 28

如果需要调整点的大小范围，可以使用：

```
pointSizeRange=c(1,max_size)
```

3）绘制 GO 术语火山图

除差异表达基因结果数据框外，还需要一个 term 数据框，它是一个包含一些基因的 GO 术语信息的两列数据框。如果数据框中没有名为 'regulate' 的列，使用 add_regulate 函数添加。

【例 5-16】使用 term_volcano 函数绘制 GO 术语火山图示例。输入代码如下：

```
# 加载 term 数据
data("term_data")

# 绘制 GO 术语火山图
term_volcano(deg_data,term_data,
            x="log2FoldChange",y="padj",
            label="row",label_number=10,output=FALSE)
```

输出结果如图 5-40 所示。

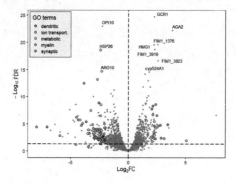

图 5-40 输出结果 29

```
# 更改填充和颜色
deg_point_fill <- brewer.pal(5,"RdYlBu")
names(deg_point_fill) <- unique(term_data$term)

term_volcano(data,term_data,
             x="log2FoldChange",y="padj",
             normal_point_color="#75aadb",
             deg_point_fill=deg_point_fill,
             deg_point_color="grey",
             legend_background_fill="#deeffc",
             label="row",label_number=10,output=FALSE)
```

输出结果如图 5-41 所示。

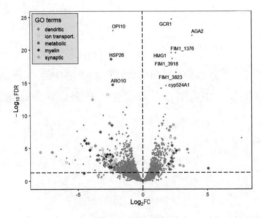

图 5-41　输出结果 30

5.7　本章小结

本章介绍了数值关系数据的可视化，包括散点图、气泡图、等高线图、三元相图、瀑布图以及火山图等。读者在学习过程中需要多理解数值关系数据的结构形式，在 R 语言中如何绘制对应的图形，深入理解代码含义，才能提高自己的作图水平。

第6章

分布式数据可视化

本章聚焦于分布式数据的可视化，数据的分布性质对于统计分析、模型建立以及风险评估都至关重要。通过本章的学习，可以掌握如何在 R 环境中选择适当的可视化工具和技术，以更好地理解数据的分布特性，并从中获取有价值的信息。本章介绍常见的分布数据可视化，包括直方图、箱线图、核密度图、小提琴图、脊线图等。读者通过学习可以掌握分布式数据可视化的 R 语言实现方法。

6.1 直方图

直方图（Histogram）是一种用于可视化连续变量的分布情况的统计图表。直方图的主要特点是通过柱状图展示连续变量在每个区间内的观测频数。横轴表示连续变量的取值范围，纵轴表示频数或频率（频数除以总数）。每个柱子的高度表示该区间内的观测频数。

直方图常用于观察数据的分布情况，包括集中趋势、离散程度和偏态。它可以帮助我们识别数据的峰值、模式、异常值以及数据的整体形态。直方图是数据探索和分析的常见工具，为我们提供了对数据分布的直观认识，从而有助于做出推断和决策。

1. 利用 ggplot2 绘制

【例 6-1】利用 ggplot2 绘制直方图示例。输入代码如下：

```
# 加载包
library(ggplot2)                    # 用于数据可视化
```

```
# 创建数据集
set.seed(1234)
wdata <- data.frame(sex=factor(rep(c("F","M"),each=200)),
                    weight=c(rnorm(200,50),rnorm(200,55)))

# 绘图
ggplot(wdata,aes(x=weight,fill=sex,color=sex)) +
  geom_histogram(binwidth=.25,alpha=0.5) +
  geom_rug() +
  scale_fill_manual(values=c("#00AFBB","#E7B800")) +
  scale_color_manual(values=c("#00AFBB","#E7B800")) +
  labs(x="Weight",y="Count")
```

输出结果如图 6-1 所示。

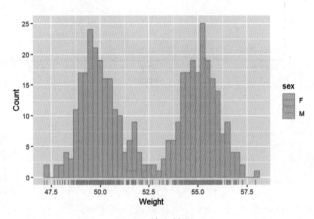

图 6-1 输出结果 1

2. 利用 ggpubr 绘制

【例 6-2】利用 ggpubr 绘制直方图示例。输入代码如下:

```
# 加载包
# install.packages("ggpubr")
library(ggpubr)                  # 基于 ggplot2 的可视化包

# 创建数据集
set.seed(1234)
wdata=data.frame(sex=factor(rep(c("F","M"),each=200)),
                 weight=c(rnorm(200,50),rnorm(200,55)))
```

```
# 绘图
gghistogram(wdata,x="weight",bins=30,
            add="mean",rug=TRUE,
            color="sex",fill="sex",
            palette=c("#00AFBB","#E7B800"))
```

输出结果如图 6-2 所示。

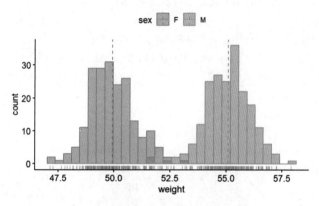

图 6-2 输出结果 2

6.2 核密度图

核密度图（Kernel Density Plot）用于估计连续变量的概率密度函数，并展示数据的分布情况。核密度图的主要特点是通过平滑连续变量的数据分布来估计其概率密度函数。它通过将每个数据点周围的核函数进行叠加，并使用适当的带宽参数来调整平滑程度，从而得到连续的概率密度曲线。

核密度图常用于分析数据的分布形态和峰值位置，并与其他分布进行比较。它可以帮助观察数据的集中趋势、峰态（比如是否呈现单峰、多峰或无峰分布）、密度变化等。通过核密度图，我们可以直观地了解数据的分布特征，有助于进行数据探索、比较和推断分析。

1. 利用 ggplot2 绘制

【例 6-3】利用 ggplot2 绘制核密度图示例。输入代码如下：

```
# 加载包
library(ggplot2)              # 用于数据可视化
```

```
# 创建数据集
set.seed(1234)
wdata=data.frame(sex=factor(rep(c("F","M"),each=200)),
                 weight=c(rnorm(200,55),rnorm(200,58)))

# 绘图
ggplot(wdata,aes(x=weight,color=sex,fill=sex)) +
  geom_density(alpha=0.5) +
  geom_rug() +
  scale_fill_manual(values=c("#00AFBB","#E7B800")) +
  scale_color_manual(values=c("#00AFBB","#E7B800"))
```

输出结果如图 6-3 所示。

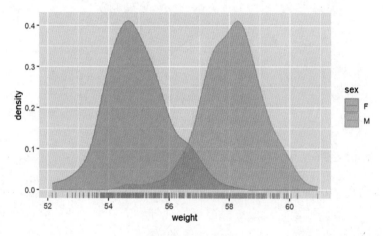

图 6-3　输出结果 3

```
# 加载库
library(ggplot2)                # 用于数据可视化
library(hrbrthemes)             # 用于主题设置

# 数值数据
set.seed(9)
data <- data.frame(var1=rnorm(500),var2=rnorm(500,mean=1.5))

# 绘图
ggplot(data,aes(x=x)) +
  # 上部
  geom_density(aes(x=var1,y=..density..),fill="green") +
```

```
geom_label(aes(x=5,y=0.25,label="Var1"),color="green") +
 # 下部
geom_density(aes(x=var2,y=-..density..),fill="orange") +
geom_label(aes(x=5,y=-0.25,label="Var2"),color="orange") +
xlab("Value of x")
```

输出结果如图 6-4 所示。

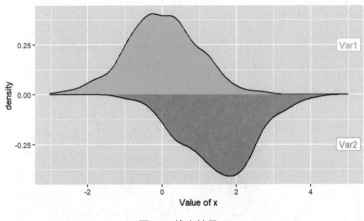

图 6-4 输出结果 4

2. 利用 ggpubr 绘制

【例 6-4】利用 ggpubr 绘制核密度图示例。输入代码如下：

```
# 加载包
library(ggpubr)              # 基于 ggplot2 的可视化包

# 创建数据集
set.seed(1234)
wdata=data.frame(sex=factor(rep(c("F","M"),each=200)),
                 weight=c(rnorm(200,55),rnorm(200,58)))

# 绘图
ggdensity(wdata,x="weight",
        add="mean",rug=TRUE,
        color="sex",fill="sex",
        palette=c("#00AFBB","#E7B800"))
```

输出结果如图 6-5 所示。

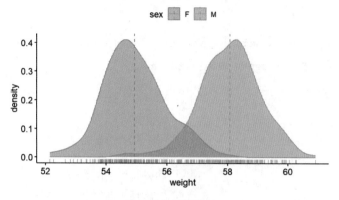

图 6-5 输出结果 5

6.3 箱线图

箱线图（Box Plot）也称为盒须图或盒式图，是一种常用的统计图表，用于显示数值变量的分布情况（包括中位数、四分位数、离散程度等）和异常值的存在，如图 6-6 所示。箱线图主要由以下部分组成。

（1）箱体：箱体由两条水平线和一条垂直线组成。箱体的底边界表示数据的下四分位数（Q1），顶边界表示数据的上四分位数（Q3），箱体的中线表示数据的中位数（或称为第二四分位数）。

（2）须线：从箱体延伸出两条线段，分别表示数据的最小值和最大值，也可能是在异常值之外的数据范围。

（3）异常值点：在箱体外部的点表示数据中的异常值，即与其他观测值相比显著偏离的值。

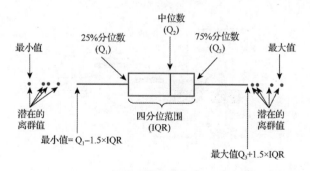

图 6-6 箱线图结构

1. 利用 ggplot 绘制

【例 6-5】创建一个包含 name 和 value 两个变量的数据集，其中 name 作为分类变量，value 作为连续变量，并使用 ggplot 绘制箱线图。

输入代码如下：

```
# 加载包
library(tidyverse)              # 用于数据处理和绘图
library(hrbrthemes)             # 用于主题设置
library(viridis)                # 用于颜色选择
library(plotly)                 # 用于创建交互式图形


# 创建数据集
set.seed(123)
data <- data.frame(name=c(rep("A",500),rep("B",500),rep("C",500),
                    rep("D",20),rep('E',100)),
                value=c(rnorm(500,10,5),rnorm(500,13,8),rnorm(500,18,2),
                    rnorm(20,25,4),rnorm(100,12,10)))


# 绘图
data %>%
  ggplot(aes(x=name,y=value,fill=name)) +
  geom_boxplot() +
  scale_fill_viridis(discrete=TRUE) +
   # theme_ipsum() +
  theme(legend.position="none",plot.title=element_text(size=11)) +
  ggtitle("A Msleading boxplot") +
  xlab("")
```

输出结果如图 6-7 所示。

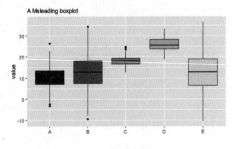

图 6-7 输出结果 6

在箱线图上添加扰动点可以使图形更具洞察力。添加抖动通过 geom_jitter() 函数实现，添加抖动后的代码如下：

```
# 绘图
data %>%
  ggplot(aes(x=name,y=value,fill=name)) +
  geom_boxplot() +
  scale_fill_viridis(discrete=TRUE) +
  geom_jitter(color="skyblue",size=0.7,alpha=0.5) +
  # theme_ipsum() +
  theme(legend.position="none",plot.title=element_text(size=11)) +
  ggtitle("Boxplot with jitter") +
  xlab("")
```

输出结果如图 6-8 所示。

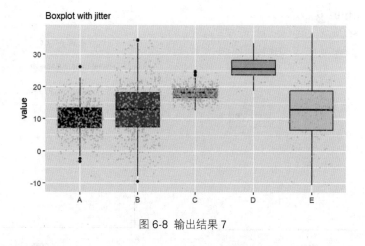

图 6-8 输出结果 7

2. 利用 ggpubr 绘制

【例 6-6】利用 ggpubr 绘制箱线图示例。输入代码如下：

```
# 加载包
library(ggpubr)                  # 基于 ggplot2 的可视化包

# 加载数据集
data("ToothGrowth")
df <- ToothGrowth
head(df,4)                       # 输出略
```

```
# 绘制带散点的箱线图
p <- ggboxplot(df,x="dose",y="len",
                color="dose",palette=c("#00AFBB","#E7B800","#FC4E07"),
                add="jitter",shape="dose")
p
```

输出结果如图 6-9 所示。

下面添加 p 值比较组。

```
# 指定所需的比较组
djb_com <- list(c("0.5","1"),c("1","2"),c("0.5","2"))
# 绘图
p + stat_compare_means(comparisons=djb_com) +            # 添加成对比较 p 值
  stat_compare_means(label.y=50)                         # 添加全局 p 值
```

输出结果如图 6-10 所示。

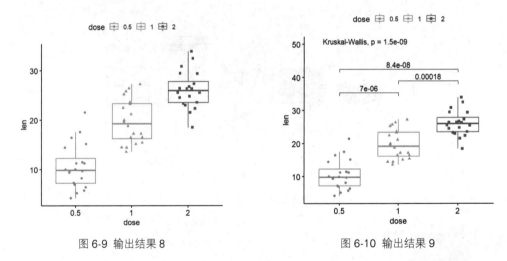

图 6-9 输出结果 8   图 6-10 输出结果 9

6.4 小提琴图

小提琴图（Violin Plot）用于展示数值变量的分布情况。它结合了箱线图和核密度图的特点，可以同时显示数据的中位数、四分位数、离群值以及数据的密度分布。小提琴图主要由以下部分组成。

（1）小提琴身体：由两个镜像的核密度估计曲线组成，用于展示数据的密度分布情况。较宽的部分表示密度高，较窄的部分表示密度低。

（2）白点 / 线条：表示数据的中位数和四分位数。

（3）边缘：垂直的线条称为边缘，用于显示数据的范围。离群值可以通过边缘以外的点来表示。

小提琴图常用于比较不同组别之间数值变量的分布情况，可以帮助观察数据的集中趋势、离散程度以及异常值的存在情况。

1. 利用 ggplot 绘制

【例 6-7】通过自行创建的数据集绘制小提琴图。输入代码如下：

```
# 加载包
library(ggplot2)                    # 用于数据可视化
# 创建数据集
set.seed(123)
data <- data.frame(name=c(rep("A",500),rep("B",500),rep("C",500),
                    rep("D",20),rep('E',100)),
            value=c(rnorm(500,10,5),rnorm(500,13,8),rnorm(500,18,2),
                    rnorm(20,25,4),rnorm(100,12,10)))
# 绘图
ggplot(data,aes(x=name,y=value,fill=name)) +
  geom_violin()
```

输出结果如图 6-11 所示。

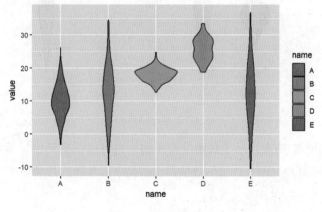

图 6-11　输出结果 10

```
# 计算不同 name 分组的样本量
sample_size=data %>%
  group_by(name) %>%
  summarize(num=n())

# 绘图
data %>%
  left_join(sample_size) %>%
  mutate(myaxis=paste0(name,"\n","n=",num)) %>%
  ggplot(aes(x=myaxis,y=value,fill=name)) +
  geom_violin(width=1.4) +                          # 绘制小提琴图
  geom_boxplot(width=0.1,color="grey",alpha=0.2) +# 在小提琴图的基础上添加箱线图
  scale_fill_viridis(discrete=TRUE) +
  # theme_ipsum() +
  theme(legend.position="none",plot.title=element_text(size=11)) +
  ggtitle("Boxplot with jitter") +
  xlab("")
```

代码中，通过 group_by() 函数对数据进行了汇总，计算出每个类别的样本量，并赋值给一个新的变量 sample_size。使用 left_join() 函数对 data 数据集和 sampel_size 数据进行了左连接，并通过 mutate() 函数生成一个新的变量 myaxis。输出结果如图 6-12 所示。

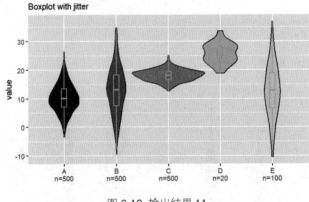

图 6-12 输出结果 11

在图 6-12 中，在 X 轴上显示了每组的样本数。也可以在图形中显示数据点本身，这就是半小提琴图（也称为云雨图）。绘制带数据点的半小提琴图的代码如下：

```
# 自定义函数 %||%，用于返回两个输入中非空的那个值
"%||%" <- function(a,b)
```

```
{if (!is.null(a)) a else b}
```

自定义函数 geom_flat_violin，用于创建一个绘制半边的小提琴图的新图层

```
geom_flat_violin <- function(mapping=NULL,data=NULL,stat="ydensity",
                      position="dodge",trim=TRUE,scale="area",
                      show.legend=NA,inherit.aes=TRUE,...)
{
  layer(data=data,mapping=mapping,stat=stat,
        geom=GeomFlatViolin,position=position,
        show.legend=show.legend,inherit.aes=inherit.aes,
        params=list(trim=trim,scale=scale,...))
}
```

统计变换

```
GeomFlatViolin <-
  ggproto("GeomFlatViolin",Geom,
          setup_data=function(data,params){
            data$width <- data$width %||%
              params$width %||% (resolution(data$x,FALSE)*0.9)
  # ymin、ymax、xmin、xmax 为每个组定义边界矩形
            data %>%
              group_by(group) %>%
              mutate(ymin=min(y),ymax=max(y),xmin=x,xmax=x+width/2)
          },
          draw_group=function(data,panel_scales,coord){
  # 找到路线的起点
            data <- transform(data,xminv=x,
                              xmaxv=x+violinwidth*(xmax-x))
  # 确保正确排序以绘制轮廓
            newdata <- rbind(plyr::arrange(transform(data,x=xminv),y),
                             plyr::arrange(transform(data,x=xmaxv),-y))
  # 将第一个点和最后一个点设置为相同
            newdata <- rbind(newdata,newdata[1,])
            ggplot2:::ggname("geom_flat_violin",
                    GeomPolygon$draw_panel(newdata,panel_scales,coord))
          },
          draw_key=draw_key_polygon,
          default_aes=aes(weight=1,colour="grey20",fill="white",size=0.5,
```

```
                              alpha=NA,linetype="solid"),
          required_aes=c("x","y")
)
data %>%
  sample_frac(0.4) %>%      # sample_frac 函数对数据集进行抽样，抽样的比例为 40%
  ggplot(aes(x=name,y=value,fill=name)) +  # 绘制半边的小提琴图
  geom_flat_violin(scale="count",trim=FALSE,width=2) +
  scale_fill_viridis(discrete=TRUE) +
  # stat_summary(fun.data=mean_sdl,fun.args=list(mult=1),
  #              geom="pointrange",position=position_nudge(4.9)) +
  geom_dotplot(binaxis="y",dotsize=0.8,stackdir="down",       # 添加点
               binwidth=0.3,position=position_nudge(-0.025)) +
  # theme_ipsum() +                              # 设置主题
  theme(legend.position="none") +
  ylab("value")
```

输出结果如图 6-13 所示。

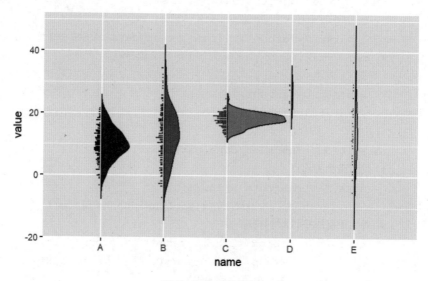

图 6-13 输出结果 12

【例 6-8】绘制小提琴图示例。输入代码如下：

```
# 加载包
library(ggplot2)          # 用于数据可视化
library(dplyr)            # 用于数据转换
```

192

```
library(tidyr)                    # 用于数据整理
library(forcats)                  # 用于因子操作
library(hrbrthemes)               # 用于主题设置
library(viridis)                  # 用于颜色选择

# 加载数据集
setwd("D:\\DingJB\\R Graph")  # 设置工作环境
rm(list=ls())                     # 清空工作空间的所有变量
data <- read.table("probly.csv",header=TRUE,sep=",")

# 调整数据格式
data <- data %>%
  gather(key="text",value="value") %>%
  mutate(text=gsub("\\."," ",text)) %>%
  mutate(value=round(as.numeric(value),0)) %>%
  filter(text %in% c("Almost Certainly","Very Good Chance",
                     "We Believe","Likely","About Even","Little Chance",
                     "Chances Are Slight","Almost No Chance"))

# 绘图
p <- data %>%
  mutate(text=fct_reorder(text,value)) %>%        # 对数据重新排序
  ggplot(aes(x=text,y=value,fill=text,color=text)) +
  geom_violin(width=2.1,size=0.2) +
  scale_fill_viridis(discrete=TRUE) +
  scale_color_viridis(discrete=TRUE) +
  # theme_ipsum() +
  theme(legend.position="none") +
  coord_flip() + # 反转坐标轴
  xlab("") +
  ylab("Assigned Probability(%)")
p
```

输出结果如图 6-14 所示。

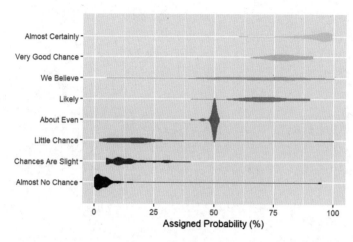

图 6-14 输出结果 13

2. 利用 ggpubr 绘制

【例 6-9】利用 ggpubr 绘制小提琴图示例。输入代码如下：

```
# 加载包
library(ggpubr)                         # 基于 ggplot2 的可视化包

# 加载数据集
data("ToothGrowth")
df <- ToothGrowth
head(df,4)                              # 输出略
# 指定所需的比较组
djb_com <- list(c("0.5","1"),c("1","2"),c("0.5","2"))
# 绘图
ggviolin(df,x="dose",y="len",fill="dose",
         palette=c("#00AFBB","#E7B800","#FC4E07"),
         add="boxplot",add.params=list(fill="white")) +
   stat_compare_means(comparisons= djb_com,
                     label="p.signif")  +# 添加显著性水平
   stat_compare_means(label.y=50)       # 添加全局 p 值
```

输出结果如图 6-15 所示。

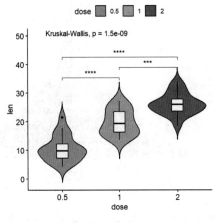

图 6-15　输出结果 14

6.5　金字塔图

金字塔图通常用于展示层级关系或者数据分层的结构。金字塔图的形状类似于金字塔，底部较宽，顶部较窄，由一系列水平横条组成。金字塔图可以用于人口统计数据、市场份额分析、销售层级、组织结构等。

1. 使用 ggplot2 绘制金字塔图

【例 6-10】使用 ggplot2 绘制金字塔图示例。输入代码如下：

```
# 加载包
library(ggplot2)                    # 用于绘制图形
library(RColorBrewer)               # 用于颜色调色板
# 从 CSV 文件中读取数据
dat <- read.csv("email_campaign_funnel.csv")

# 绘图
ggplot(dat,aes(x=Stage,y=Users)) +
  geom_bar(stat="identity",aes(fill=Gender)) +
  scale_fill_brewer(palette='Set1') +
  theme_bw() +
  coord_flip()
```

输出结果如图 6-16 所示。

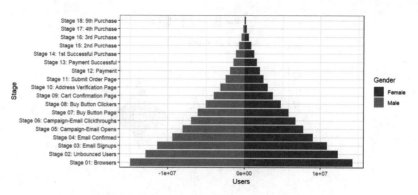

图 6-16　输出结果 15

继续利用上面的数据绘制偏差图及带有自定义颜色调色板的堆叠条形图。输入代码如下：

```
# 修改数据格式
dat$Group <- paste(dat$Stage,dat$Gender,sep="_")
dat <- arrange(dat,dat$Gender,dat$Stage)        # 先按 Gender 排列，再按 Stage 排列
dat$Group <- factor(dat$Group,levels=rev(unique(dat$Group)))
labelname <- rep(rev(unique(dat$Stage)),2)

ggplot(dat,aes(x=Group,y=Users)) +
  geom_bar(stat="identity",aes(fill=Gender)) +
  scale_fill_brewer(palette='Set1') +
  scale_x_discrete(labels=labelname) +
  theme_bw() +
  xlab("") +
  coord_flip()
```

输出结果如图 6-17 所示。

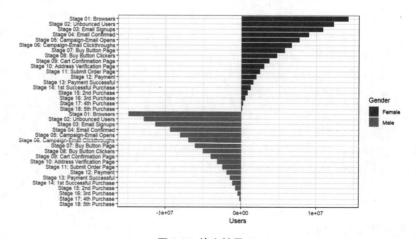

图 6-17　输出结果 16

继续输入代码如下：

```
# 创建一个带有自定义颜色调色板的堆叠条形图
color_palette <- colorRampPalette(brewer.pal(10,"Paired"))(18)
ggplot(dat,aes(x=Gender,y=Users)) +
  geom_bar(stat="identity",aes(fill=Stage)) +
  scale_fill_manual(values=color_palette) +
  theme_bw() +
  theme(legend.position=c("bottom"),
        legend.margin=margin(1,0,1,0)) +
  xlab("") +
  coord_flip()
```

输出结果如图 6-18 所示。

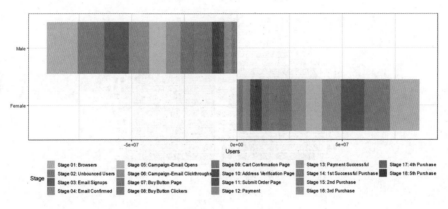

图 6-18 输出结果 17

2. 使用 plotrix 绘制金字塔

【例 6-11】使用 plotrix 绘制金字塔图示例。输入代码如下：

```
# 加载包
# install.packages("plotrix")
library(plotrix)                        # 用于绘制图形

# 构建示例数据
xy.pop <- c(3.2,3.5,3.6,3.6,3.5,3.5,3.9,3.7,3.9,3.5,
            3.2,2.8,2.2,1.8,1.5,1.3,0.7,0.4)
xx.pop <- c(3.2,3.4,3.5,3.5,3.5,3.7,4,3.8,3.9,3.6,3.2,
            2.5,2,1.7,1.5,1.3,1,0.8)
agelabels <- c("0-4","5-9","10-14","15-19","20-24","25-29","30-34",
               "35-39","40-44","45-49","50-54","55-59","60-64",
               "65-69","70-74","75-79","80-44","85+")
```

```
mcol <- color.gradient(c(0,0,0.5,1),c(0,0,0.5,1),c(1,1,0.5,1),18)
fcol <- color.gradient(c(1,1,0.5,1),
                       c(0.5,0.5,0.5,1),c(0.5,0.5,0.5,1),18)


# 使用 pyramid.plot 函数绘制人口金字塔图
par(mar=pyramid.plot(xy.pop,xx.pop,labels=agelabels,
                     main="Population Pyramid",
                     lxcol=mcol,rxcol=fcol,
                     gap=0.5,show.values=TRUE))
```

输出结果如图 6-19 所示。

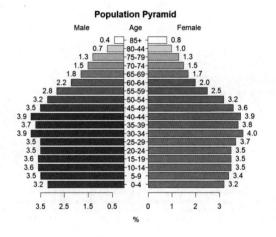

图 6-19 输出结果 18

3. 使用 DescTools 绘制金字塔

【例 6-12】使用 DescTools 绘制金字塔图示例 1。输入代码如下：

```
# 加载包
# install.packages("DescTools")
library(DescTools)              # 用于描述性统计和数据处理


# 构建示例数据
d.sda <- data.frame(
  kt_x=c("ZH","BL","ZG","SG","LU","AR","SO","GL","SZ",
         "NW","TG","UR","AI","OW","GR","BE","SH","AG",
         "BS","FR","GE","JU","NE","TI","VD","VS"),
  apo_n=c(18,16,13,11,9,12,11,8,9,8,11,9,7,9,24,19,
          19,20,43,27,41,31,37,62,38,39),
```

```
    sda_n=c(235,209,200,169,166,164,162,146,128,127,
            125,121,121,110,48,34,33,0,0,0,0,0,0,0,0,0)
)


# 使用 PlotPyramid 函数绘制金字塔图
PlotPyramid(lx=d.sda[,"apo_n"],rx=d.sda[,"sda_n"],ylab=d.sda$kt_x,
            col=c("lightslategray","orange2"),
            border=NA,ylab.x=0,xlim=c(-110,250),gapwidth=NULL,
            cex.lab=0.8,cex.axis=0.8,xaxt=TRUE,
            lxlab="Drugstores",rxlab="General practitioners",
            main="Density of general practitioners and drugstores",
            space=0.5,args.grid=list(lty=1))
```

输出结果如图 6-20 所示。

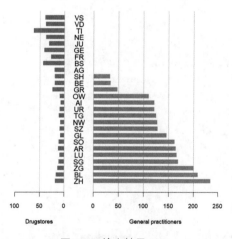

图 6-20 输出结果 19

【例 6-13】使用 DescTools 绘制金字塔图示例 2。输入代码如下：

```
# 加载包
library(DescTools)            # 用于描述性统计和数据处理


op <- par(mfrow=c(1,3))
m.pop <- c(3.2,3.5,3.6,3.6,3.5,3.5,3.9,3.7,3.9,3.5,
           3.2,2.8,2.2,1.8,1.5,1.3,0.7,0.4)
f.pop <- c(3.2,3.4,3.5,3.5,3.5,3.7,4,3.8,3.9,3.6,3.2,
           2.5,2,1.7,1.5,1.3,1,0.8)
age <- c("0-4","5-9","10-14","15-19","20-24","25-29",
```

```
                "30-34","35-39","40-44","45-49","50-54",
                "55-59","60-64","65-69","70-74","75-79","80-44","85+")

# 左侧图
PlotPyramid(m.pop,f.pop,
            ylab=age,space=0,
            col=c("cornflowerblue","indianred"),
            main="Age distribution",
            lxlab="male",rxlab="female")
# 中间图
PlotPyramid(m.pop,f.pop,
            ylab=age,space=1,
            col=c("blue","red"),
            xlim=c(-5,5),
            main="Age distribution",
            lxlab="male",rxlab="female",
            gapwidth=0,ylab.x=-5)
# 右侧图
PlotPyramid(c(1,3,5,8,5,2,1,0),c(2,4,8,10,7,4,2,1),
            ylab=LETTERS[1:8],space=0.3,
            col=rep(rainbow(8),each=2),
            xlim=c(-10,10),args.grid=NA,
            cex.names=1.5,adj=1,
            lxlab="Group A",rxlab="Group B",
            gapwidth=1,ylab.x=-8,xaxt="n")
par(op)
```

输出结果如图 6-21 所示。

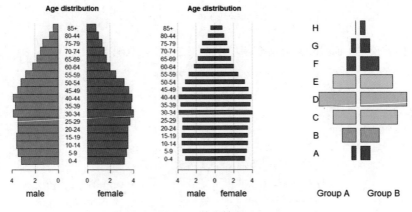

图 6-21 输出结果 20

6.6　脊线图

脊线图（Ridge plot）是一种用于可视化多个概率密度函数或频率分布的图表类型。它通过在横向轴上放置多个密度曲线或直方图，并将它们沿纵向轴对齐，形成一系列相互堆叠的曲线或柱状图来展示数据分布的变化情况。脊线图常用于比较不同组、类别或条件下的数据分布，并可用于发现和显示分布之间的差异和相似性。

在脊线图中，每个密度曲线或柱状图代表一个组、类别或条件的数据分布。它们沿着纵向轴对齐，并且在水平轴上根据相对密度或频率进行堆叠。通过堆叠的方式，脊线图可以显示整体分布形态以及各组之间的差异。

脊线图通常使用透明度来避免不同曲线或柱状图之间的重叠，从而提高可视化的可读性。此外，还可以通过添加标签、颜色编码等方式来进一步增强脊线图的信息展示。

1. 基础脊线图

【例 6-14】基于 Diamonds（钻石）数据集展示脊线图的绘制，根据钻石的质量来检查钻石价格的分布情况。输入代码如下：

```
# 加载包
library(ggridges)                  # 用于绘制脊线图
library(ggplot2)                   # 用于数据可视化
# 绘图
ggplot(diamonds,aes(x=price,y=cut,fill=cut)) +
  geom_density_ridges() +                          # 创建脊线图
  theme(legend.position="none")                    # 隐藏图例
```

输出结果如图 6-22 所示。

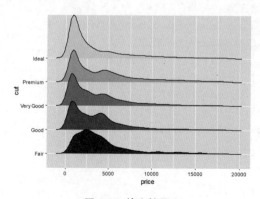

图 6-22　输出结果 21

2. 采用不同形状展示密度

可以通过不同的形状来表示密度，如使用 stat＝ "binline" 可以生成类似于直方图的形状来表示每个分布。

【例 6-15】不同展示方式的脊线图绘制示例。输入代码如下：

```
library(tidyverse)          # 用于数据处理和绘图
library(hrbrthemes)             # 用于主题设置
library(viridis)                # 用于颜色选择
library(ggridges)               # 用于绘制脊线图

# 加载数据集
rm(list=ls())                       # 清空工作空间的所有变量
setwd("D:\\DingJB\\R Graph")  # 设置工作环境
data <- read.table("probly.csv",header=TRUE,sep=",")

# 数据预处理
data <- data %>%
  gather(key="text",value="value") %>%
  mutate(text=gsub("\\."," ",text)) %>%
  mutate(value=round(as.numeric(value),0)) %>%
  filter(text %in% c("Almost Certainly","Very Good Chance",
                     "We Believe","Likely","About Even","Little Chance",
                     "Chances Are Slight","Almost No Chance"))

# 对数据进行重新排序
data %>%
  mutate(text=fct_reorder(text,value)) %>%
  # 创建可视化图表
  ggplot(aes(y=text,x=value,fill=text)) +
  geom_density_ridges(alpha=0.6,bandwidth=4) +
  scale_fill_viridis(discrete=TRUE) +
  scale_color_viridis(discrete=TRUE) +
  # theme_ipsum() +
  theme(legend.position="none",
        panel.spacing=unit(0.1,"lines"),
        strip.text.x=element_text(size=8)) +
  xlab("") +
  ylab("Assigned Probability(%)")
```

输出结果如图 6-23 所示。

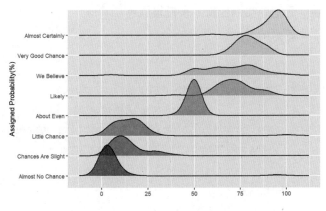

图 6-23　输出结果 22

继续上面的操作，输入代码如下：

```
data %>%
  mutate(text=fct_reorder(text,value)) %>%
  ggplot(aes(y=text,x=value,fill=text)) +
  geom_density_ridges(alpha=0.6,stat="binline",bins=20) +
  scale_fill_viridis(discrete=TRUE) +
  scale_color_viridis(discrete=TRUE) +
  # theme_ipsum() +
  theme(legend.position="none",
    panel.spacing=unit(0.1,"lines"),
    strip.text.x=element_text(size=8)) +
  xlab("") +
  ylab("Assigned Probability(%)")
```

通过直方图的形式展示密度，输出结果如图 6-24 所示。

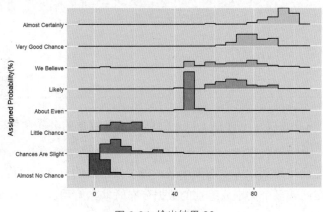

图 6-24　输出结果 23

3. 根据数值变量（而不是类别变量）来设置颜色

继续上面的操作，输入代码如下：

```
# 绘图
ggplot(lincoln_weather,aes(x=`Mean Temperature [F]`,
                           y=`Month`,fill=stat(x))) +
  geom_density_ridges_gradient(scale=3,rel_min_height=0.01) +
  scale_fill_viridis(name="Temp. [F]",option="C") +
  labs(title='Temperatures in Lincoln NE') +
  # theme_ipsum() +
  theme(legend.position="none",
        panel.spacing=unit(0.1,"lines"),
        strip.text.x=element_text(size=8))
```

输出结果如图 6-25 所示。

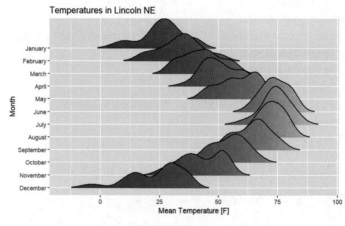

图 6-25 输出结果 24

6.7 点阵图

点阵图（Dot Plot）通过在坐标轴上以点的形式表示数据的分布和取值，以便更直观地观察数据的位置和密度。

点阵图的优点是简单直观，可以清晰地显示每个数据点的位置和数量。它适用于各种类型的数据，特别是在比较多个类别或组别的数据分布时非常有用。点阵图可以帮助观察数据的集中趋势、离散程度和异常值，并且更容易比较不同类别之间的差异。

注意：当数据点非常密集时，点阵图可能会出现重叠，导致数据点难以辨别。在这种情况下，可以考虑使用其他图表类型或采用数据汇总的方式来解决重叠问题。

【例 6-16】利用 corrgram 绘制点阵示例。输入代码如下：

```
# install.packages("corrgram")
library(knitr)                    # 用于绘制相关性矩阵图
# 设置 knitr 选项，指定图形在文档中的对齐方式、宽度和高度
opts_chunk$set(fig.align="center",fig.width=6,fig.height=6)
options(width=90)


library(corrgram)                 # 用于创建相关性矩阵图
head(baseball)                    # 输出略
round(cor(baseball[,5:14],use="pair"),2)
                                  # 计算数据集中一组特定变量之间的相关性，输出略


# 创建一个包含要分析的变量名称的向量
vars2 <- c("Assists","Atbat","Errors","Hits","Homer","logSal",
           "Putouts","RBI","Runs","Walks","Years")
# 绘图
corrgram(
  baseball[,vars2],               # 选择数据框 baseball 中的特定变量
  order=TRUE,                     # 重新排列变量以更好地可视化相关性结构
  main="Baseball data PC2/PC1 order",    # 设置图的标题
  lower.panel=panel.shade,        # 在下半部分使用阴影表示相关性强度
  upper.panel=panel.pie,          # 在上半部分使用饼图表示相关性方向
  diag.panel=panel.minmax,        # 在对角线上使用最小值和最大值的文本表示变量范围
  text.panel=panel.txt            # 在文本面板中显示相关性系数的数值
)
```

输出结果如图 6-26 所示。上述代码创建了一个相关性矩阵图，用于可视化所选变量之间的相关性关系。图中的不同区域以不同的方式表示相关性的性质和强度，以便更好地理解变量之间的关联性。

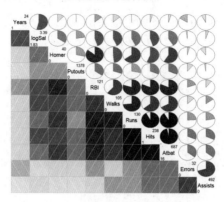

图 6-26 输出结果 25

下面提供另一种显示数据的方法，细长椭圆表示高相关性，而圆形椭圆表示低相关性。

```
corrgram(
  baseball[,vars2],                      # 选择数据框 baseball 中的特定变量
  order=TRUE,                            # 按照主成分分析（PCA）的顺序重新排列变量
  main="Baseball correlation ellipses",  # 设置图的标题
  panel=panel.ellipse,                   # 使用椭圆表示相关性
  text.panel=panel.txt,                  # 在文本面板中显示相关性系数的数值
  diag.panel=panel.minmax                # 在对角线上使用最小值和最大值的文本表示变量范围
)
```

输出结果如图 6-27 所示。上述代码创建了一个相关性矩阵图，其中相关性用椭圆图案表示，相关性的强度和性质可以通过椭圆的形状和方向来理解。对角线上显示变量的范围信息，并在文本面板中显示相关性系数的数值。

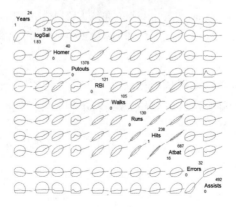

图 6-27 输出结果 26

继续利用 auto.cvs 数据集绘制点阵图。

```
corrgram(
  auto,                              # 使用数据框 auto
  order=TRUE,                        # 按照主成分分析（PCA）的顺序重新排列变量
  main="Auto data (PC order)",       # 设置图的标题
  lower.panel=corrgram::panel.ellipse,    # 在下半部分使用椭圆表示相关性
  upper.panel=panel.bar,     # 在上半部分使用柱状图表示相关性
  diag.panel=panel.minmax,     # 在对角线上使用最小值和最大值的文本表示变量范围
  col.regions=colorRampPalette(c("darkgoldenrod4","burlywood1",
                      "darkkhaki","darkgreen"))  # 自定义颜色调色板
)
```

输出结果如图 6-28 所示。上述代码创建了一个相关性矩阵图，用于可视化汽车数据中不同变量之间的相关性关系。

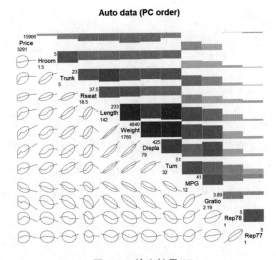

图 6-28　输出结果 27

继续利用 iris.csv 数据集绘制点阵图（展示密度图及相关性置信度）。

```
corrgram(
  iris,                              # 使用鸢尾花数据集 iris
  main="Iris data with example panel functions",    # 设置图的标题
  lower.panel=panel.pts,             # 在下半部分使用点图表示相关性
  upper.panel=panel.conf,            # 在上半部分使用置信度区间表示相关性
  diag.panel=panel.density           # 在对角线上使用密度图表示变量分布
)
```

输出结果如图 6-29 所示。以上代码创建了一个相关性矩阵图，用于可视化鸢尾花数据中的相关性关系。

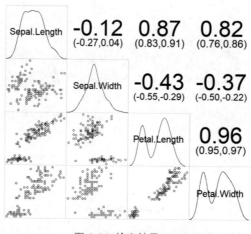

图 6-29 输出结果 28

6.8 本章小结

本章聚焦于展示分布数据在 R 中的可视化方法，内容包括直方图、核密度图、箱线图、小提琴图、金字塔图、脊线图、点阵图等不同类型的图形，通过本章的学习可以帮助读者更好地理解和呈现数据的分布情况，从而揭示数据的模式、离散程度和异常值等特征。

第7章
层次关系数据可视化

层次关系数据是一种常见的数据类型，涉及数据之间的多层次结构和关联。在许多领域中，如生物学、社交网络分析、组织结构等，层次关系数据都扮演着重要的角色。在学习过程中，将使用公开的数据集和示例代码来演示不同的可视化方法。希望读者在面对层次关系数据时，能够灵活、准确地选择合适的可视化方法，并从中获得有价值的见解和发现。

7.1 旭日图

旭日图（Sunburst Chart）是一种环形图，用于显示层次结构数据的分布和比例关系。它以太阳系的形象为灵感，将数据分层显示为环形的扇形区域，每个扇形表示一个类别或子类别，并显示其在整体中的比例。旭日图主要有以下特点。

（1）环形结构：旭日图呈现为一个环形，内部是根节点或整体，外部是子节点或类别。每个层级都由一条环形扇区表示。

（2）扇形区域：每个扇形区域的大小表示该类别在整体中的比例。较大的扇形表示具有更高比例的类别，而较小的扇形表示具有较低比例的类别。

（3）颜色编码：通常，每个扇形区域使用不同的颜色来区分类别或子类别。颜色可以帮助观察者快速识别不同的数据部分。

（4）层级结构：旭日图可以显示多个层级，每个层级可以细分为更小的子类别。这种层级结构使观察者能够了解不同类别之间的分布和比例关系。

下面介绍交互式可视化包 plotly 绘制旭日图。该包根据需要可以显示所有级，也可以仅显示父级及其子级，方便用户探索各级的比例以及父级的子级占该父级的比例。

1. 基础旭日图

【例 7-1】基础旭日图绘制示例。输入代码如下：

```
# install.packages(c("plotly","dplyr"))    # 安装 plotly & dplyr 包
# 加载包
library(plotly)                # 用于创建交互式图形
library(dplyr)                 # 用于数据转换

# 定义数据集
labels <- c("Andy","John","Megan",".Tom","Naomi","Matt","Florence",
            "Harry","Sam")          # 定义所有级别各类的标签
parents <- c("","Andy","Andy","Megan","Megan","Andy","Andy",
            "Florence","Andy")      # 定义所有级别各类的父级，与上面一一对应
values <- c(20,34,25,20,8,15,15,9,9)        # 定义各分类的值（一一对应）

# 作图
p1 <- plot_ly(type="sunburst",              # 指定图表类型为 sunburst
            labels=labels,parents=parents,values=values)
p1
```

输出结果如图 7-1 所示。

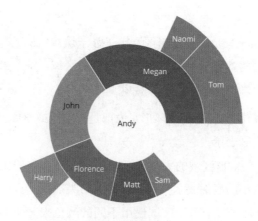

图 7-1 输出结果 1

若 branchvalues 为 total，则父对象的值表示其楔体的宽度。例中，Enoch 为 4，Awan 为

6，因此 Enoch 的宽度是 Awan 的 4/6。当 branchvalues 为 remainder 时，父对象的宽度由其自身的值加上子对象的值决定。因此，Enoch 的宽度是 Awan 的 4/10（4/(6+4)）。

这意味着当 branchvalues 为 total 时，子级的值之和不能超过其父级的值。当 branchvalue 为 relative（默认值）时，子级不会占用父级以下的所有空间（除非父级是根级并且其值为 0）。

```
# 定义标签（名称）、父节点和值的向量
labels=c("Eve","Cain","Seth","Enos","Noam",
         "Abel","Awan","Enoch","Azura")
parents=c("","Eve","Eve","Seth","Seth","Eve","Eve","Awan","Eve")
values=c(65,14,12,10,2,6,6,4,4)

# 使用 plot_ly 创建一个 sunburst 图形
p2 <- plot_ly(labels=labels,parents=parents,values=values,
              type='sunburst',branchvalues='total')
p2
```

代码中设置子级的值为 total，即子级的图形长度与该子级值与父级值的比例成正比，而前面的 Seth 及其子级 Noam 和 Enos 不符合该设定。输出结果如图 7-2 所示。

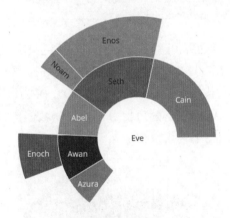

图 7-2　输出结果 2

2. 具有重复标签的旭日图

【例 7-2】具有重复标签的旭日图绘制示例。输入代码如下：

```
# 加载包
library(ggplot2)          # 用于数据可视化
   library(plotly)        # 用于创建交互式图形

# 定义 id，每个层级的唯一标识
ids=c("North America","Europe","Australia",
```

```
            "NorthAmerica-Football","Soccer","North America-Rugby",
            "Europe-Football","Rugby","Europe-AmericanFootball",
            "Australia-Football","Association","Australian Rules",
            "Austtralia-American Football","Australia-Rugby",
            "Rugby League","Rugby Union")
# 定义标签，即显示在图形中的文本，使用 <br> 进行换行（HTML 语法）
labels=c("North<br>America","Europe","Australia","Football",
        "Soccer","Rugby","Football","Rugby",
        "American<br>Football","Football","Association",
        "Australian<br>Rules","American<br>Football",
        "Rugby","Rugby<br>League","Rugby<br>Union")
# 定义父级，表示每个层级的父层级
parents=c("","","","North America","North America",
        "North America","Europe","Europe","Europe",
        "Australia","Australia-Football","Australia-Football",
        "Australia-Football","Australia-Football",
        "Australia-Rugby","Australia-Rugby")
df <- data.frame(ids=ids,labels=labels,parents=parents,
                stringsAsFactors=FALSE)
# 绘图
p3 <- plot_ly(df,ids=~ids,labels=~labels,parents=~parents,type='sunburst')
p3
```

输出结果如图 7-3 所示。代码定义了一组节点（ids），并为每个节点定义了标签（labels）以及节点的层次结构关系（parents）。随后使用 plot_ly 函数创建旭日图，其中指定了数据框中的字段来表示节点的标识符、标签和父级关系。

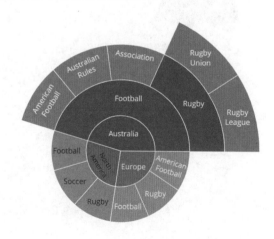

图 7-3 输出结果 3

3. 调整扇区内的文本方向

【例 7-3】调整扇区内的文本方向示例。输入代码如下：

```
# 加载数据
setwd("D:\\DingJB\\R Graph")            # 设置工作环境
rm(list=ls())                          # 清空工作空间的所有变量
df=read.csv('coffee-flavors.csv')


# 绘图
p4 <- plot_ly()
p4 <- p4 %>%
  add_trace(
    type='sunburst',ids=df$ids,labels=df$labels,
    parents=df$parents,
    maxdepth=2,                        # 设置最大深度为2，也就是最多只展示两级
    insidetextorientation='radial')    # 控制扇区内的文本方向，此处为径向
p4
```

输出结果如图 7-4 所示。可以看到，设置了最大深度为 2 后，最多只显示 2 级。但是数据其实是有三级的，单击第二级之后就可以看到第三级。如果想显示所有层级，可以把上面代码中的 'maxdepth=2' 删除，但这样图形就显得很乱，甚至会出现卡顿。

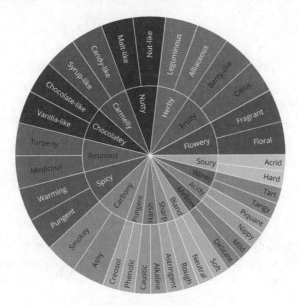

图 7-4　输出结果 4

4. 创建子图

【例 7-4】使用 domain 属性和布局 grid 属性创建旭日图子图示例。输入代码如下：

```r
# 加载包
library(plotly)                    # 用于创建交互式图形

# 加载数据
d1 <- read.csv('coffee-flavors.csv')
d2 <- read.csv('sunburst-coffee-flavors-complete.csv')
p5 <- plot_ly()
p5 <- p5 %>%
    # 添加轨迹，相当于 ggplot2 的图层 geom，这里定义子图 1
  add_trace(ids=d1$ids,labels=d1$labels,parents=d1$parents,
            type='sunburst',           # 定义轨迹的类型：sunburst
            maxdepth=2,
            domain=list(column=0)    # 子图 1 放在第 1 列（plotly 以 0 开始计数）
  )
p5 <- p5 %>%
    # 子图 2
  add_trace(ids=d2$ids,labels=d2$labels,parents=d2$parents,
            type='sunburst',
            maxdepth=3,
            domain=list(column=1)    # 子图放在第 2 列
  )
p5 <- p5 %>%
  layout(                          # 定义样式
    grid=list(columns=2,rows=1),   # 网格：2 列 1 行
    margin=list(l=0,r=0,b=0,t=0),
    # 颜色
    sunburstcolorway=c("#636efa","#EF553B","#00cc96","#ab63fa","#19d3f3",
                "#E763fa","#FECB52","#FFA15A","#FF6692","#B6E880"),
    extendsunburstcolors=TRUE)
p5
```

输出结果如图 7-5 所示。代码读取两个数据集后，使用 Plotly 创建一个旭日图，包括两个子图。每个子图使用不同的数据集，具有不同的最大层级深度和位置。布局样式设置了网格布局、边距以及旭日图的颜色。

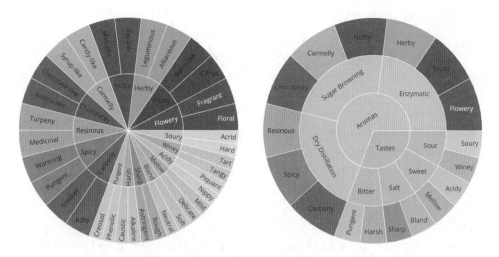

图 7-5 输出结果 5

7.2 树状图

树状图（Tree Diagram）是一种用于可视化层级结构和分支关系的图表类型。它以树的形式展示数据的层级关系，其中每个节点代表一个数据点或一个层级，而分支表示节点之间的连接关系或从属关系。

树状图的优点是能够清晰地展示数据的层级结构和分支关系。它可以帮助观察数据的组织结构、从属关系和分支发展，并帮助用户理解数据的分层逻辑。

【例 7-5】简单树状图的绘制示例。输入代码如下：

```
# 加载包
library(ggraph)              # 用于绘制图形
library(igraph)              # 用于处理和分析图形数据
library(tidyverse)           # 用于数据处理和绘图
library(patchwork)           # 用于组合多个图形
theme_set(theme_void())      # 设置图形主题


# 加载数据集（边列表）
d1 <- data.frame(from="origin",to=paste("group",seq(1,7),sep=""))
d2 <- data.frame(from=rep(d1$to,each=7),
                 to=paste("subgroup",seq(1,49),sep="_"))
```

```
edges <- rbind(d1,d2)

# 添加第二个数据帧，其中包含每个节点的信息
name <- unique(c(as.character(edges$from),as.character(edges$to)))
vertices <- data.frame(
  name=name,
  group=c(rep(NA,8),rep(paste("group",seq(1,7),sep=""),each=7)),
  cluster=sample(letters[1:4],length(name),replace=T),
  value=sample(seq(10,30),length(name),replace=T)
)

# 创建图形对象
mygraph <- graph_from_data_frame(edges,vertices=vertices)

# 绘图
p1 <- ggraph(mygraph,layout='dendrogram',circular=FALSE) +
  geom_edge_diagonal()
p2 <- ggraph(mygraph,layout='dendrogram',circular=TRUE) +
  geom_edge_diagonal()
p1+p2
```

上述代码首先创建了一个数据集 edges，以及一个包含每个节点信息的数据帧 vertices；然后创建了一个图形对象 mygraph；最后使用 ggraph 包创建了两个树状图，如图 7-6 所示。

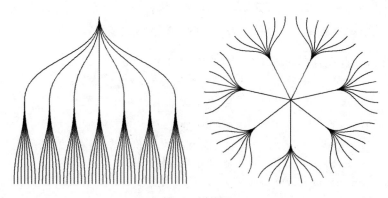

图 7-6 树状图

```
p3 <- ggraph(mygraph,layout='dendrogram') +
  geom_edge_diagonal() +
  geom_node_text(aes(label=name,filter=leaf,color=group),
```

```
                    angle=90,hjust=1,nudge_y=-0.05) +
     geom_node_point(aes(filter=leaf,size=value,color=group),
                    alpha=0.6) +
     ylim(-.6,NA) +
     theme(legend.position="none")
p3
```

输出结果如图 7-7 所示，该树状图添加了节点的文本标签和节点的点。

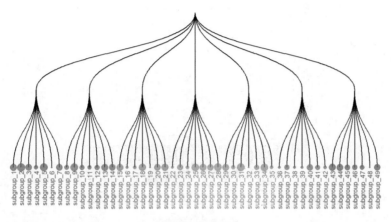

图 7-7 树状图

【例 7-6】利用 dendextend 包绘制树状图示例。输入代码如下：

```
# 加载包
library(tidyverse)                    # 数据处理和可视化
library(dendextend)                   # 用于处理和可视化树状图

# 查看数据集的前几行
head(mtcars)

# 使用 mpg、cyl 和 disp 三个变量进行聚类分析
mtcars %>%
  select(mpg,cyl,disp) %>%            # 选择指定的三个变量
  dist() %>%                          # 计算数据间的距离矩阵
  hclust() %>%                        # 对距离矩阵进行层次聚类
  as.dendrogram() -> dend             # 转换成树状图对象，并存储在 dend 中

# 绘制树状图
```

```
par(mar=c(7,3,1,1))          # 调整绘图参数，增加底部边距以完整显示标签
plot(dend)
```

上述代码选择了 mpg、cyl 和 disp 三个变量进行聚类分析，随后计算了这些变量之间的距离矩阵，并进行了层次聚类。随后将聚类结果转换为树状图对象并存储在 dend 中。代码最后通过 plot 函数绘制了树状图，并通过 par 函数调整了绘图参数，以便完整显示标签。输出结果如图 7-8 所示。

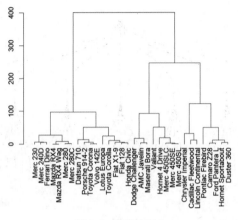

图 7-8 输出结果 6

```
# 根据聚类结果为不同的聚类分配颜色
par(mar=c(1,1,1,7))
dend %>%
  # 设置叶节点的颜色
  set("labels_col",value=c("skyblue","orange","grey"),k=3) %>%
  # 设置分支的颜色
  set("branches_k_color",value=c("skyblue","orange","grey"),k=3) %>%
  plot(horiz=TRUE,axes=FALSE)              # 绘制水平树状图
abline(v=350,lty=2)                        # 在 x=350 处添加虚线
```

上述代码首先使用 dend 对象进行自定义，包括设置叶节点的颜色和分支的颜色。随后使用 plot 函数绘制水平树状图。代码最后通过 abline 函数在 x=350 处添加了一条垂直参考线以辅助分析。最终输出结果如图 7-9 所示。

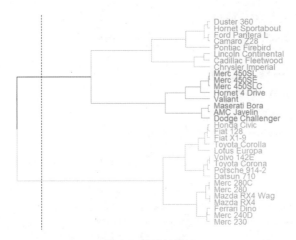

图 7-9　输出结果 7

```
# 用矩形突出显示一个聚类
par(mar=c(9,1,1,1))
dend %>%
    # 设置叶节点的颜色
    set("labels_col",value=c("skyblue","orange","grey"),k=3) %>%
    # 设置分支的颜色
    set("branches_k_color",value=c("skyblue","orange","grey"),k=3) %>%
    plot(axes=FALSE)                            # 绘制树状图，不绘制坐标轴
rect.dendrogram( dend,k=3,lty=5,lwd=0,x=1,
                col=rgb(0.1,0.2,0.4,0.1) )     # 绘制矩形突出显示
```

上述代码首先使用 par 函数调整绘图参数，增加了顶部边距以容纳矩形突出显示。使用 set 函数设置叶节点的颜色和分支的颜色，并通过 plot 函数绘制了树状图。代码最后绘制了一个矩形突出显示，该矩形的属性包括线型、线宽、x 位置和颜色等。输出结果如图 7-10 所示。

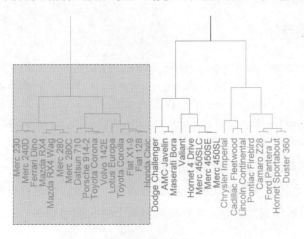

图 7-10　输出结果 8

```
# 使用两种不同的聚类方法创建两个树状图
# 使用 average 方法对 USArrests 数据集进行层次聚类
d1 <- USArrests %>% dist() %>%
  hclust(method="average") %>%
  as.dendrogram()
# 使用 complete 方法对 USArrests 数据集进行层次聚类
d2 <- USArrests %>%
  dist() %>%
  hclust(method="complete") %>%
  as.dendrogram()
# 自定义这些树状图，并将它们放入一个列表中
dl <- dendlist(
  d1 %>%
    # 设置叶节点颜色
    set("labels_col",value=c("skyblue","orange","grey"),k=3) %>%
    # 设置分支线类型
    set("branches_lty",1) %>%
    # 设置分支颜色
    set("branches_k_color",value=c("skyblue","orange","grey"),k=3),
  d2 %>%
    # 设置叶节点颜色
    set("labels_col",value=c("skyblue","orange","grey"),k=3) %>%
    # 设置分支线类型
    set("branches_lty",1) %>%
    # 设置分支颜色
    set("branches_k_color",value=c("skyblue","orange","grey"),k=3)
)
# 将两个树状图绘制在一起
tanglegram(dl,
           common_subtrees_color_lines=FALSE,    # 不对共同子树进行着色
           highlight_distinct_edges=TRUE,        # 高亮显示不同的边
           highlight_branches_lwd=FALSE,         # 不加粗高亮显示的分支
           margin_inner=7,                       # 内边距
           lwd=2)                                # 线宽
```

代码首先使用不同的层次聚类方法对 USArrests 数据集进行聚类，创建了两个树状图，随后使用 dendlist 函数将这两个树状图放入 dl 列表中，并对它们进行自定义，包括设置叶节点颜色、分支线类型和分支颜色等。代码最后将两个树状图绘制在一起，可以同时比较它们

的结构，高亮显示不同的边，并进行了其他样式设置。最终输出结果如图 7-11 所示。

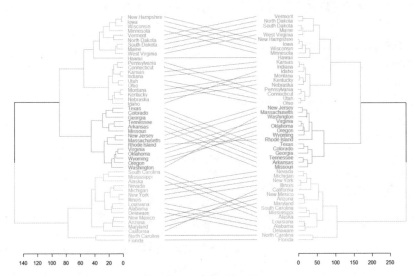

图 7-11　输出结果 9

【例 7-7】环形树状图的绘制示例。输入代码如下：

```r
# 加载包
library(ggraph)              # 用于绘制图形
library(igraph)              # 用于创建和处理图形数据
library(tidyverse)           # 用于数据操作
library(RColorBrewer)        # 用于颜色调色板

# 创建数据框 d1，给出层次结构的主要组
d1=data.frame(from="origin",to=paste("group",seq(1,10),sep=""))
# 创建数据框 d2，给出层次结构中的子组
d2=data.frame(from=rep(d1$to,each=10),
              to=paste("subgroup",seq(1,100),sep="_"))
edges=rbind(d1,d2)           # 合并成一个边缘数据框

# 创建顶点数据框 vertices，对应层次结构中的对象
vertices=data.frame(
  name=unique(c(as.character(edges$from),as.character(edges$to))),
  value=runif(111))
# 从边缘数据中匹配每个对象的所属组，并添加到顶点数据框
vertices$group=edges$from[match(vertices$name,edges$to)]
```

```
# 添加标签信息到顶点数据框
vertices$id=NA
myleaves=which(is.na(match(vertices$name,edges$from)))
nleaves=length(myleaves)
vertices$id[myleaves]=seq(1:nleaves)
vertices$angle=90-360*vertices$id/nleaves

# 计算标签对齐方式：左对齐或右对齐
vertices$hjust<-ifelse(vertices$angle < -90,1,0)
# 调整角度，确保标签朝上
vertices$angle<-ifelse(vertices$angle < -90,
                        vertices$angle+180,vertices$angle)
# 使用边缘和顶点数据创建图形对象 mygraph
mygraph <- graph_from_data_frame(edges,vertices=vertices)

# 绘图，以树状结构布局，且呈环形
ggraph(mygraph,layout='dendrogram',circular=TRUE) +
  geom_edge_diagonal(colour="grey") +
  scale_edge_colour_distiller(palette="RdPu") +
  geom_node_text(aes(x=x*1.15,y=y*1.15,filter=leaf,label=name,angle=angle,
                     hjust=hjust,colour=group),size=2.7,alpha=1) +
  geom_node_point(aes(filter=leaf,x=x*1.07,y=y*1.07,
                     colour=group,size=value,alpha=0.2)) +
  scale_colour_manual(values=rep(brewer.pal(9,"Paired"),30)) +
  scale_size_continuous(range=c(0.1,10)) +
  theme_void() +
  theme(legend.position="none",
        plot.margin=unit(c(0,0,0,0),"cm"),) +
  expand_limits(x=c(-1.3,1.3),y=c(-1.3,1.3))
```

上述代码首先创建了一个包含主要组和子组的边缘数据框 edges 和一个包含对象信息的顶点数据框 vertices，并设置了标签、角度、对齐方式等信息。随后创建了一个图形对象 mygraph。代码最后使用 ggraph 包创建了一个环形树状图，自定义了节点和边的样式，包括颜色、大小、透明度等。输出结果如图 7-12 所示。

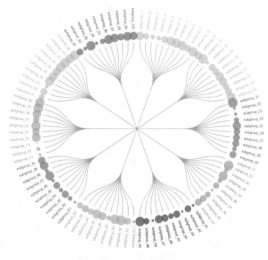

图 7-12　环形树状图

7.3　桑基图

桑基图（Sankey Diagram）是一种用于可视化流量、流程或能量转移的图表类型。它使用有向图的方式表示数据的流动，通过不同宽度的箭头连接表示不同的流量量级，并显示出流量的起点和终点。

桑基图的优点是能够直观地显示数据的流动和转移过程，帮助观察数据的来源、目的和量级。它可用于可视化各种流程，如物质流量、能源转移、人员流动等。

在 R 语言中，可以使用各种包和库来创建桑基图，例如 networkD3、ggplot2、googleVis 等。这些包提供了函数和方法，使用户能够根据数据和需求生成桑基图。

【例 7-8】简单桑基图的绘制示例。输入代码如下：

```
# 加载包
library(networkD3)
library(dplyr)                    # 用于数据转换

# 构建具有数据流强度的数据集
links <- data.frame(
  source=c("Gdjb_A","Gdjb_A","Gdjb_B","Gdjb_C","Gdjb_C","Gdjb_E"),
  target=c("Gdjb_C","Gdjb_D","Gdjb_E","Gdjb_F","Gdjb_G","Gdjb_H"),
```

```
        value=c(2,3,2,3,1,3))

# 创建节点数据框
nodes <- data.frame(
  name=c(as.character(links$source),
         as.character(links$target)) %>%
    unique())

# 由于 networkD3 需要使用 id 连接，因此需要重新格式化
links$IDsource <- match(links$source,nodes$name)-1
links$IDtarget <- match(links$target,nodes$name)-1

# ①
# 建立网络
sankeyNetwork(Links=links,Nodes=nodes,fontSize=12,
              Source="IDsource",Target="IDtarget",
              Value="value",NodeID="name",
              sinksRight=FALSE)
```

输出结果如图 7-13 所示。将①之后的代码更改如下，可以修改显示颜色。

```
# 准备色标，为每个节点指定特定的颜色
my_color <- 'd3.scaleOrdinal().domain(["Gdjb_A","Gdjb_B","Gdjb_C",
              "Gdjb_D","Gdjb_E","Gdjb_F","group_G","group_H"])
            .range(["blue","blue" ,"blue","red","red",
                "yellow","purple","purple"])'

# 用 colorScale 参数调用色标
sankeyNetwork(Links=links,Nodes=nodes,fontSize=12,
              Source="IDsource",Target="IDtarget",
              Value="value",NodeID="name",
              sinksRight=FALSE,colourScale=my_color)
```

输出结果如图 7-14 所示。

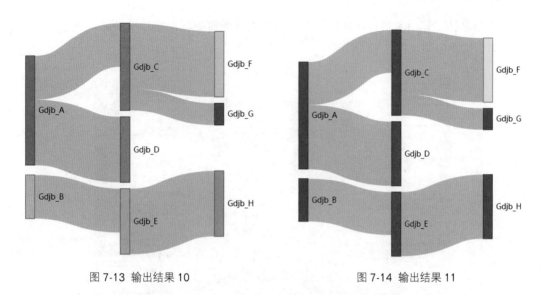

图 7-13　输出结果 10　　　　　　　　　图 7-14　输出结果 11

【例 7-9】利用 networkD3 包的 sankeyNetwork 函数将 JSON 数据展示为桑基图。输入代码如下：

```
# 加载包
library(networkD3)                    # 用于绘制网络图

# 加载数据
setwd("D:\\DingJB\\R Graph")          # 设置工作环境
rm(list=ls())                         # 清空工作空间的所有变量
URL <- "energy.json"                  # 定义数据的 URL 路径
Energy <- jsonlite::fromJSON(URL)     # 使用 jsonlite 包并从 JSON 文件中加载数据

sankeyNetwork(Links = Energy$links,   # 链接数据
              Nodes = Energy$nodes,   # 节点数据
              Source = "source",      # 源节点列名
              Target = "target",      # 目标节点列名
              Value = "value",        # 链接的值列名
              NodeID = "name",        # 节点的唯一标识列名
              units = "TWh",          # 数据单位
              fontSize = 12,          # 节点文字大小
              nodeWidth = 30)         # 节点宽度
```

上述代码使用 jsonlite 包的 fromJSON 函数加载了数据，然后使用 sankeyNetwork 函数创

建了一个桑基图，其中包括链接数据、节点数据及其他可视化参数，用于展示能量流向的可视化效果，输出结果如图 7-15 所示。

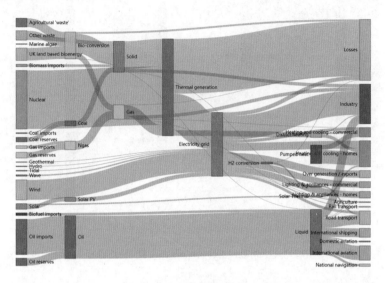

图 7-15 输出结果 12

【例 7-10】通过桑基图显示从一个国家（左）迁移到另一国家（右）的人数。输入代码如下：

```
# 加载包
library(tidyverse)           # 数据处理和可视化
library(viridis)             # 配色方案
library(patchwork)           # 绘图组合
library(kableExtra)          # 用于数据处理和绘图
library(circlize)            # 用于绘制环形图
library(networkD3)           # 网络可视化

# 加载数据
setwd("D:\\DingJB\\R Graph") # 设置工作环境
rm(list=ls())                # 清空工作空间的所有变量
data <- read.table("13_AdjacencyDirectedWeighted.csv",header=TRUE)

# 显示数据的前三行
data %>%
  head(3) %>%
```

```
  select(1:3) %>%
  kable() %>%
  kable_styling(bootstrap_options="striped",full_width=F)


# 为数据设置短名称
colnames(data) <- c("Africa","EastAsia","Europe","LatinAme.",
                    "NorthAme.","Oceania","SouthAsia","SouthEastAsia",
                    "SovietUnion","West.Asia")
# 设置数据的行名
rownames(data) <- colnames(data)


# 转换数据为长格式，以便进行网络可视化
data_long <- data %>%
  rownames_to_column %>%
  gather(key='key',value='value',-rowname) %>%
  filter(value > 0)


# 为长数据设置列名
colnames(data_long) <- c("source","target","value")
# 修改 target 列的值，增加空格
data_long$target <- paste(data_long$target," ",sep="")


# 从数据流中创建一个节点数据框，列出流中涉及的每个实体
nodes <- data.frame(name=c(as.character(data_long$source),
                           as.character(data_long$target)) %>%
    unique())


# 对于 networkD3，必须使用 id 提供连接，而不使用实名，因此需要重新格式化
data_long$IDsource=match(data_long$source,nodes$name)-1
data_long$IDtarget=match(data_long$target,nodes$name)-1


# 编制色标
ColourScal='d3.scaleOrdinal().range(["#FDE725FF","#B4DE2CFF",
"#6DCD59FF","#35B779FF","#1F9E89FF","#26828EFF","#31688EFF",
"#3E4A89FF","#482878FF","#440154FF"])'


# 建立桑基图
sankeyNetwork(Links=data_long,Nodes=nodes,
```

```
                    Source="IDsource",Target="IDtarget",
                    Value="value",NodeID="name",
                    sinksRight=FALSE,colourScale=ColourScal,
                    nodeWidth=40,fontSize=13,nodePadding=10)
```

上述代码对数据进行了预处理，将其转换为长格式以用于网络可视化。随后创建了一个包含节点信息的数据框 nodes，并为每个节点进行了 ID 匹配，以在 networkD3 中进行可视化。代码最后创建桑基图，其中包括链接信息、节点信息、颜色设置和其他参数来自定义图形等。输出结果如图 7-16 所示。

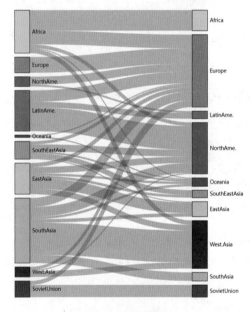

图 7-16 桑基图

7.4 矩形树状图

矩形树状图（Rectangular Tree Diagram）是一种用于可视化层级结构和分支关系的图表类型。它以矩形的形式展示数据的层级关系，其中每个矩形代表一个数据点或一个层级，而矩形之间的相对位置和大小表示节点之间的连接关系或从属关系。

矩形树状图的优点是能够清晰地展示数据的层级结构和分支关系，并通过矩形的相对位置和大小来传达从属关系。它可以帮助观察数据的组织结构、层级关系和分支发展，并帮助用户理解数据的分层逻辑。

【例 7-11】矩形树状图创建示例。输入代码如下:

```
# 加载包
library(ggplot2)        # 用于数据可视化
library(treemapify)     # 用于绘制树图


# 创建数据框
df<- data.frame(Fruits=c("Banana","Apple","Melon","Plums",
                    "Pineapple","Orange","Apricot","Grapes"),
            Season=c("All Time","Winter","Summer","All Time",
                    "Winter","Summer","All Time","All Time"),
            sales=c(25,22,15,5,18,20,3,9))


# 绘图
ggplot2::ggplot(df,aes(area=sales,fill=sales)) +
    treemapify::geom_treemap()
```

上述代码首先创建一个数据框 df,其中包含水果的名称、销售季节和销售数量。随后使用 ggplot 函数创建一个绘图对象,并使用 treemapify 包的 geom_treemap 函数将数据转换为矩形树状图添加到绘图对象中,输出结果如图 7-17 所示。

图 7-17　输出结果 13

```
# 绘图
gplot2::ggplot(df,aes(area=sales,fill=Fruits,label=Fruits)) +
    treemapify::geom_treemap(layout="squarified") + # 使用 "squarified" 布局
    geom_treemap_text(place="centre",size=12) +     # 添加标签文本并居中显示
    labs(title="Customized Tree Plot")              # 设置图形标题
```

输出结果如图 7-18 所示。

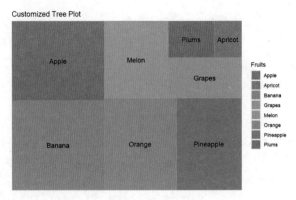

图 7-18 输出结果 14

```
# 绘图
ggplot2::ggplot(df,aes(area=sales,fill=Season,
                    label=Fruits,subgroup=Season)) +
  treemapify::geom_treemap(layout="squarified") +
  geom_treemap_text(place="centre",size=12) +
  labs(title="SubGrouped Tree Plot")
```

输出结果如图 7-19 所示。

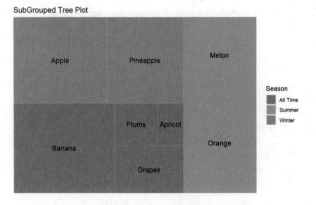

图 7-19 输出结果 15

【例 7-12】利用 treemapify 包中包含的 20 国集团主要世界经济体统计数据的示例数据集绘制树状图。输入代码如下：

```
# 加载包
library(ggplot2)              # 用于数据可视化
```

```
library(treemapify)      # 用于绘制树状图
# 绘图
ggplot(G20,aes(area=gdp_mil_usd,fill=hdi)) +  # 创建绘图对象，设置数据映射
  geom_treemap()         # 添加矩形树图的几何对象
```

输出结果如图 7-20 所示。

图 7-20　输出结果 16

```
ggplot(G20,aes(area=gdp_mil_usd,fill=hdi,label=country)) +
  geom_treemap() +
  geom_treemap_text(fontface="italic",colour="white",place="centre",
                    grow=TRUE)
```

输出结果如图 7-21 所示。

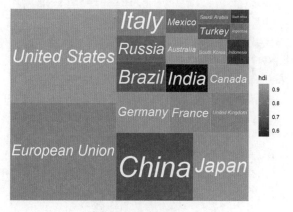

图 7-21　输出结果 17

```
ggplot(G20,aes(area=gdp_mil_usd,fill=hdi,label=country,
```

```
                            subgroup=region)) +
    geom_treemap() +
    geom_treemap_subgroup_border() +
    geom_treemap_subgroup_text(place="centre",grow=T,alpha=0.5,colour=
                            "black",fontface="italic",min.size=0) +
    geom_treemap_text(colour="white",place="topleft",reflow=T)
```

输出结果如图 7-22 所示。

图 7-22 输出结果 18

```
ggplot(G20,aes(area=gdp_mil_usd,fill=region,
                label=country,subgroup=region)) +
    geom_treemap() +
    geom_treemap_text(grow=T,reflow=T,colour="black") +
    facet_wrap(~ hemisphere) +
    scale_fill_brewer(palette="Set1") +
    theme(legend.position="bottom") +
    labs(title="The G-20 major economies by hemisphere",
      caption="The area of each tile represents the country's GDP as a
        proportion of all countries in that hemisphere",
      fill="Region")
```

输出结果如图 7-23 所示。

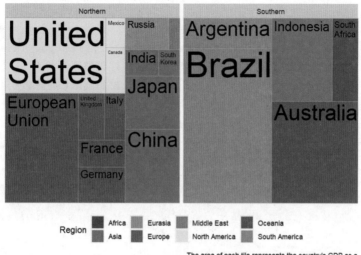

图 7-23　输出结果 19

7.5　圆堆积图

圆堆积图（Circle Packing）是树形图的变体，使用圆形（而非矩形）一层又一层地代表整个层次结构：树木的每个分支由一个圆圈表示，而其子分支以圆圈内的圆圈来表示。每个圆形的面积也可用来表示额外任意数值，如数量或文件大小。也可用颜色对数据进行分类，或通过不同色调表示另一个变量。

1. 利用 packcircles 绘图

【例 7-13】利用 packcircles 绘制圆堆积图示例 1。输入代码如下：

```
# 加载包
# install.packages("packcircles")    # 请确保已经安装了该包
library(packcircles)                 # 用于创建圆堆积图
library(ggplot2)                     # 用于数据可视化
library(viridis)                     # 用于颜色选择

# 创建数据集，包含组名和对应的值
data <- data.frame(group=paste("Djb",letters[1:20]),
```

```
                        value=sample(seq(1,100),20))

# 生成圆形布局，根据值的大小进行圆的布局
packing <- circleProgressiveLayout(data$value,sizetype='area')
packing$radius <- 0.95 * packing$radius    # 调整圆的半径
data <- cbind(data,packing)                # 将圆形布局信息加入数据集
dat.gg <- circleLayoutVertices(packing,npoints=50) # 生成用于绘图的坐标数据

# 使用 ggplot 绘制图形
ggplot() +
  geom_polygon(data=dat.gg,aes(x,y,group=id,fill=id),
            colour="black",alpha=0.6) +          # 绘制填充的多边形
  scale_fill_viridis() +                         # 使用 viridis 颜色映射
  geom_text(data=data,aes(x,y,size=value,label=group),
            color="black") +                     # 绘制文字标签
  theme_void() +                                 # 使用无背景的主题
  theme(legend.position="none") +                # 隐藏图例
  coord_equal()                                  # 使用等轴比例坐标
```

输出结果如图 7-24 所示。

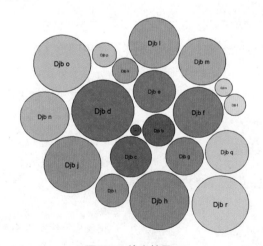

图 7-24 输出结果 20

【例 7-14】利用 packcircles 绘制圆堆积图示例 2。输入代码如下：

```
# 加载包
# install.packages("ggiraph")
library(packcircles)   # 用于创建圆堆积图
```

```
library(ggplot2)              # 用于数据可视化
library(viridis)              # 用于颜色选择
library(ggiraph)              # 用于创建交互式图形

# 创建数据集
data <- data.frame(
  group=paste("Group_",sample(letters,70,replace=T),
              sample(letters,70,replace=T),
              sample(letters,70,replace=T),sep=""),
  value=sample(seq(1,70),70))

# 添加为每个气泡显示文本的列
data$text <- paste("name:",data$group,"\n","value:",
                   data$value,"\n","Youcanaddastoryhere!")

# 生成布局
packing <- circleProgressiveLayout(data$value,sizetype='area')
data <- cbind(data,packing)
dat.gg <- circleLayoutVertices(packing,npoints=50)

# 绘图
p <- ggplot() +
  geom_polygon_interactive(data=dat.gg,aes(
    x,y,group=id,fill=id,tooltip=data$text[id],data_id=id),
    colour="black",alpha=0.6) +
  scale_fill_viridis() +
  geom_text(data=data,aes(x,y,label=gsub("Group_","",group)),
            size=2,color="black") +
  theme_void() +
  theme(legend.position="none",plot.margin=unit(c(0,0,0,0),"cm")) +
  coord_equal()

# 转换为交互式
girafe(ggobj=p,width_svg=7,height_svg=7)
```

输出结果如图 7-25 所示。

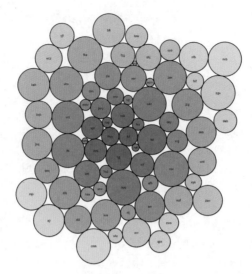

图 7-25 输出结果 21

2. 利用 ggraph 绘图

【例 7-15】利用 ggraph 绘制圆堆积图示例。输入代码如下：

```
# 加载包
library(ggraph)          # 用于绘制图形
library(igraph)          # 用于处理和分析图形数据
library(tidyverse)       # 数据处理和可视化
library(patchwork)       # 用于组合多个图形


edges <- flare$edges     # 数据集 flare 是一个给出层次结构的数据框
vertices <- flare$vertices     # 关联一个提供了数据集每个节点信息的数据集


# 使用 igraph 包创建图形对象
mygraph <- graph_from_data_frame(edges,vertices=vertices )
# 绘图
ggraph(mygraph,layout='circlepack') +
  geom_node_circle() +
  theme_void()
```

输出结果如图 7-26 所示。

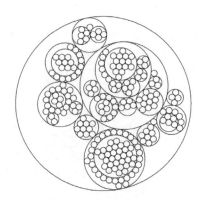

图 7-26　输出结果 22

```
# 颜色取决于深度
p <- ggraph(mygraph,layout='circlepack',weight=size) +
geom_node_circle(aes(fill=depth)) +
theme_void() +
theme(legend.position="FALSE")

# 调整颜色板:viridis
p1 <- p+scale_fill_viridis()
# 调整颜色板:colorBrewer
p2 <- p + scale_fill_distiller(palette="RdPu")
p1+p2
```

输出结果如图 7-27 所示。

图 7-27　输出结果 23

```
# 创建数据集的子集（删除其中 1 个级别）
edges <- flare$edges %>%
  filter(to %in% from) %>%
```

```
    droplevels()
vertices <- flare$vertices %>%
    filter(name %in% c(edges$from,edges$to)) %>%
    droplevels()
vertices$size <- runif(nrow(vertices))

# 重新创建图形对象
mygraph <- graph_from_data_frame(edges,vertices=vertices)

# 绘图 1
p3 <- ggraph(mygraph,layout='circlepack',weight=size) +
    geom_node_circle(aes(fill=depth)) +
    geom_node_text(aes(label=shortName,filter=leaf,fill=depth,size=size)) +
    theme_void() +
    theme(legend.position="FALSE") +
    scale_fill_viridis()
# 绘图 2
p4 <- ggraph(mygraph,layout='circlepack',weight=size) +
    geom_node_circle(aes(fill=depth)) +
    geom_node_label(aes(label=shortName,filter=leaf,size=size)) +
    theme_void() +
    theme(legend.position="FALSE") +
    scale_fill_viridis()
p3+p4
```

输出结果如图 7-28 所示。

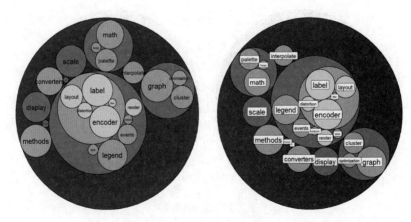

图 7-28 输出结果 24

7.6　本章小结

　　本章聚焦于展示层次关系数据在 R 中的可视化方法，内容包括旭日图、节点链接图、矩形树状图等不同类型的图形，通过本章的学习可以帮助读者更好地理解和呈现数据的组织结构、层级关系以及嵌套模式。这些可视化方法将使数据的组织结构和层级关系更加明确，帮助分析师、决策者以及其他相关人员更好地理解数据的内在关系。

第8章

网络关系数据可视化

网络关系数据描述了个体或实体之间的相互联系，这些联系可以是社交网络中的友谊关系、互联网上的网页链接、生物学中的蛋白质相互作用，或者其他形式的关系。本章探讨如何使用 R 语言来实现网络关系数据的可视化，通过 R 中的包，如 igraph、ggraph 及 tidygraph 等来创建各式各样的网络图表。希望读者在面对网络关系数据时，能够灵活、准确地选择合适的可视化方法，并从中获得有价值的见解和发现。

8.1 节点链接图

节点连接图（Node-Link Diagram）也称为网络图或关系图，是一种用于可视化节点之间关系的图表类型。它通过使用节点和连接线表示数据中的实体和它们之间的关系，帮助观察和分析复杂的网络结构。

节点链接图的优点是能够直观地显示节点之间的连接关系和结构。它可以帮助观察数据的网络、集群或关联模式，并揭示数据中隐藏的关系和趋势。

【例 8-1】利用 igraph 包绘制节点链接图示例。输入代码如下：

```
# 加载包
library(igraph)            # 用于处理网络图
library(networkD3)         # 用于绘制交互式网络图

# 创建一个名为 Zachary 的 Karate Club 网络
karate <- make_graph("Zachary")
```

```
# 使用 Walktrap 算法对网络进行社区检测
wc <- cluster_walktrap(karate)
members <- membership(wc)                # 获取每个节点所属的社区成员标签

# 将图转换为适合 networkD3 的对象
karate_d3 <- igraph_to_networkD3(karate,group=members)

# 创建导向网络图
forceNetwork(Links=karate_d3$links,Nodes=karate_d3$nodes,
            Source='source',Target='target',
            NodeID='name',Group='group')
```

输出结果如图 8-1 所示。

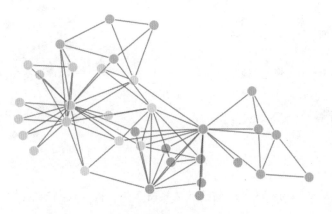

图 8-1　输出结果 1

继续利用 **igraph** 包创建节点链接图。

```
# 创建数据：生成一个 20×20 的 0-1 矩阵作为网络的邻接矩阵
data <- matrix(sample(0:1,400,replace=TRUE,prob=c(0.8,0.2)),nrow=20)
network <- graph_from_adjacency_matrix(data,mode='undirected',diag=FALSE)

# 使用不同的布局方法绘制图，将绘图区域分为 2 行 2 列，每个图占一个区域
par(mfrow=c(2,2),mar=c(1,1,1,1))

plot(network,layout=layout.sphere,main="sphere") # 使用 sphere 布局绘制图
plot(network,layout=layout.circle,main="circle") # 使用 circle 布局绘制图
plot(network,layout=layout.random,main="random") # 使用 random 布局绘制图
```

```
plot(network,layout=layout.fruchterman.reingold,
     main="fruchterman.reingold")    # 使用 fruchterman.reingold 布局绘制图
```

输出结果如图 8-2 所示。

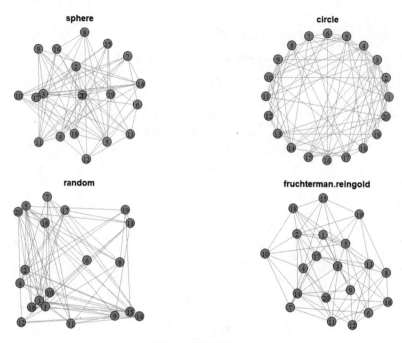

图 8-2 输出结果 2

【例 8-2】利用 networkD3 包绘制节点链接图示例。输入代码如下：

```
# 加载包
library(networkD3)                 # 用于创建交互式网络图
# 创建数据集
src <- c("A","A","A","A","B","B","C","C","D")
target <- c("B","C","D","J","E","F","G","H","I")
networkData <- data.frame(src,target)
# 绘图
simpleNetwork(networkData,fontSize=12)
```

输出结果如图 8-3 所示。

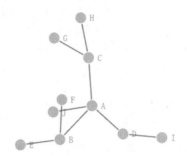

图 8-3　输出结果 3

```
# 加载数据集
data(MisLinks)
data(MisNodes)
# 绘图
forceNetwork(Links=MisLinks,Nodes=MisNodes,
            Source="source",Target="target",
            Value="value",NodeID="name",
            Group="group",opacity=0.8)
```

输出结果如图 8-4 所示。

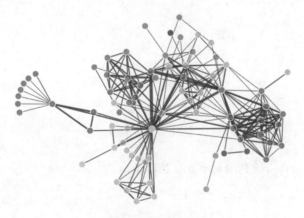

图 8-4　输出结果 4

【例 8-3】利用 ggplot2 包绘制节点链接图示例。输入代码如下：

```
# 加载包
# install.packages("GGally","network","sna")
library(GGally)            # 用于多变量数据可视化
```

```
library(network)                    # 用于创建和分析复杂网络
library(sna)                        # 用于分析复杂网络
library(ggplot2)                    # 用于数据可视化


# 创建一个包含 10 个节点的随机图
net=rgraph(10,mode="graph",tprob=0.5)        # 生成随机图
net=network(net,directed=FALSE)              # 将随机图转换为网络对象
```

其中，"graph" 指定图是无向图，0.5 表示两个节点之间有 50% 的概率存在边。通过 directed=FALSE 指定网络为无向网络。

```
# 为网络中的节点指定名称，节点名称使用字母 a 到 j 表示
network.vertex.names(net)=letters[1:10]    # 为网络中的节点分配名称
# 绘制网络图
# ggnet2(net)            # 绘制默认样式的网络图
ggnet2(net,size=6,color=rep(c("tomato","steelblue"),5))
                        # 绘制节点大小为 6，交替使用两种颜色来着色节点的网络图
```

输出结果如图 8-5 所示。

图 8-5　输出结果 5

【例 8-4】利用 tidyverse 包绘制节点链接图示例。

绘图准备，代码如下：

```
# 加载包
library(tidyverse)      # 数据处理和可视化
library(igraph)         # 用于处理和分析图形数据
library(ggraph)         # 用于绘制图形
library(colormap)       # 生成颜色调色板
library(wesanderson)    # 提供精美的颜色调色板
library(reshape2)       # 用于数据重塑
```

```
# 设置工作目录
setwd("D:\\DingJB\\R Graph")              # 设置工作环境
rm(list=ls())                             # 清空工作空间的所有变量
# 读取数据集
dataUU <- read.csv("AdjacencyUndirectedUnweighted.csv",
                   header=TRUE,check.names=FALSE)
# 将邻接矩阵数据转换为长格式
connect <- dataUU %>%
  gather(key="to",value="value",-1) %>%
  mutate(to=gsub("\\."," ",to)) %>%      # 替换 to 列中的点号为空格
  na.omit()
# 计算每个人的连接数
c(as.character(connect$from),as.character(connect$to)) %>%
  as.tibble() %>%
  group_by(value) %>%
  summarize(n=n()) -> vertices


colnames(vertices) <- c("name","n")      # 重命名列名


# 创建一个 igraph 图形对象
mygraph <- graph_from_data_frame(connect,vertices=vertices,directed=FALSE)
com <- walktrap.community(mygraph)        # 使用 walktrap 算法查找社区


# 重新排序数据集并创建图形
vertices <- vertices %>%
  mutate(group=com$membership) %>%        # 根据社区分配
  mutate(group=as.numeric(factor(
    group,levels=sort(summary(as.factor(group)),
                      index.return=TRUE,decreasing=TRUE)$ix,
    order=TRUE))) %>%                     # 对社区进行重新排序
  filter(group < 10) %>%                  # 仅保留前 10 个社区
  arrange(group,desc(n)) %>%              # 按社区和连接数降序排列
  mutate(name=factor(name,name))

# 仅保留连接中包含在 vertices 中的人员
connect <- connect %>%
  filter(from %in% vertices$name) %>%
```

```
    filter(to %in% vertices$name) %>%
    left_join(vertices,by=c('from'='name'))

# 创建一个新的 igraph 图形对象
mygraph <- graph_from_data_frame(connect,vertices=vertices,
                                 directed=FALSE)

# 准备颜色调色板
mycolor <- wes_palette("Darjeeling1",max(vertices$group),
                  type="continuous")
mycolor <- sample(mycolor,length(mycolor))          # 打乱颜色顺序
```

绘制节点链接图，代码如下：

```
# 使用 ggraph 绘制图形
ggraph(mygraph,layout='nicely') +                    # ①
  # 添加边的可视化属性
  geom_edge_link(edge_colour="black",edge_alpha=0.2,edge_width=0.3) +
  # 添加节点的可视化属性
  geom_node_point(aes(size=n,fill=as.factor(group)),shape=21,
                  color='black',alpha=0.9) +
    scale_size_continuous(range=c(0.5,10)) +         # 设置节点大小的连续范围
    scale_fill_manual(values=mycolor) +              # 手动设置节点填充颜色
  # 添加节点文本标签,仅对连接数大于 20 的节点添加标签
  geom_node_text(aes(label=ifelse(n > 20,as.character(name),"")),
                 size=3,color="black") +
    expand_limits(x=c(-1.2,1.2),y=c(-1.2,1.2)) +#  设置图形的坐标范围
    theme_minimal() +                                # 使用最小化的主题设置
  # 隐藏图例
theme(legend.position="none",panel.grid=element_blank(),
  axis.line=element_blank(),axis.ticks=element_blank(),
  axis.text=element_blank(),axis.title=element_blank() )
```

输出结果如图 8-6 所示。代码生成一个采用 nicely 布局的网络图，其中节点的大小和颜色表示节点的连接数和社区成员身份，边的颜色和宽度表示连接的强度。只有连接数大于 20 的节点才显示标签。这种可视化图形通常用于展示网络数据的结构和组织。

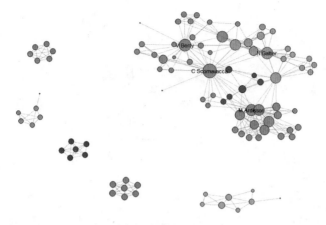

图 8-6　输出结果 6

将①处的 layout 设置为 'randomly'，可以生成一个随机布局的网络图，输出结果如图 8-7 所示。节点的位置是随机的，但节点的大小和颜色仍然反映了它们的特征，边表示节点之间的连接关系。这种可视化图形可以用于展示网络数据的随机分布情况。

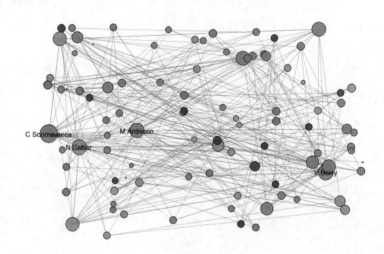

图 8-7　输出结果 7

将①处的 layout 设置为 'mds'，可以生成一个具有多维尺度布局（Multi-Dimensional Scaling，MDS）的网络图，输出结果如图 8-8 所示。节点的位置反映它们在多维空间中的关系，节点的大小和颜色表示它们的特征，而边表示节点之间的连接关系。

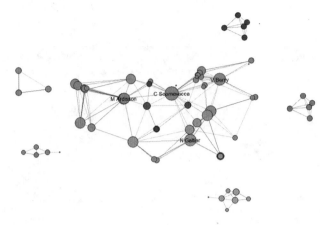

图 8-8 输出结果 8

8.2 弧线图

弧线图（Arc Diagram）是一种用于可视化关系和连接的图表类型。它通过使用弧线来表示数据中的连接关系，帮助展示复杂网络的结构和模式。

弧线图的优点是能够简明地显示节点之间的关系和连接，能帮助观察数据中的模式和趋势。它常用于显示关系网络、时间序列数据、进化树等。

【例 8-5】简单弧线图绘制示例。输入代码如下：

```
# 加载包
library(tidyverse)        # 用于数据处理和绘图
library(viridis)          # 用于颜色选择
library(patchwork)        # 用于组合多个图形
library(hrbrthemes)       # 用于主题设置
library(igraph)           # 用于处理和分析图形数据
library(ggraph)           # 用于绘制图形


# 创建数据框
# 定义一个包含节点之间连接关系的数据框
links=data.frame(source=c("A","A","A","A","B","A","B","B","A"),
                 target=c("B","C","D","F","E","A","B","C","D"))


# 将数据框转换为 igraph 图形对象
```

```
mygraph <- graph_from_data_frame(links)

# 创建常规网络图
p1 <-  ggraph(mygraph) +
   # 设置边的样式
   geom_edge_link(edge_colour="black",edge_alpha=0.3,edge_width=0.2) +
   geom_node_point( color="#69b3a2",size=5) +       # 设置节点的样式
   # 添加节点标签
   geom_node_text( aes(label=name),repel=TRUE,size=8,color="#69b3a2") +
   theme_void() +                                   # 使用 void 主题，无背景
   theme(legend.position="none",                    # 不显示图例
     plot.margin=unit(rep(2,8),"cm"))               # 设置图形的边距

# 创建弦图
p2 <-  ggraph(mygraph,layout="linear") +
   # 设置边的样式
   geom_edge_arc(edge_colour="black",edge_alpha=0.3,edge_width=0.2) +
   geom_node_point( color="#69b3a2",size=5) +       # 设置节点的样式
   geom_node_text( aes(label=name),repel=FALSE,size=8,
                 color="#69b3a2",nudge_y=-0.1)+      # 添加节点标签
   theme_void() +                                   # 使用 void 主题，无背景
   theme(legend.position="none",                    # 不显示图例
         plot.margin=unit(rep(2,8),"cm") )          # 设置图形的边距
p1 + p2                                             # 将两个图形组合在一起
```

输出结果如图 8-9 所示。

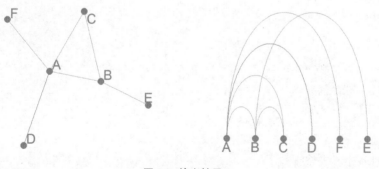

图 8-9　输出结果 9

【例 8-6】试通过弧线连接图展示某研究人员的合作关系人员网络。输入代码如下：

```
# 加载包
library(tidyverse)          # 用于数据处理和绘图
library(viridis)            # 用于颜色选择
library(patchwork)          # 用于组合多个图形
library(hrbrthemes)         # 用于主题设置
library(igraph)             # 用于处理和分析图形数据
library(ggraph)             # 用于绘制图形
library(colormap)           # 用于颜色映射


# 加载数据
setwd("D:\\DingJB\\R Graph")            # 设置工作环境
rm(list=ls())                           # 清空工作空间的所有变量
dataUU <- read.table("13_AdjacencyUndirectedUnweighted.csv",
                     header=TRUE)       # 读取数据文件


# 转换邻接矩阵为长格式
connect <- dataUU %>%
  gather(key="to",value="value",-1) %>%
  mutate(to=gsub("\\."," ",to)) %>%
  na.omit()


# 计算每个人的连接数
c(as.character(connect$from),as.character(connect$to)) %>%
  as_tibble() %>%
  group_by(value) %>%
  summarize(n=n()) -> coauth
colnames(coauth) <- c("name","n")


# 创建 igraph 图对象
mygraph <- graph_from_data_frame(connect,vertices=coauth,directed=FALSE)


# 使用 Walktrap 算法找到社区
com <- walktrap.community(mygraph)


# 重新排序数据集并构建图
coauth <- coauth %>%
  mutate(grp=com$membership) %>%
  arrange(grp) %>%
```

```
    mutate(name=factor(name,name))

# 仅保留前 15 个社区
coauth <- coauth %>% filter(grp < 16)

# 仅保留这些人在边缘中
connect <- connect %>%
  filter(from %in% coauth$name) %>%
  filter(to %in% coauth$name)
# ①
# 再次创建 igraph 图对象
mygraph <- graph_from_data_frame(connect,vertices=coauth,directed=FALSE)

# 准备一组颜色以用于节点
mycolor <- colormap(colormap=colormaps$viridis,nshades=max(coauth$grp))
mycolor <- sample(mycolor,length(mycolor))

# 绘制网络图
ggraph(mygraph,layout="linear") +
  geom_edge_arc(edge_colour="black",edge_alpha=0.2,
                edge_width=0.3,fold=TRUE) +
  geom_node_point(aes(size=n,color=as.factor(grp),fill=grp),alpha=0.5) +
  scale_size_continuous(range=c(0.5,8)) +
  scale_color_manual(values=mycolor) +
  geom_node_text(aes(label=name),angle=65,hjust=1,
                 nudge_y=-1.1,size=2.3) +
  theme_void() +
  theme(legend.position="none",plot.margin=unit(c(0,0,0.4,0),"null"),
        panel.spacing=unit(c(0,0,3.4,0),"null") ) +
  expand_limits(x=c(-1.2,1.2),y=c(-5.6,1.2))
```

输出结果如图 8-10 所示。

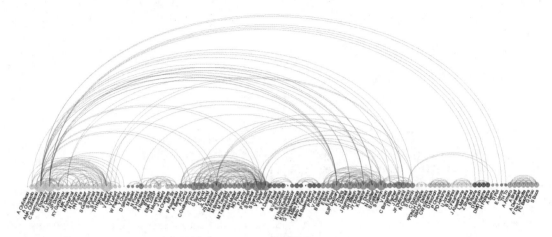

图 8-10 输出结果 10

节点的顺序是绘制弧形图的关键，在上述代码①处添加如下代码绘制弧形图，其余代码不变，其节点以随机顺序显示。

```
# 随机重新排列数据集的行，以使数据的顺序变得随机化
coauth <- coauth %>%
  slice( sample(c(1:nrow(coauth)),nrow(coauth)))
```

输出结果如图 8-11 所示。代码首先随机重新排列了数据集，并使用 igraph 库创建了一个图形对象，定义了节点和边的样式，以及节点的标签。最后，通过 ggraph 库创建了网络图的可视化结果，包括节点、边和标签，并调整了样式和布局。

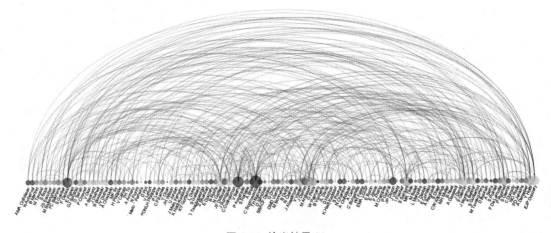

图 8-11 输出结果 11

8.3　蜂巢图

蜂巢图（Hive Plot）是一种用于可视化多变量之间关系的图表类型。它通过使用多个轴线和连接线在一个蜂巢形状的布局中显示数据变量和它们之间的关系，以帮助观察和分析多变量之间的模式和趋势。

蜂巢图的优点是能够同时显示多个变量之间的关系，并将它们组织在一个紧凑且可视化明确的布局中，常用于可视化复杂的关系网络、多维数据分析等。

【例 8-7】利用自带数据集 highschool，通过蜂巢图展示某高中学生的社交网络，其中包括学生之间的关系和朋友数量。输入代码如下：

```
# 加载包
library('ggraph')        # 用于绘制图
library('igraph')        # 用于创建和处理图
library('ggplot2')       # 用于图形可视化
library('tidygraph')     # 用于图数据的处理
library('dplyr')         # 用于数据操作
library('HiveR')         # 用于创建蜂巢图
library('grid')          # 用于图形布局


# 从高中数据集创建图对象
graph <- graph_from_data_frame(highschool)


# 为图的每个节点添加朋友数量属性
V(graph)$friends <- degree(graph,mode='in')
# 将朋友数量分为 'few', 'medium' 和 'many' 三个类别
V(graph)$friends <- ifelse(V(graph)$friends < 5,'few',
                    ifelse(V(graph)$friends >= 15,'many','medium'))


# 创建蜂巢图
ggraph(graph,'hive',axis=friends,sort.by='degree') +
  geom_edge_hive(aes(colour=factor(year))) +
  geom_axis_hive(aes(colour=friends),size=3,label=FALSE) +
  coord_fixed()
```

输出结果如图 8-12 所示。

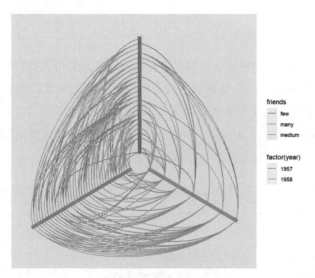

图 8-12 输出结果 12

```
# 使用 tidygraph 包操作图
graph <- as_tbl_graph(highschool) %>%
  mutate(degree=centrality_degree())

graph <- graph %>%
  mutate(friends=ifelse(
    centrality_degree(mode='in') < 5,'few',
    ifelse(centrality_degree(mode='in') >= 15,'many','medium')
  ))

# 创建蜂巢图
ggraph(graph,'hive',axis=friends,sort.by=degree) +
  geom_edge_hive(aes(colour=factor(year))) +
  geom_axis_hive(aes(colour=friends),size=3,label=FALSE) +
  coord_fixed()
```

输出结果如图 8-13 所示。

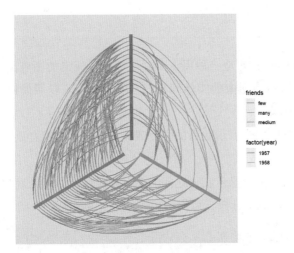

图 8-13　输出结果 13

```
# 添加按年份分面的蜂巢图
ggraph(graph,'hive',axis=friends,sort.by=degree) +
  geom_edge_hive(aes(colour=factor(year))) +
  geom_axis_hive(aes(colour=friends),size=3,label=FALSE) +
  coord_fixed() +
  facet_edges(~year)                       # 添加年份分面
```

输出结果如图 8-14 所示。

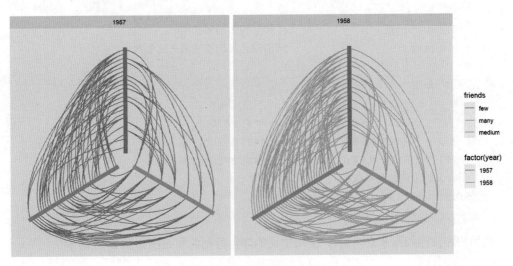

图 8-14　输出结果 14

8.4 和弦图

和弦图（Chord Diagram）是一种用于可视化关系和流量的图表类型。它通过使用弦和节点来表示数据中的实体和它们之间的关系，以帮助展示复杂网络中的交互和连接模式。

弦的宽度和颜色可以用来表示关系的强度或流量的大小，较宽或较深的弦可能表示较强的关系或较大的流量。

弦图的优点是能够直观地显示实体之间的关系和流量，并帮助观察数据中的交互模式。它常用于显示社交网络、流量分析、组织结构等。

【例 8-8】使用 circlize 包绘制基本和弦图示例 1，输入代码如下：

```
# 加载包
library(circlize)                     # 用于绘制和弦图

set.seed(123)                         # 设置随机数种子
m <- matrix(sample(15,15),5,3)        # 创建 5×3 的矩阵，元素为随机抽取的整数

# 为矩阵的行列命名
rownames(m) <- paste0("Row",1:5)
colnames(m) <- paste0("Col",1:3)

chordDiagram(m)                       # 绘制初始的和弦图
circos.clear()                        # 清除之前的和弦图布局参数

# 定义颜色映射
colors <- c(Col1="lightgrey",Col2="grey",
            Col3="darkgrey",Row1="#FF410D",
            Row2="#6EE2FF",Row3="#F7C530",
            Row4="#95CC5E",Row5="#D0DFE6")
# 使用定义的颜色绘制和弦图
chordDiagram(m,grid.col=colors)
circos.clear()
```

初始的和弦图如图 8-15 所示。使用定义的颜色绘制的和弦图如图 8-16 所示。

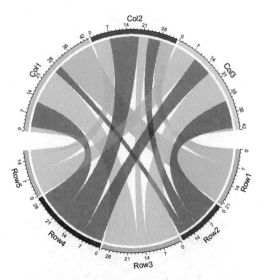

图 8-15 输出结果 15

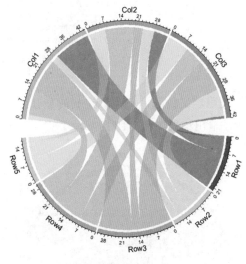

图 8-16 输出结果 16

```
# 在和弦图中使用颜色透明度，输出结果略
chordDiagram(m,grid.col=colors,transparency=0.2)
circos.clear()

# 定义更多颜色
colors <- c(Col1="red",Col2="green",
            Col3="blue",Row1="#FF410D",
            Row2="#6EE2FF",Row3="#F7C530",
            Row4="#95CC5E",Row5="#D0DFE6")

# 使用定义的颜色和色阶绘制和弦图
chordDiagram(m,grid.col=colors,col=hcl.colors(15))
circos.clear()

# 使用色阶绘制和弦图，输出结果略
cols <- colorRamp2(range(m),c("#E5FFFF","#003FFF"))
chordDiagram(m,grid.col=colors,col=cols)
circos.clear()

# 使用指定颜色和透明度的色阶
cols <- hcl.colors(15,"Temps")
# 在和弦图中使用指定颜色和透明度的色阶
```

```
chordDiagram(m,col=cols,transparency=0.1,
            link.lwd=1,        # 线宽
            link.lty=1,        # 线型
            link.border=1)     # 边框颜色
circos.clear()
```

使用定义的颜色和色阶绘制的和弦图如图 8-17 所示。在和弦图中指定颜色和透明度的色阶，输出结果如图 8-18 所示。

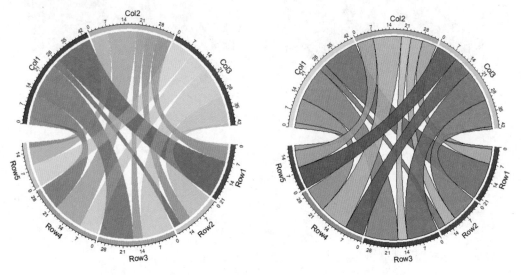

图 8-17 输出结果 17　　　　　　　　　图 8-18 输出结果 18

```
# 使用指定颜色和透明度的色阶以及自定义边框颜色
cols <- hcl.colors(15,"Geyser")
mb <- matrix("black",nrow=1,ncol=ncol(m))
rownames(mb) <- rownames(m)[3]       # 选择第三行
colnames(mb) <- colnames(m)


# 在和弦图中使用指定颜色和透明度的色阶，并设置边框颜色
chordDiagram(m,col=cols,transparency=0.1,
            link.lwd=2,link.lty=2,link.border=mb)
circos.clear()
```

输出结果如图 8-19 所示。

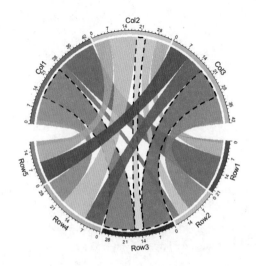

图 8-19　输出结果 19

【例 8-9】使用 circlize 包绘制和弦图，显示从一个国家迁移到另一个国家的人数。输入
代码如下：

```
# 加载包
library(circlize)        # 用于绘制和弦图
library(viridis)         # 用于颜色选择
library(reshape2)        # 用于数据重塑


# 从文件中读取数据
setwd("D:\\DingJB\\R Graph")  # 设置工作环境
rm(list=ls())                 # 清空工作空间的所有变量
data <- read.table("13_AdjacencyDirectedWeighted.csv",
                header=TRUE,check.name=FALSE)


# 在数据框中添加 source 列，将行名作为源节点
data$source <- rownames(data)


# 将数据框从宽格式转换为长格式，以便于绘图
data_long <- melt(data,id.vars='source',variable.name='target')


head(data_long)                # 输出数据的前几行，以检查数据格式，输出略


# 图形设置
```

```
circos.clear()                          # 清空之前的图形设置
circos.par(
  start.degree=90,gap.degree=4,
  track.margin=c(-0.1,0.1),
  points.overflow.warning=FALSE)        # 设置 Circos 图的参数
par(mar=rep(0,4))                        # 设置绘图区域的边距

# 定义配色方案
mycolor <- viridis(10,alpha=1,begin=0,end=1,option="D")
mycolor <- mycolor[sample(1:10)]        # 从颜色序列中随机选择颜色

# 绘制带箭头的 Chord 图
chordDiagram(x=data_long,grid.col=mycolor,
            transparency=0.25,annotationTrackHeight=c(0.1,0.05),
            diffHeight=-0.04,link.arr.type="big.arrow")
```

输出结果如图 8-20 所示。

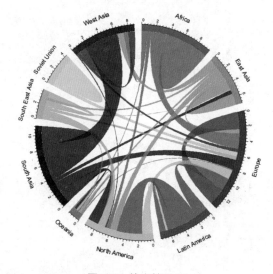

图 8-20 输出结果 20

```
# 绘制带箭头和高度差异的 Chord 图
chordDiagram(x=data_long,grid.col=mycolor,
            transparency=0.25,directional=1,
            direction.type=c("arrows","diffHeight"),
            diffHeight =-0.04,annotationTrack="grid",
```

```
                    annotationTrackHeight=c(0.05,0.1),
                    link.arr.type="big.arrow",link.sort=TRUE,
                    link.largest.ontop=TRUE)


# 在扇区中添加标签和刻度
circos.trackPlotRegion( track.index=1,bg.border=NA,
                    panel.fun=function(x,y) {
                        xlim=get.cell.meta.data("xlim")
                        sector.index=get.cell.meta.data("sector.index")
                        circos.text( x=mean(xlim),y=3.2,
                                    labels=sector.index,
                                    facing="bending",cex=0.8)
                        circos.axis(h="top",major.at=seq(
                          from=0,to=xlim[2],
                          by=ifelse(test=xlim[2] > 10,yes=2,no=1)),
                          minor.ticks=1,major.tick.percentage=0.5,
                          labels.niceFacing=FALSE) }
)
```

输出结果如图 8-21 所示。

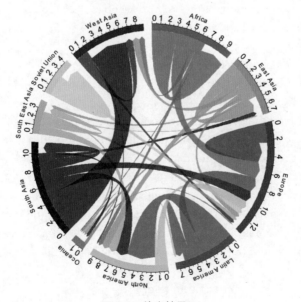

图 8-21　输出结果 21

8.5 边绑定图

边绑定图（Edge Bundling）是一种用于可视化复杂网络中边（连接线）
的布局和关系的图表类型。它通过将相似的边捆绑在一起，形成较粗的束
（Bundle），从而减少边的交叉和混乱，使网络结构更加清晰可辨。

边绑定图的优点是能够减少复杂网络中边的交叉和混乱，提供了一种更清晰和易于理解
的方式来展示网络的结构和关系。

【例 8-10】创建一个包含层次结构的图形，并绘制连接节点的捆绑线。输入代码如下：

```
# 加载包
library(ggraph)                 # 用于绘制图形
library(igraph)                 # 用于处理图形数据
library(tidyverse)              # 用于数据操作和可视化

# 创建一个数据框，表示个体的层次结构
set.seed(1234)   # 设置随机数种子以确保结果可重现
d1 <- data.frame(from="origin",to=paste("group",seq(1,10),sep=""))
d2 <- data.frame(from=rep(d1$to,each=10),
                 to=paste("subgroup",seq(1,100),sep="_"))
hierarchy <- rbind(d1,d2)

# 创建一个包含个体之间连接的数据框
all_leaves <- paste("subgroup",seq(1,100),sep="_")
connect <- rbind(
  data.frame(from=sample(all_leaves,100,replace=TRUE),
             to=sample(all_leaves,100,replace=TRUE)),
  data.frame(from=sample(head(all_leaves),30,replace=TRUE),
             to=sample(tail(all_leaves),30,replace=TRUE)),
  data.frame(from=sample(all_leaves[25:30],30,replace=TRUE),
             to=sample(all_leaves[55:60],30,replace=TRUE)),
  data.frame(from=sample(all_leaves[75:80],30,replace=TRUE),
             to=sample(all_leaves[55:60],30,replace=TRUE))
)
connect$value <- runif(nrow(connect))

# 创建一个包含层次结构中每个对象的数据框
```

```
vertices  <-  data.frame(
  name=unique(c(as.character(hierarchy$from),
               as.character(hierarchy$to))),
  value=runif(111) )

# 添加一个列，其中包含每个名称的组信息
vertices$group  <-  hierarchy$from[match(vertices$name,hierarchy$to)]

# 创建一个图对象
mygraph <- graph_from_data_frame(hierarchy,vertices=vertices)

# 连接对象必须引用叶节点的 ID
from  <-  match(connect$from,vertices$name)
to  <-  match(connect$to,vertices$name)

# 基本图形
ggraph(mygraph,layout='dendrogram',circular=TRUE) +
  geom_conn_bundle(data=get_con(from=from,to=to),
                   alpha=0.2,colour="skyblue",tension=0.5) +
  geom_node_point(aes(filter=leaf,
                      x=x * 1.05,y=y * 1.05)) + # 绘制叶节点的点
  theme_void()  # 设置图的背景
```

输出结果如图 8-22 所示。其中节点信息存储在 vertices 数据框中，连接信息存储在 connect 数据框中，图的布局是圆形。

图 8-22　输出结果 22

1. 定义张力

```
# 创建一个基本的图形对象，它包含节点的位置信息
p <- ggraph(mygraph,layout='dendrogram',circular=TRUE) +
  geom_node_point(aes(filter=leaf,x=x * 1.05,y=y * 1.05)) +
  theme_void()


# 在基本图形上尝试不同的捆绑线参数，可以设置为 0.1、0.5、1 等，观察可视化效果
# 0.1 张力，如图 8-23 (a) 所示
p + geom_conn_bundle(data=get_con(from=from,to=to),
                     alpha=0.2,colour="skyblue",width=0.9,tension=0.1)
# 张力为 1，完全直线的捆绑线，如图 8-23 (b) 所示
p + geom_conn_bundle(data=get_con(from=from,to=to),
                     alpha=0.2,colour="skyblue",width=0.9,tension=1)
```

输出结果如图 8-23 所示。使用 geom_conn_bundle 函数可以控制捆绑线的外观。参数 tension 控制线的弯曲程度，具体取决于张力的值。不同的张力值会产生不同的线条弯曲程度，从而影响图形的外观。这可以用来调整捆绑线的曲度，以满足可视化需求。

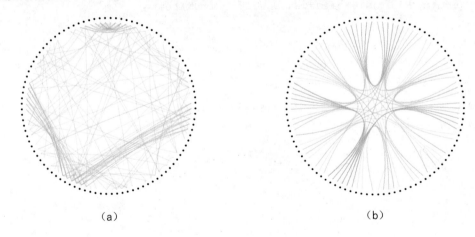

(a)   (b)

图 8-23 输出结果 23

2. 定义颜色

```
# 使用 'value' 列设置颜色和透明度，输出略
p + geom_conn_bundle(data=get_con(from=from,to=to),
                     aes(colour=value,alpha=value))


# 使用 'value' 列设置颜色，并使用颜色渐变从白色到红色，输出如图 8-24 (a) 所示
```

```
p + geom_conn_bundle(data=get_con(from=from,to=to),
                     aes(colour=value)) +
  scale_edge_color_continuous(low="white",high="red")

# 使用 'value' 列设置颜色，并使用调色板 "BuPu"，输出略
p + geom_conn_bundle(data=get_con(from=from,to=to),
                     aes(colour=value)) +
  scale_edge_colour_distiller(palette="BuPu")

# 根据索引设置颜色，即不同连接线的颜色不同，同时设置宽度和透明度，输出如图 8-24（b）
p + geom_conn_bundle(data=get_con(from=from,to=to),
                     width=1,alpha=0.2,aes(colour=..index..)) +
  scale_edge_colour_distiller(palette="RdPu") +
  theme(legend.position="none")                    # 不显示图例
```

输出结果如图 8-24 所示。上述代码演示使用不同的映射方式来设置捆绑线的颜色。根据连接数据中的值、渐变颜色、调色板或连接的索引可以定义捆绑线的颜色。

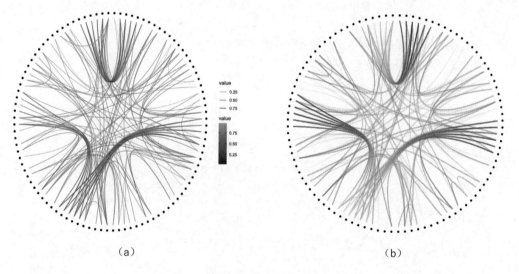

（a）　　　　　　　　　　　　　　　（b）

图 8-24 输出结果 24

3. 定义分类

```
# 创建基本图形 p，包含捆绑线和颜色映射
p=ggraph(mygraph,layout='dendrogram',circular=TRUE) +
  geom_conn_bundle(data=get_con(from=from,to=to),
```

```
                             width=1,alpha=0.2,aes(colour=..index..)) +
         scale_edge_colour_distiller(palette="RdPu") +
         theme_void() +                          # 设置为无背景
         theme(legend.position="none")           # 不显示图例


# 在基本图形 p 上添加叶节点的点，设置颜色和透明度，输出略
p + geom_node_point(aes(filter=leaf,x=x * 1.05,y=y * 1.05),
                    colour="skyblue",alpha=0.3,size=3)


# 在基本图形 p 上添加叶节点的点，根据 'group' 列设置颜色，如图 8-25（a）所示
library(RColorBrewer)
p + geom_node_point(aes(filter=leaf,x=x * 1.05,y=y * 1.05,
                        colour=group),size=3) +
    scale_colour_manual(values=rep(brewer.pal(9,"Paired"),30))


# 在基本图形 p 上添加叶节点的点，根据 'group' 列设置颜色、大小和透明度，如图 8-25（b）所示
p +
    geom_node_point(aes(filter=leaf,x=x * 1.05,y=y * 1.05,
                        colour=group,size=value,alpha=0.2)) +
    scale_colour_manual(values=rep(brewer.pal(9,"Paired"),30)) +
    scale_size_continuous(range=c(0.1,10))  # 设置点的大小范围
```

输出结果如图 8-25 所示。上述代码通过逐步添加图形元素和调整颜色映射、点的大小和透明度，创建了不同的图形效果，以满足可视化需求。

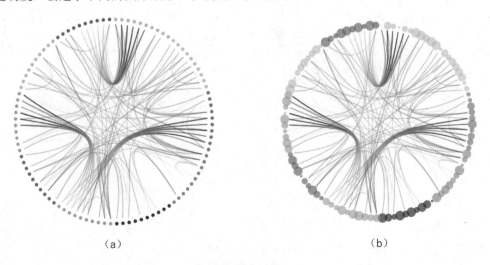

（a）   （b）

图 8-25 输出结果 25

【例 8-11】创建一个包含层次结构的图形，并绘制带标签的边绑定图。输入代码如下：

```
# 加载包
library(ggraph)              # 用于绘制图形
library(igraph)              # 用于处理和分析图形数据
library(tidyverse)           # 用于数据处理和绘图
library(RColorBrewer)
# 创建一个给定个体分层结构的数据框
set.seed(1234)
d1 <- data.frame(from="origin",
                 to=paste("group",seq(1,10),sep=""))
d2 <- data.frame(from=rep(d1$to,each=10),
                 to=paste("subgroup",seq(1,100),sep="_"))
edges <- rbind(d1,d2)

# 创建一个包含叶节点之间连接的数据框
all_leaves <- paste("subgroup",seq(1,100),sep="_")
connect <- rbind(
  data.frame(from=sample(all_leaves,100,replace=TRUE),
             to=sample(all_leaves,100,replace=TRUE)),
  data.frame(from=sample(head(all_leaves),30,replace=TRUE),
             to=sample(tail(all_leaves),30,replace=TRUE)),
  data.frame(from=sample(all_leaves[25:30],30,replace=TRUE),
             to=sample(all_leaves[55:60],30,replace=TRUE)),
  data.frame(from=sample(all_leaves[75:80],30,replace=TRUE),
             to=sample(all_leaves[55:60],30,replace=TRUE))
)
connect$value <- runif(nrow(connect))

# 创建一个包含个体分层结构的数据框
vertices <- data.frame(
  name=unique(c(as.character(edges$from),as.character(edges$to))),
  value=runif(111)
)

# 添加一个 'group' 列，用于后续的颜色映射
vertices$group <- edges$from[match(vertices$name,edges$to)]

# 计算叶节点的 id、角度、水平对齐和翻转角度
```

```
vertices$id <- NA
myleaves <- which(is.na(match(vertices$name,edges$from)))
nleaves <- length(myleaves)
vertices$id[myleaves] <- seq(1:nleaves)
vertices$angle <- 90 - 360 * vertices$id / nleaves
vertices$hjust <- ifelse(vertices$angle < -90,1,0)
vertices$angle <- ifelse(vertices$angle < -90,vertices$angle + 180,
                         vertices$angle)

# 创建 igraph 图对象
mygraph <- igraph::graph_from_data_frame(edges,vertices=vertices)

# 连接对象必须引用叶节点的 id
from <- match(connect$from,vertices$name)
to <- match(connect$to,vertices$name)

# 创建基本图形，包括节点、连接线和文本标签，如图 8-26（a）所示
ggraph(mygraph,layout='dendrogram',circular=TRUE) +
  geom_node_point(aes(filter=leaf,x=x * 1.05,y=y * 1.05)) +
  geom_conn_bundle(data=get_con(from=from,to=to),
                   alpha=0.2,colour="skyblue",width=0.9) +
  geom_node_text(aes(x=x * 1.1,y=y * 1.1,filter=leaf,
                     label=name,angle=angle,hjust=hjust),
                 size=1.5,alpha=1) +
  theme_void() +
  theme(legend.position="none",plot.margin=unit(c(0,0,0,0),"cm"),) +
  expand_limits(x=c(-1.2,1.2),y=c(-1.2,1.2))

# 创建基本图形，包括节点、连接线、文本标签、颜色映射和大小映射，如图 8-26（b）所示
ggraph(mygraph,layout='dendrogram',circular=TRUE) +
  geom_conn_bundle(data=get_con(from=from,to=to),alpha=0.2,
                   width=0.9,aes(colour=..index..)) +
  scale_edge_colour_distiller(palette="RdPu") +
  geom_node_text(aes(x=x * 1.15,y=y * 1.15,filter=leaf,
                     label=name,angle=angle,hjust=hjust,
                     colour=group),size=2,alpha=1) +
  geom_node_point(aes(filter=leaf,x=x * 1.07,y=y * 1.07,
                      colour=group,size=value,alpha=0.2)) +
```

```
scale_colour_manual(values=rep(brewer.pal(9,"Paired"),30)) +
scale_size_continuous(range=c(0.1,10)) +
theme_void() +
theme(legend.position="none",plot.margin=unit(c(0,0,0,0),"cm"),) +
expand_limits(x=c(-1.3,1.3),y=c(-1.3,1.3))
```

　　输出结果如图 8-26 所示。上述代码用于创建分层节点图形，并根据不同的需求添加连接线、节点标签、颜色映射和大小映射等元素，以实现不同的可视化效果。

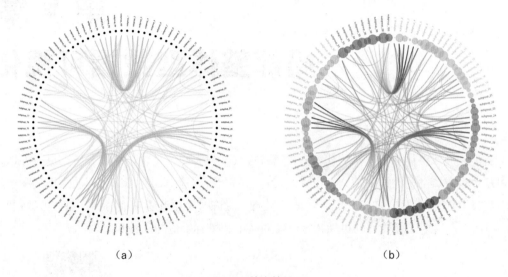

（a）　　　　　　　　　　　　　　　（b）

图 8-26　输出结果 26

8.6　本章小结

　　本章聚焦于展示网络关系数据在 R 中的可视化方法，内容包括节点链接图、弧线图、蜂巢图、和弦图、边绑定图等不同类型的图形。这些可视化方法使得数据的组织结构和层级关系更加明确，可帮助分析师、决策者以及其他相关人员更好地理解数据的内在关系。

第 9 章
局部整体型数据可视化

当涉及局部整体型数据可视化时，R 语言提供了强大的工具包，使得分析人员能够以直观和有力的方式呈现数据的结构和模式。在本章的介绍过程中，将使用公开的数据集和示例代码来演示可视化方法，包括饼图、华夫图、马赛克图等。希望读者在面对局部整体型数据时，能够灵活、准确地选择合适的可视化方法，并从中获得有价值的见解和发现。

9.1 饼图

饼图（Pie Chart）是用于展示各类别在整体中的比例关系的图表。它以圆形为基础，将整体分成多个类别扇形，每个类别扇形的角度大小表示该类别在总体中的比例或占比。

饼图的优点是可以直观地展示各类别在整体中的相对比例，常用于表示不同类别的市场份额、调查结果中的频数分布等。在使用饼图时，应选择合适的数据和合适的类别数量，以确保图表的可读性和准确传达数据。

【例 9-1】使用 R 语言中的 pie 函数绘制饼图，以展示不同的绘制方式，以及如何进行自定义。代码中的各个函数和参数都有其特定的功能，分别展示从绘图到颜色调色板的应用。

```
# 加载包
library(RColorBrewer)          # 使用颜色调色板包

Prop <- c(3,7,9,1,1.5)         # 创建数据
```

```
pie(Prop)                             # 绘制默认的饼图，如图 9-1（a）所示

tip=c("Djb_A","Djb_B","Djb_C","Djb_D","Djb_E")   # 定义标签
pie(Prop,labels=tip)                  # 绘制的饼图如图 9-1（b）所示

# 将 "edge" 设置较低的值，图形从圆形变为具有边缘的形状
pie(Prop,labels=tip,edges=10)         # 绘制的饼图如图 9-1（c）所示

# 利用 density 参数添加斜线，通过 "angle" 控制线的角度
pie(Prop,labels=tip,density=10,angle=c(20,90,30,10,0))
                                      # 绘制的饼图如图 9-1（d）所示

myPalette <- brewer.pal(5,"Set2")
# 使用经典参数来更改每个区域的边框
pie(Prop,labels=tip,border="white",col=myPalette)
                                      # 绘制的饼图如图 9-1（e）所示
```

输出结果如图 9-1 所示。

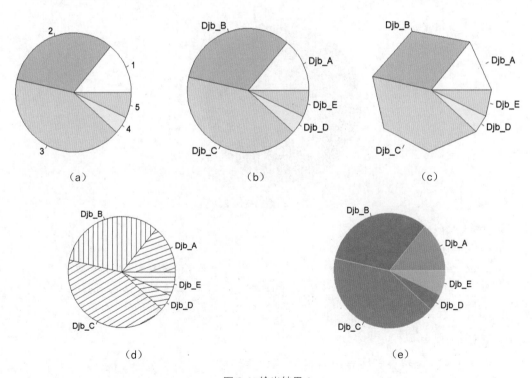

图 9-1 输出结果 1

【例 9-2】使用 ggplot2 库绘制饼图，并对标签的位置进行调整。

```
# 加载包
library(ggplot2)              # 用于数据可视化
library(dplyr)                # 用于数据处理

# 创建数据
data <- data.frame(
  group=LETTERS[1:5],         # 组的标识，使用前 5 个字母
  value=c(13,7,9,21,2)        # 组的值
)

# 基本的饼图
ggplot(data,aes(x="",y=value,fill=group)) +
  geom_bar(stat="identity",width=1,color="white") +
  coord_polar("y",start=0) +
  theme_void()                # 移除背景、网格和数值标签
```

输出结果如图 9-2 所示。

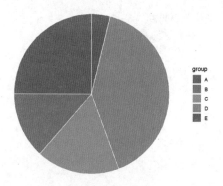

图 9-2 输出结果 2

```
# 计算标签的位置
data <- data %>%
  arrange(desc(group)) %>%                        # 按照组标识降序排列数据
  mutate(prop=value / sum(data$value) * 100) %>% # 计算每组的百分比
  mutate(ypos=cumsum(prop) - 0.5 * prop)   # 计算标签的纵坐标位置

# 基本的饼图
ggplot(data,aes(x="",y=prop,fill=group)) +
  geom_bar(stat="identity",width=1,color="white") +
```

```
coord_polar("y",start=0) +
theme_void() +
theme(legend.position="none") +          # 不显示图例

geom_text(aes(y=ypos,label=group),color="white",size=6) +  # 添加标签
scale_fill_brewer(palette="Set1")        # 设置填充颜色的调色板
```

输出结果如图 9-3 所示。

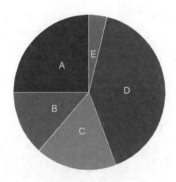

图 9-3　输出结果 3

9.2　散点复合饼图

散点复合饼图（Scattered Composite Pie Chart）是一种可视化多个变量之间关系的图表类型。它将多个散点图组合在一起，每个散点图表示两个变量之间的关系，并且在每个散点图中使用饼图来表示第三个变量的占比或类别。

散点复合饼图的优点是可以同时显示多个变量之间的关系，并且可以通过饼图表示的第三个变量提供更详细的信息。它适用于探索多个变量之间的相关性和模式，并且可以帮助发现复杂关系的趋势。

散点复合饼图在绘制和解读时应谨慎选择合适的变量组合和类别变量。过多的变量或类别可能导致图表拥挤和信息过载，影响可视性和解读性。因此，合理选择变量组合和类别变量是绘制散点复合饼图的关键。

【例 9-3】以随机数据为基础创建一系列散点饼图，并在图中添加饼图和图例。

```
# 加载包
# install.packages("scatterpie")
library(ggplot2)                # 用于数据可视化
```

```
library(scatterpie)          # 用于在散点图上绘制饼图

# 生成随机数据
set.seed(1)                  # 设置随机数种子，用于生成随机数据的一致性
long <- rnorm(50,sd=100)     # 随机生成 50 个均值为 0、标准差为 100 的数据
lat <- rnorm(50,sd=50)       # 随机生成 50 个均值为 0、标准差为 50 的数据
d <- data.frame(long=long,lat=lat)  # 创建一个包含 long 和 lat 列的数据框

# 保留指定范围内的数据点
d <- with(d,d[abs(long) < 150 & abs(lat) < 70,])
n <- nrow(d)                 # 获取数据框的行数（数据点个数）
# 为数据框添加一个表示区域的因子变量
d$region <- factor(1:n)

# 生成随机数并添加到数据框中
d$A <- abs(rnorm(n,sd=1))
d$B <- abs(rnorm(n,sd=2))
d$C <- abs(rnorm(n,sd=3))
d$D <- abs(rnorm(n,sd=4))

# 修改第一行的部分数据，将第一行的第 4~7 列值乘以 3
d[1,4:7] <- d[1,4:7] * 3

# 创建散点饼图
ggplot() +
  geom_scatterpie(aes(x=long,y=lat,group=region),data=d,
                  cols=LETTERS[1:4]) +
  coord_equal()
```

输出结果如图 9-4 所示。

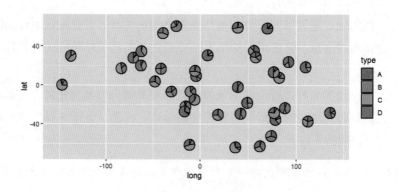

图 9-4 输出结果 4

```
# 添加半径信息并创建散点饼图
```

```
d$radius <- 6 * abs(rnorm(n))
p <- ggplot() +
  geom_scatterpie(aes(x=long,y=lat,group=region,r=radius),
                  data=d,cols=LETTERS[1:4],color=NA) +
  coord_equal()

# 在图中添加散点饼图的图例
p + geom_scatterpie_legend(d$radius,x=-140,y=-70)
```

输出结果如图 9-5 所示。

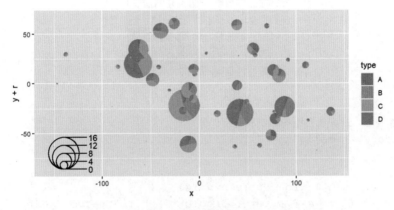

图 9-5 输出结果 5

9.3 华夫图

华夫图（Waffle Chart）是一种用于展示部分与整体之间比例关系的可视化图表。它以方格或正方形为基础，通过填充或着色的方式将整体分成若干小区块，每个小区块表示一个部分，并以它在整体中所占的比例来决定区块的大小。

华夫图的优点是简单直观，能够快速展示部分与整体之间的比例关系。它常用于表示市场份额、人口组成、调查结果中的比例等。在使用华夫图时，应谨慎选择适合的数据和合适的部分与整体比例，以确保图表的可读性和准确传达数据。

【例 9-4】利用 waffle 包绘制华夫图示例。

```
# 加载包
# install.packages("waffle")
library(waffle)                  # 用于绘制华夫图
library(ggplot2)                 # 用于数据可视化
```

```
library(tidyverse)                   # 用于数据处理和绘图

x <- c(G1=30,G2=25,G3=20,G4=5)       # 创建数据向量 x，表示不同组的数量
waffle(x,rows=8)                     # 绘制华夫图，通过设置 rows 参数指定图形的行数
```

输出结果如图 9-6 所示。

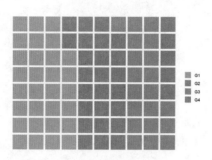

图 9-6 输出结果 6

```
# 创建数据框 df，包含组的标识和对应的值
df <- data.frame(group=LETTERS[1:3],value=c(25,20,35))

# 使用 ggplot 绘制华夫图
ggplot(df,aes(fill=group,values=value)) +
  geom_waffle(n_rows=8,size=0.33,colour="white",na.rm=TRUE) +
  scale_fill_manual(name=NULL,
                    values=c("#BA182A","#FF8288","#FFD1DD"),
                    labels=c("A","B","C")) +
  coord_equal() +                    # 保持 X 轴和 Y 轴的单位刻度一致
  theme_void()                       # 使用无背景和网格的主题
```

输出结果如图 9-7 所示。

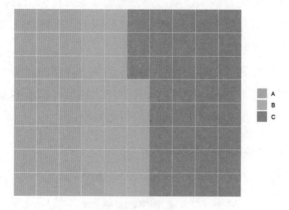

图 9-7 输出结果 7

```
# 利用 waffle 包绘制华夫图, 用于展示不同年龄组的支出分布
# 创建一个包含不同年龄组支出的向量
expenses <- c(`Infants: <1(16467) `=16467,`Children: <11(30098) `=30098,
              `Teens: 12-17(20354)`=20354,`Adults:18+(12456) `=12456,
              `Elderly: 65+(12456) `=12456)


# 使用 waffle 包绘制华夫图, 用于展示年龄组的支出情况
waffle(expenses/1000,rows=5,size=0.6,
       colors=c("#44D2AC","#E48B8B","#B67093","#3A9ABD","#CFE252"),
       title="Age Groups bifurcation",       # 图标题
       xlab="1 square=1000 persons")          # X 轴标签
```

输出结果如图 9-8 所示。

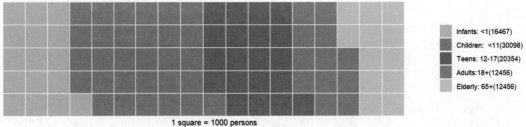

Age Groups bifurcation

1 square = 1000 persons

图 9-8　输出结果 8

```
# 准备数据, 对钻石数据集进行处理, 计算不同切割方式的数量和比例
prep_dat <- diamonds %>%
  count(cut) %>%
  mutate(tot=sum(n),prop=round((n / tot) * 100))


# 使用 ggplot 绘制华夫图, 用于展示不同切割方式的比例
prep_dat %>%
  ggplot(aes(fill=cut,values=prop)) +
  geom_waffle(na.rm=TRUE)
```

输出结果如图 9-9 所示。

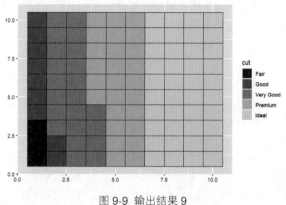

图 9-9 输出结果 9

```
# 使用 ggplot 绘制华夫图，设置图形属性和样式
prep_dat %>%
  ggplot(aes(fill=cut,values=prop)) +
  geom_waffle(n_rows=10,size=0.4,color="white",
              na.rm=TRUE) +              # 设置行数、大小和颜色
  coord_equal() +                        # 保持 X 轴和 Y 轴的单位刻度一致
  theme_minimal() +                      # 使用最小化的主题
  theme_enhance_waffle() +               # 加强华夫图的主题
  theme(legend.title=element_blank()) +  # 隐藏图例标题
  labs(title="Proportion of Diamond Cuts")  # 设置图的标题
```

输出结果如图 9-10 所示。

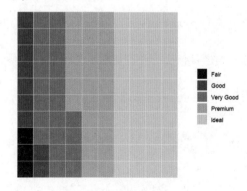

图 9-10 输出结果 10

华夫图可以拓展到堆积柱状图和百分比堆积柱状图，其实现方法是使用 ggplot2 的 facet_

wrap() 函数按列分面绘制每年每个年龄段的点状华夫图。

【例 9-5】绘制分面的华夫图，用于展示每年不同状态的风暴数量。输入代码如下：

```r
# 加载包
library(dplyr)                   # 用于数据转换
library(waffle)                  # 用于绘制华夫图
library(ggplot2)                 # 用于数据可视化
library(ggthemes)                # 用于图形主题


# 使用 storms 数据集筛选出年份大于或等于 2010 年的数据，并统计每年每个状态的数量
storms %>%
  filter(year >= 2010) %>%
  count(year,status) -> storms_df


# 使用 ggplot 绘制华夫图
ggplot(storms_df,aes(fill=status,values=n)) +
  geom_waffle(color="white",size=.25,n_rows=10,
              flip=TRUE,na.rm=TRUE) +               # 绘制华夫图
  # 使用 facet_wrap 进行分面，按年份分面
  facet_wrap(~year,nrow=1,strip.position="bottom") +
  scale_x_discrete() +                             # 调整 X 轴的离散标签
  scale_y_continuous(labels=function(x) x * 10,    # 调整 Y 轴的刻度标签
              expand=c(0,0)) +                     # 调整 Y 轴的范围
  ggthemes::scale_fill_tableau(name=NULL) +  # 使用 ggthemes 的颜色调色板
  coord_equal() +        # 使用等轴比例坐标
  labs(title="Faceted Waffle Bar Chart",subtitle="{dplyr} storms data",
       x="Year",y="Count" ) +
  # 使用 theme_minimal 主题
  theme_minimal(base_family="Roboto Condensed") +
  # 调整主题设置
  theme(panel.grid=element_blank(),axis.ticks.y=element_line()) +
  guides(fill=guide_legend(reverse=TRUE))          # 调整图例设置
```

输出结果如图 9-11 所示。

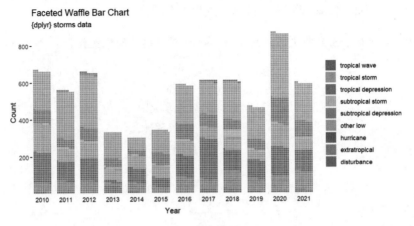

图 9-11 输出结果 11

9.4 马赛克图

马赛克图（Mosaic Plot）是一种用于可视化多个分类变量之间关系的图表类型。它以矩形区域为基础，将整体分割成多个小矩形，每个小矩形的面积大小表示对应分类变量组合的频数或占比。

马赛克图的优点是能够同时显示多个分类变量之间的关系，并直观地展示各个组合的频数或占比。它适用于探索多个分类变量之间的相关性和模式，并且可以帮助发现不同组合之间的差异。

在使用马赛克图时，应谨慎选择合适的数据和合适的分类变量组合，以确保图表的可读性和准确传达数据。

【例 9-6】创建一个用于展示分段数据的马赛克图。输入代码如下：

```
# 加载包
# install.packages("ggmosaic")
library(tidyverse)              # 综合性数据处理和绘图
library(ggmosaic)              # 用于绘制马赛克图

# 数据，摘自链接的博文
df <- data.frame(
  segment=LETTERS[1:4],        # 不同的分段
  segpct=c(40,30,20,10),       # 每个分段的百分比
  Alpha=c(60,40,30,25),          # Alpha 类别的数值
```

```
    Beta=c(25,30,30,25),                    # Beta 类别的数值
    Gamma=c(10,20,20,25),                   # Gamma 类别的数值
    Delta=c(5,10,20,25)                     # Delta 类别的数值
)

# 转换数据为 "long" 格式以进行绘图
df_long <- gather(df,key="greek_letter",value="pct",
                  -c("segment","segpct")) %>%
  mutate(greek_letter=factor(
    greek_letter,levels=c("Alpha","Beta","Gamma","Delta")),
    weight=(segpct * pct)/10000      # 计算权重
  )

# 绘制马赛克图
ggplot(df_long) +
  geom_mosaic(aes(x=product(greek_letter,segment),
                  fill=greek_letter,weight=weight))# 设置 X 轴、填充颜色和权重
```

输出结果如图 9-12 所示。

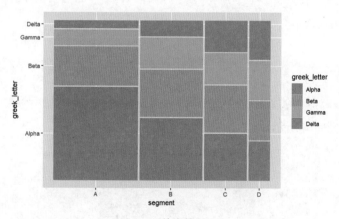

图 9-12　输出结果 12

【例 9-7】利用自带的 flights 数据集展示马赛克图的绘制。输入代码如下：

```
# 加载包
library(tidyverse)            # 综合性数据处理和绘图
library(ggmosaic)             # 用于绘制马赛克图

View(flights)                 # 查看数据，略

# 绘制第一个马赛克图：单变量的马赛克图
ggplot(data=fly) +
```

```
geom_mosaic(aes(x=product(rude_to_recline),fill=rude_to_recline)) +
labs(title='f(rude_to_recline)')
```

输出结果如图 9-13 所示。

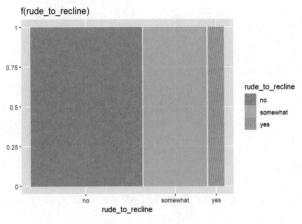

图 9-13 输出结果 13

```
# 绘制第二个马赛克图：条件概率的马赛克图
ggplot(data=fly) +
  geom_mosaic(aes(x=product(do_you_recline,rude_to_recline),
                  fill=do_you_recline)) +
  labs(title='f(do_you_recline | rude_to_recline) f(rude_to_recline)')
```

输出结果如图 9-14 所示。

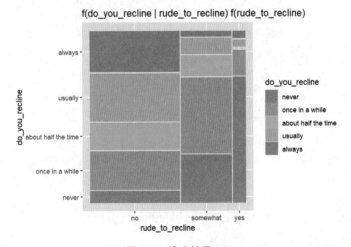

图 9-14 输出结果 14

```
# 绘制第三个马赛克图：带条件的马赛克图
ggplot(data=fly) +
  geom_mosaic(aes(x=product(do_you_recline),fill=do_you_recline,
                  conds=product(rude_to_recline))) +
  labs(title='f(do_you_recline | rude_to_recline)')
```

输出结果如图 9-15 所示。

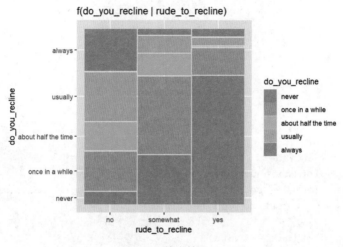

图 9-15　输出结果 15

```
# 绘制第四个马赛克图：带分割线的马赛克图
ggplot(data=fly) +
  geom_mosaic(aes(x=product(do_you_recline),fill=do_you_recline),
              divider="vspine") +
  labs(title='f(do_you_recline | rude_to_recline)') +
  facet_grid(~rude_to_recline) +              # 使用 facet 对图进行分面展示
  theme(aspect.ratio=3,                       # 设置图形的宽高比
        axis.text.x=element_blank(),
        axis.ticks.x=element_blank())
```

输出结果如图 9-16 所示。

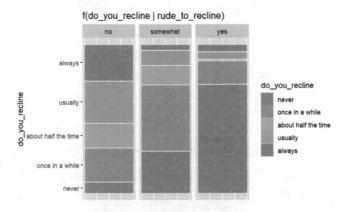

图 9-16 输出结果 16

```
# 加载包
library(patchwork)        # 用于组合多个图形

# 创建两个绘图对象 order1 和 order2
order1 <- ggplot(data=flights) +
  geom_mosaic(aes(x=product(do_you_recline,rude_to_recline),
                fill=do_you_recline))

order2 <- ggplot(data=flights) +
  geom_mosaic(aes(x=product(rude_to_recline,do_you_recline),
                fill=do_you_recline))
# 在同一图中展示 order1 和 order2 的马赛克图
order1 + order2
```

输出结果如图 9-17 所示。

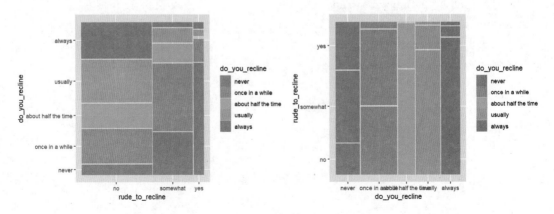

图 9-17 输出结果 17

9.5　本章小结

　　本章聚焦于展示局部整体型数据在 R 中的可视化方法，内容包括饼图、华夫图、马赛克图等不同类型的图形，通过本章的学习读者可以更好地理解并呈现数据的结构。这些可视化方法将使数据的组织结构更加明确，帮助分析师、决策者以及其他相关人员更好地理解数据的内在关系。

第 10 章
时间序列数据可视化

时间序列数据是在各个领域中广泛使用的一种数据类型，它记录了随着时间推移而收集的观测值或测量结果。时间序列数据可用于分析趋势、季节性、周期性和异常事件等，这些信息对于数据分析、预测和决策制定都至关重要。R 语言作为一个强大的数据分析和可视化工具，提供了丰富的包和函数，用于处理和可视化时间序列数据。本章将深入探讨如何使用 R 语言进行时间序列数据的可视化。

10.1 折线图

折线图（Line Chart）用于显示随时间、顺序或其他连续变量变化的趋势和模式。它通过连接数据点来展示数据的变化，并利用直线段来表示数据的趋势。

折线图的优点是能够清晰地展示变量随时间或顺序的变化趋势，可以帮助观察者发现趋势、周期性、增长或下降趋势等。它常用于分析时间序列数据、比较不同组的趋势、展示实验结果的变化等。

【例 10-1】折线图绘制示例 1。输入代码如下：

```
# 加载包
library(ggplot2)                    # 用于数据可视化
```

```
library(hrbrthemes)               # 用于主题设置

# 创建数据集
set.seed(123)                     # 设置随机数种子
xValue <- 1:20
yValue <- cumsum(rnorm(20))
data <- data.frame(xValue,yValue)

# 绘制折线图1，输出结果如图 10-1（a）所示
ggplot(data,aes(x=xValue,y=yValue)) +
  geom_line(color="red")

# 绘制折线图2，输出结果如图 10-1（b）所示
ggplot(data,aes(x=xValue,y=yValue)) +
  geom_line(color="blue",size=0.6,alpha=0.9,linetype=2) +
  ggtitle("Plot_Djb")
```

输出结果如图 10-1 所示。

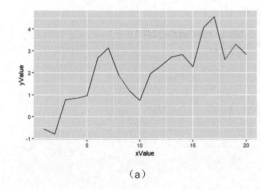

（a）

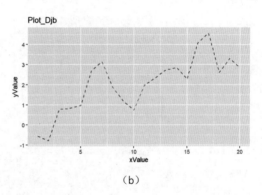

（b）

图 10-1　输出结果 1

【例 10-2】折线图绘制示例 2。输入代码如下：

```
# 加载包
library(ggplot2)                  # 用于数据可视化
library(dplyr)                    # 用于数据转换
library(plotly)                   # 用于创建交互式图形
library(hrbrthemes)               # 用于主题设置

# 从文件中读取数据
```

```
setwd("D:\\DingJB\\R Graph")          # 设置工作环境
rm(list=ls())                          # 清空工作空间的所有变量
data <- read.table("TwoNumOrdered.csv",header=TRUE)
data$date <- as.Date(data$date)

# 绘制折线图
data %>%
  ggplot(aes(x=date,y=value)) +
  geom_line(color="#69b3a2") +
  ylim(0,22000) +
  annotate(geom="text",x=as.Date("2017-01-01"),y=20089,
          label="Bitcoin price reached 20k $") +
  annotate(geom="point",x=as.Date("2017-12-17"),y=20089,
          size=10,shape=21,fill="transparent") +
  geom_hline(yintercept=5000,color="orange",size=0.5)   #+
  # theme_ipsum()
```

输出结果如图 10-2 所示。

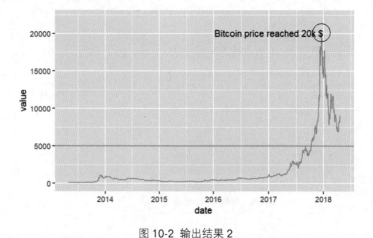

图 10-2 输出结果 2

【例 10-3】折线图绘制示例 3。输入代码如下：

```
# 加载包
library(ggplot2)                    # 用于数据可视化
library(babynames)                  # 提供数据集
library(dplyr)                      # 用于数据转换
library(hrbrthemes)                 # 用于主题设置
```

```
library(viridis)                    # 用于颜色选择

# 从数据集中筛选数据
don <- babynames %>%
  filter(name %in% c("Ashley","Patricia","Helen")) %>%
  filter(sex == "F")

# 绘制折线图
don %>%
  ggplot(aes(x=year,y=n,group=name,color=name)) +
  geom_line() +
  scale_color_viridis(discrete=TRUE) +
  ggtitle("Popularity of names in the 30 years") +
   # theme_ipsum() +
  ylab("Number of babies born")
```

输出结果如图 10-3 所示。

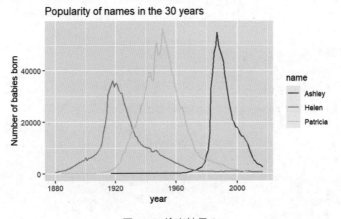

图 10-3　输出结果 3

10.2　面积图

面积图（Area Chart）类似于折线图，也用于显示随时间、顺序或其他连续变量变化的趋势和模式。与折线图不同，面积图通过填充折线下的区域来强调数据的相对大小和累积值。

面积图的优点是能够清晰地展示变量随时间或顺序的变化趋势，并突出显示数据的相对大小和累积值。它常用于比较不同组的趋势、展示时间序列数据的变化情况以及观察数据的累积效果。

1. 基础面积图

【例 10-4】利用自创数据绘制基础面积图。输入代码如下：

```
# 加载包
library(ggplot2)              # 用于数据可视化
library(dplyr)                # 用于数据转换
library(tidyr)                # 用于数据整理
library(splines)              # 用于数据差值


# 数据准备
set.seed(1234)                # 设定随机数种子
df <- data.frame(var=LETTERS[1:12],      # 字母 A~L
                 id=1:12,                 # 数字 1~10
                 a=runif(12),b=runif(12),c=runif(12),  # 随机数
                 stringsAsFactors=F)      # 不转换为因子
# print(df)                              # 显示数据
# 转换为长数据形式
df1 <- df %>%
  gather("item",value,-1:-2) %>%
  bind_cols(data.frame(item_id=rep(1:3,each=12)))
                              # 使用 tidyr 和 dplyr 包实现数据转换
# print(df1)                  # 显示数据


# 绘制面积图
ggplot(df1,aes(id,value)) +
  geom_area(aes(fill=item),position=position_dodge(width=0),
            alpha=0.5) +      # 定义位置函数
  labs(title="Area Chart",fill="") +
  scale_x_continuous(breaks=1:12,labels=LETTERS[1:12])
```

输出结果如图 10-4 所示。

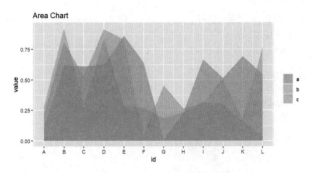

图 10-4　输出结果 4

```
ggplot(df1,aes(id,value)) +
  geom_area(aes(fill=item),position="stack",alpha=0.5) +
  labs(title="Area Chart",fill="") +
  scale_x_continuous(breaks=1:10,labels=LETTERS[1:10]) +
  facet_grid(item~.) +
  theme(legend.position="none")                # 取消显示图例
```

输出结果如图 10-5 所示。

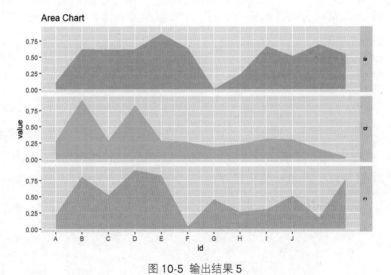

图 10-5　输出结果 5

2. 堆积面积图

【例 10-5】采用前面自创的数据集绘制堆积面积图。输入代码如下：

```
# 堆积面积图
ggplot(df1,aes(id,value)) +
```

```
    geom_area(aes(fill=item),alpha=0.5) +
    labs(title="Area Chart") +
    scale_x_continuous(breaks=1:12,labels=LETTERS[1:12])
```

输出结果如图 10-6 所示。

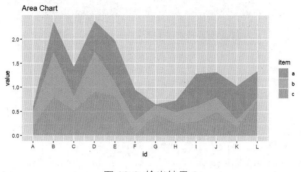

图 10-6 输出结果 6

3. 百分比堆积面积图

【例 10-6】采用前面自创的数据集绘制百分比堆积面积图。输入代码如下：

```
# 百分比堆积面积图
ggplot(df1,aes(id,value)) +
    geom_area(aes(fill=item),position="fill",alpha=0.5) +
    labs(title="Area Chart",fill="") +
    scale_x_continuous(breaks=1:12,labels=LETTERS[1:12])
```

输出结果如图 10-7 所示，绘制了一个百分比堆积面积图，用于显示数据框 df1 中的不同区域（由 item 列标识）在 X 轴位置（由 id 列标识）上的百分比堆积面积变化情况。每个区域的填充颜色根据其对应的 item 值来区分。

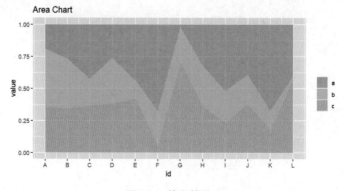

图 10-7 输出结果 7

4. 面积图应用

【例 10-7】绘制面积图示例。输入代码如下：

```
# 加载包
library(ggplot2)                    # 用于数据可视化
library(lubridate)                  # 用于日期时间数据处理
library(RColorBrewer)               # 用于颜色选择


# psavet 为个人储蓄率，uempmed 为失业持续时间中位数（单位：周）
dat <- economics[,c("date","psavert","uempmed")]
dat <- dat[lubridate::year(dat$date) %in% c(2000:2014),]


# 绘图
ggplot(dat,aes(x=date)) +
  geom_area(aes(y=uempmed+psavert,fill="psavert")) +      # 注意先后顺序
  geom_area(aes(y=uempmed,fill="uempmed")) +
  theme_bw() +
  theme(legend.title=element_blank()) +
  scale_fill_brewer(palette="Paired") +
  labs(title='Area Chart of Returns Percentage',
       subtitle='Source: FRED Economic Research') +
  ylab("Returns%") +
  xlab('Year')
```

输出结果如图 10-8 所示。

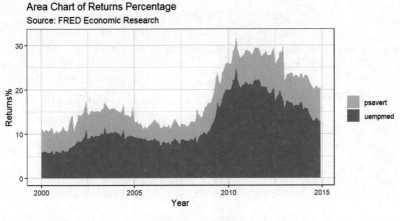

图 10-8　输出结果 8

10.3 地平线图

地平线图（Horizon Plot）用于显示时间序列数据的变化趋势和模式。它通过将时间序列数据分割成多个水平带状区域，并将每个区域的高度或颜色与数据的数值相关联，以展示数据在不同时间点上的变化。

地平线图的优点是能够同时显示多个时间序列的趋势，使得对比和比较不同序列之间的变化更加直观。通过将数据划分为水平带状区域，地平线图可以有效地利用空间，尤其适用于大量时间序列数据的可视化。

【例 10-8】通过地平线图展示不同运动和休闲活动在一天中不同时间的活动强度。输入代码如下：

```
# 加载包
# install.packages("ggHoriPlot")
library(tidyverse)          # 用于数据处理和绘图
library(ggthemes)           # 用于图形主题
library(ggHoriPlot)         # 用于绘制堆积面积图

utils::data(sports_time)    # 加载示例数据集

# 绘图
sports_time %>%
  ggplot() +
  # 添加堆积面积图层，X 轴表示时间（分钟），Y 轴表示活动强度，不同颜色表示不同活动
  geom_horizon(aes(time/60,p),origin='min',horizonscale=4) +
  # 按照活动类型进行分面，每个活动类型一列
  facet_wrap(~activity,ncol=1,strip.position='right') +
  # 设置填充颜色调色板，采用 'Peach' 调色板，并反转颜色
  scale_fill_hcl(palette='Peach',reverse=T) +
  # 使用 ggthemes 包中的 'theme_few' 主题
  theme_few() +
  theme(                                    # 设置图形主题
    panel.spacing.y=unit(0,"lines"),        # Y 轴间距
    strip.text.y=element_text(angle=0),     # Y 轴文本角度
    legend.position='none',                 # 隐藏图例
    axis.text.y=element_blank(),            # 隐藏 Y 轴文本
    axis.title.y=element_blank(),           # 隐藏 Y 轴标题
    axis.ticks.y=element_blank(),           # 隐藏 Y 轴刻度线
    panel.border=element_blank()            # 隐藏面板边框
  ) +
  # 设置 X 轴标签和刻度线
```

```
scale_x_continuous(
  name='Time',                              # X 轴标题
  breaks=seq(from=3,to=27,by=3),            # 设置 X 轴刻度线
  # 格式化刻度标签
  labels=function(x) {sprintf("%02d:00",as.integer(x %% 24))}
) +
ggtitle('Peak time of day for sports and leisure')    # 图形标题
```

输出结果如图 10-9 所示。图中 X 轴表示一天中的时间（以分钟为单位），Y 轴表示活动的强度，不同的颜色表示不同的活动类型。图形按活动类型进行分面，每个活动类型占据一列。

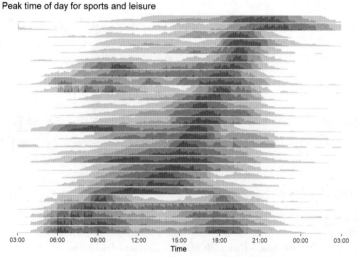

图 10-9　输出结果 9

【例 10-9】通过地平线图展示不同亚洲国家/地区在 2020 年每 100 000 人口中的 COVID-19 累积病例数的趋势。输入代码如下：

```
utils::data(COVID)                        # 加载示例数据 COVID

# 绘图
COVID %>%
  ggplot() +
  # 添加堆积面积图层，X 轴表示日期，Y 轴表示 COVID-19 累积病例数（每 100 000 人口）
  geom_horizon(aes(date_mine,y),origin='min',horizonscale=4) +
  # 设置填充颜色调色板，采用 'BluGrn' 调色板，并反转颜色
  scale_fill_hcl(palette='BluGrn',reverse=T) +
  # 根据国家/地区进行分面，每个国家/地区占据一列
  facet_grid(countriesAndTerritories~.) +
```

```
theme_few() +                          # 使用 'theme_few' 主题
# 设置图形主题
theme( panel.spacing.y=unit(0,"lines"), # Y 轴间距
       strip.text.y=element_text(size=7,angle=0,hjust=0),
       legend.position='none',          # 隐藏图例
       axis.text.y=element_blank(),      # 隐藏 Y 轴文本
       axis.title.y=element_blank(),     # 隐藏 Y 轴标题
       axis.ticks.y=element_blank(),     # 隐藏 Y 轴刻度线
       panel.border=element_blank()      # 隐藏面板边框
) +
# 设置 X 轴的日期格式和标签
scale_x_date(expand=c(0,0),date_breaks="1 month",date_labels="%b") +
# 设置图形标题和 x 轴标签
ggtitle('Cumulative number for 14 days of COVID-19 cases per 100,000',
        'in Asia,2020') +
xlab('Date')                            # X 轴标签
```

输出结果如图 10-10 所示。图中 X 轴表示日期，Y 轴表示 COVID-19 累积病例数（每 100 000 人口）。图形按国家 / 地区进行分面，每个国家 / 地区占据一列。图形使用 'BluGrn' 调色板进行填充，并采用特定的图形主题。

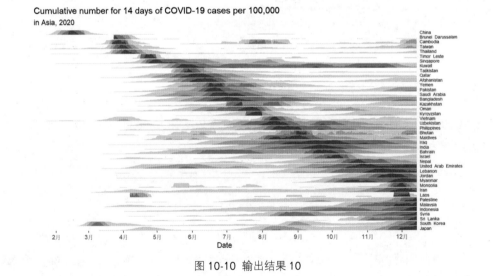

图 10-10　输出结果 10

【例 10-10】通过地平线图展示哥本哈根（Copenhagen）从 1995—2019 年的平均每日温度趋势，并标识出异常值。输入代码如下：

```
utils::data(climate_CPH)                # 加载示例数据集 climate_CPH
```

```r
# 计算异常值的切割点
cutpoints <- climate_CPH   %>%
  mutate( outlier=between(AvgTemperature,
                          quantile(AvgTemperature,0.25,na.rm=T)-
                            1.5*IQR(AvgTemperature,na.rm=T),
                          quantile(AvgTemperature,0.75,na.rm=T) +
                            1.5*IQR(AvgTemperature,na.rm=T))) %>%
  filter(outlier)
# 计算起始点和缩放比例
ori <- sum(range(cutpoints$AvgTemperature))/2
sca <- seq(range(cutpoints$AvgTemperature)[1],
           range(cutpoints$AvgTemperature)[2],length.out=7)[-4]


# 绘图
climate_CPH %>%
  ggplot() +
  geom_horizon(aes(date_mine,AvgTemperature,fill=..Cutpoints..),
               origin=ori,horizonscale=sca) +


  # 设置填充颜色调色板，采用 'RdBu' 调色板，并反转颜色
  scale_fill_hcl(palette='RdBu',reverse=T) +
  facet_grid(Year~.) +          # 根据年份进行分面，每年占据一行
  theme_few() +                 # 使用 ggthemes 包中的 'theme_few' 主题


  # 设置图形主题
  theme( panel.spacing.y=unit(0,"lines"),
         strip.text.y=element_text(size=7,angle=0,hjust=0),
         axis.text.y=element_blank(),
         axis.title.y=element_blank(),
         axis.ticks.y=element_blank(),
         panel.border=element_blank()) +
  # 设置 X 轴的日期格式和标签
  scale_x_date(expand=c(0,0),date_breaks="1 month",date_labels="%b") +
  # 设置 X 轴标签和图形标题
  xlab('Date') +
  ggtitle('Average daily temperature in Copenhagen',
          'from 1995 to 2019')
```

输出结果如图 10-11 所示。图中 X 轴表示日期，Y 轴表示每日平均温度。图形按年份进行分面，每年占据一行。图形使用 'RdBu' 调色板进行填充，并采用特定的图形主题。

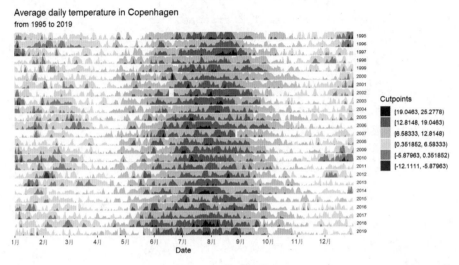

图 10-11　输出结果 11

10.4　螺旋图

螺旋图（Spiral Chart）用于显示随时间、顺序或其他连续变量变化的趋势和模式。它以螺旋的形式呈现数据，将时间或顺序变量沿着螺旋路径展示，并通过螺旋的弧度或半径来表示与时间或顺序变量相关的数值。

螺旋图的优点是能够将时间或顺序变量的变化以一种直观而独特的方式展示出来。螺旋的形式可以在较小的空间内呈现大量的数据点，并显示出数据的增长或减少趋势。

【例 10-11】输入代码如下：

```
# 加载包
library(ggplot2)                # 用于数据可视化

# 创建一个数据框 sample，包含日期、天数、温度等信息
sample <- data.frame(
  date=seq.Date(from=as.Date("1993-01-01"),
                to=as.Date("1996-12-31"),by=1),
  day_num=1:1461,               # 天数，从 1 到 1461
```

```
temp=rnorm(1461,10,2)          # 随机生成的温度数据，平均值为10，标准差为2
)

# 使用 ggplot2 创建可视化图形
ggplot(sample,aes(day_num %% 365,0.05 * day_num + temp / 2,
                  height=temp,fill=temp)) +
  geom_tile() +                # 添加螺旋图层，用颜色表示温度
  # 设置 Y 轴的坐标范围，下限为 -20，上限不限制（NA）
  scale_y_continuous(limits=c(-20,NA)) +

  # 设置 X 轴的坐标刻度，每月的第 30 天为主要刻度
  scale_x_continuous(breaks=30 * 0:11,minor_breaks=NULL,
                     labels=month.abb) +
  coord_polar() +              # 将坐标系转换为极坐标
  scale_fill_viridis_c() +     # 设置填充颜色的调色板，使用 viridis 颜色
  theme_minimal()              # 使用最小化的主题
```

输出结果如图 10-12 所示。

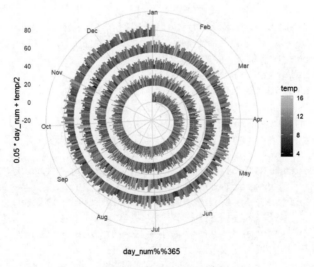

图 10-12 输出结果 12

【例 10-12】创建一个复杂的螺旋图，用于可视化数据中某一变量的时间趋势，并对数据进行异常值处理和时间段的高亮显示。输入代码如下：

```
# 加载包
# install.packages("spiralize")
```

```
library(spiralize)              # 用于绘制螺旋图
library(lubridate)              # 用于日期时间数据处理
library(ComplexHeatmap)         # 用于创建复杂的热图
library(circlize)               # 用于绘制环形图

# 加载数据
df=readRDS(system.file("extdata","ggplot2_downloads.rds",
                        package="spiralize"))

# 计算时间跨度、年度平均值等
day_diff=as.double(df$date[nrow(df)] - df$date[1],"days")
year_mean=tapply(df$count,lubridate::year(df$date),
                 function(x) mean(x[x > 0]))

# 计算差异值，并修正离群值
df$diff=log2(df$count/year_mean[as.character(lubridate::year(df$date))])
df$diff[is.infinite(df$diff)]=0
q=quantile(abs(df$diff),0.99)
df$diff[df$diff > q]=q
df$diff[df$diff < -q]=-q

# 初始化螺旋图
spiral_initialize_by_time(xlim=range(df[,1]),padding=unit(2,"cm"))

# 创建螺旋图轨道和绘制螺旋图
spiral_track(height=0.8)
spiral_horizon(df$date,df$diff,use_bars=TRUE)

# 在螺旋图中添加时间段的高亮
spiral_highlight("start","2015-12-31",type="line",
                 gp=gpar(col=2))
spiral_highlight("2016-01-01","2016-12-31",type="line",
                 gp=gpar(col=3))
spiral_highlight("2017-01-01","2017-12-31",type="line",
                 gp=gpar(col=4))
spiral_highlight("2018-01-01","2018-12-31",type="line",
                 gp=gpar(col=5))
spiral_highlight("2019-01-01","2019-12-31",type="line",
                 gp=gpar(col=6))
spiral_highlight("2020-01-01","2020-12-31",type="line",
                 gp=gpar(col=7))
spiral_highlight("2021-01-01","end", type="line",
                 gp=gpar(col=8))
```

```
# 在螺旋图中添加月份标签
s=current_spiral()
d=seq(15,360,by=30) %% 360
for(i in seq_along(d)) {
  foo=polar_to_cartesian(d[i]/180*pi,(s$max_radius + 1)*1.05)
  grid.text(month.name[i],x=foo[1,1],y=foo[1,2],
           default.unit="native",
           rot=ifelse(d[i] > 0 & d[i] < 180,d[i] - 90,d[i] + 90),
           gp=gpar(fontsize=10))}

# 创建图例
lgd=packLegend(
  Legend(title="Difference to\nyearly average",
         at=c("higher","lower"),
         legend_gp=gpar(fill=c("#D73027","#313695"))),
  Legend(title="Year",type="lines",at=2015:2021,
         legend_gp=gpar(col=2:8)))

# 在图形中绘制图例
draw(lgd,x=unit(1,"npc") + unit(10,"mm"),just="left")
```

代码首先加载数据,然后进行数据处理,计算差异值,修正离群值,并准备好时间段的高亮显示。接着,初始化螺旋图并设置轨道,绘制螺旋图,添加时间段的高亮显示和月份标签,最后创建并绘制图例。输出结果如图 10-13 所示。

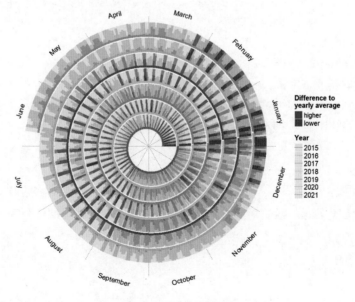

图 10-13　输出结果 13

【例10-13】利用螺旋图对中枢神经系统肿瘤进行分类展示。示例数据集中提供14种不同的肿瘤类型（包括对照），并从2801个样本中推断出，这些肿瘤分为91种亚型。输入代码如下：

```
# 从外部 RDS 文件加载数据
df=readRDS(system.file("extdata","CNS_tumour_classification.rds",
                       package="spiralize"))
n=nrow(df)        # 获取数据行数
# 初始化螺旋图
spiral_initialize(xlim=c(0,n),scale_by="curve_length")


# 创建第一个螺旋图轨道并绘制矩形
spiral_track(height=0.4)
spiral_rect(1:n - 1,0,1:n,1,gp=gpar(fill=df$meth_col,col=NA))


# 创建第二个螺旋图轨道并绘制另一个矩形
spiral_track(height=0.4)
spiral_rect(1:n - 1,0,1:n,1,gp=gpar(fill=df$tumor_col,col=NA))


# 使用分段的文本标签标记螺旋图
r1=rle(as.vector(df$tumor_type))     # 获取 tumor_type 列的分段信息


# 逐个分段添加文本标签
for(i in seq_along(r1$lengths)) {
   # 计算文本标签的位置
   label_x=(sum(r1$lengths[seq_len(i-1)]) + sum(r1$lengths[seq_len(i)]))/2
   # 添加曲线内部的文本标签
   spiral_text(label_x,0.5,r1$values[i],
               facing="curved_inside",nice_facing=TRUE)}
```

输出结果如图10-14所示。代码首先从外部RDS文件加载数据，同时对螺旋图进行初始化操作，包括创建轨道、绘制矩形以及使用分段的文本标签标记螺旋图等。

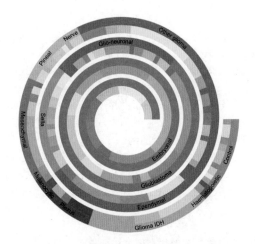

图 10-14 输出结果 14

```
# 定义一个函数，将数据按分段绘制到螺旋图中
spiral_rle=function(x,col,labels=FALSE) {
  x=as.vector(x)        # 将输入数据转换为向量，以处理因子类型的数据
  r1=rle(x)             # 计算输入数据的分段信息
  for(i in seq_along(r1$lengths)) {
   # 绘制每个分段的矩形，使用给定的颜色
    spiral_rect(sum(r1$lengths[seq_len(i-1)]),0,
                sum(r1$lengths[seq_len(i)]),1,
                gp=gpar(fill=col[r1$values[i]],col=NA))}
  if(labels) {
    for(i in seq_along(r1$lengths)) {
   # 如果需要，添加文本标签到每个分段的中间
      spiral_text(
        (sum(r1$lengths[seq_len(i-1)]) + sum(r1$lengths[seq_len(i)]))/2,
        0.5,r1$values[i],facing="curved_inside",nice_facing=TRUE)}
    }
}


# 初始化螺旋图
spiral_initialize(xlim=c(0,n),scale_by="curve_length",
                  vp_param=list(x=unit(0,"npc"),just="left"))


# 创建第一个螺旋图轨道并绘制 meth_class 的分段
spiral_track(height=0.4)
meth_col=structure(names=unique(df$meth_class),unique(df$meth_col))
spiral_rle(df$meth_class,col=meth_col)
```

```
# 创建第二个螺旋图轨道并绘制 tumor_type 的分段和标签
spiral_track(height=0.4)
tumor_col=structure(names=unique(as.vector(df$tumor_type)),
                    unique(df$tumor_col))
spiral_rle(df$tumor_type,col=tumor_col,labels=TRUE)

# 创建图例列表，每个肿瘤类型对应一个图例
lgd_list=tapply(1:nrow(df),df$tumor_type,function(ind) {
  Legend(title=df$tumor_type[ind][1],at=unique(df$meth_class[ind]),
         legend_gp=gpar(fill=unique(df$meth_col[ind])))
})

# 设置 max_height 以适应整个图像的高度，以便自动排列图例
lgd=packLegend(list=lgd_list,max_height=unit(7,"inch"))
# 在左侧绘制图例
draw(lgd,x=unit(1,"npc") + unit(2,"mm"),just="left")
```

输出结果如图 10-15 所示。

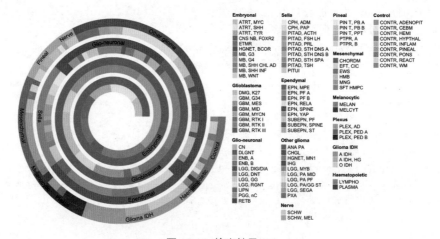

图 10-15 输出结果 15

10.5 日历图

日历图（Calendar Chart）用于显示时间数据在一年中的分布和趋势。它以日历的形式呈现数据，将每个日期表示为一个方格或单元格，并通过单元格的颜色或填充来表示该日期的

特定指标或数值。

日历图的优点是能够以直观的方式展示时间数据的分布和趋势，尤其适用于数据的季节性或周期性变化的观察。它常用于表示每天的销售额、气温、疾病发病率等与日期相关的数据。

【例 10-14】利用 calendR 包创建日历图示例。输入代码如下：

```
# 加载包
# install.packages("calendR")
library(calendR)                  # 用于绘制日历图

# 创建数据
set.seed(1234)                    # 设置随机数种子
data <- rnorm(366)                # 生成一个包含 366 个随机数的数据向量

# 创建日历图
calendR(
  year=2024,                      # 指定要创建的年份为 2024 年的日历
  special.days=data,              # 使用随机数据作为特殊日期的标记
  gradient=TRUE,                  # 使用渐变效果
  low.col="#FFFFED",              # 渐变的低端颜色
  special.col="#FF0000"           # 特殊日期的颜色
)
```

上述代码使用 calendR 包创建一个日历图，将随机生成的数据用作特殊日期的标记，并使用渐变颜色效果来可视化这些日期。输出结果如图 10-16 所示。

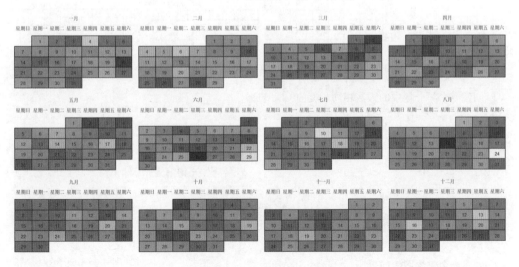

图 10-16　输出结果 16

```
# 创建日历图
calendR(
    year=2024,          # 指定要创建的年份为 2024 年的日历
    start="M",          # 设置每周的第一天为 M(Monday)，可选值有 S(Sunday) 和 M(Monday)
    special.days="weekend",   # 选择特殊日期，"weekend" 表示周末将被标记为特殊日期
    special.col="lightblue",  # 特殊日期的颜色设置为浅蓝色
    low.col="white"           # 日历的底色设置为白色
)
```

上述代码使用 calendR 包创建一个日历图，指定了年份、每周的第一天、特殊日期的选择（周末日期）、特殊日期的颜色（浅蓝色）以及日历的底色（白色）。输出结果如图 10-17 所示。

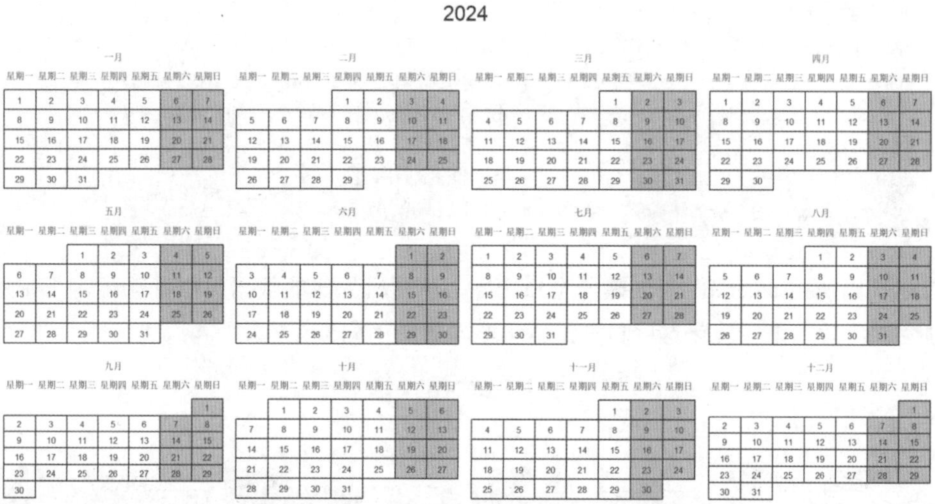

图 10-17 输出结果 17

```
# 创建一个与一年中的天数相同长度的 NA 向量
events <- rep(NA,366)

# 设置对应的事件
events[40:45] <- "Trip"            # 第 40 天到第 45 天标记为 "Trip"
events[213:240] <- "Holidays"      # 第 213 天到第 240 天标记为 "Holidays"
events[252] <- "Birthday"          # 第 252 天标记为 "Birthday"
events[359] <- "Christmas"         # 第 359 天标记为 "Christmas"

# 创建一个包含图例的日历
```

```
calendR(
    year=2024,                          # 指定要创建的年份为 2025 年的日历
    special.days=events,                # 使用上面设置的事件向量作为特殊日期
    special.col=c("pink","lightblue",        # 设置事件的颜色
                  "lightgreen","lightsalmon"),
    legend.pos="right"                  # 将图例放在日历的右侧
)
```

上述代码首先创建一个长度为 366 的 NA 向量，然后根据日期范围设置了不同的事件。最后，使用 calendR 包创建了一个日历图，其中包括不同颜色的事件标记和一个放置在右侧的图例，用于说明不同事件的含义。输出结果如图 10-18 所示。

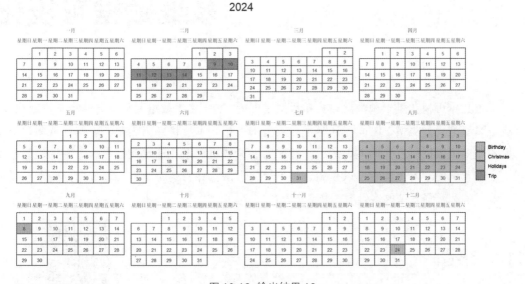

图 10-18　输出结果 18

10.6　本章小结

本章聚焦于展示时间序列数据在 R 中的可视化方法。通过本章的学习，读者可以获得处理和呈现时间序列数据的关键技能，这些技能对于从数据中提取有价值的见解和制定有效的业务决策至关重要。无论是初学者还是有一定经验的 R 语言读者，都可以从中获取在时间序列数据可视化方面的实用知识和工具。

第 11 章
多维数据可视化

多维数据可视化是一种数据分析和数据呈现的方法，多维数据通常包含多个变量或维度，可能是数值型、分类型、时间序列等不同类型的数据。本章将介绍热图、矩阵散点图和平行坐标图等多维数据可视化的关键方法，旨在帮助读者更清晰地理解数据中的关系、趋势和模式。通过本章的学习，读者可以掌握这些可视化方法，并将其应用于实际数据分析中，以更深入地理解和解释复杂的多维数据集。

11.1 热图

热图（Heatmap）是一种用于可视化矩阵数据的图表类型。它通过使用颜色编码来表示数据的大小或值，以便在二维空间中显示数据的模式、趋势或关联性。

热图的优点是能够直观地显示数据的模式和趋势，并帮助观察数据的关联性和相似性。它常用于分析多变量数据、基因表达数据、市场趋势分析等。

在绘制和解读热图时，需确保颜色编码的准确性和合理性，以避免误导或误解。当矩阵数据较大时，可以使用矩阵聚类和排序方法，以便更好地展示数据的模式和关联性。当矩阵数据具有缺失值时，可以使用适当的填充或插值方法进行处理，以确保图表的完整性和可靠性。

在 R 语言中，有多个包和库可用于创建热图，如 heatmap、ggplot2、pheatmap 等。这些包提供了函数和方法，能够根据数据和需求生成热图。通过自定义热图的颜色映射、标签、轴等属性，可以使图表更具可读性和视觉效果。

1. 利用 heatmaply 包绘制

【例 11-1】利用 heatmaply 包绘制热图示例。输入代码如下：

```r
# 加载包
# install.packages("heatmaply")
library(ggplot2)              # 用于数据可视化
library(plotly)               # 用于创建交互式图形
library(viridis)              # 提供不同颜色调色板
library(heatmaply)            # 用于创建交互式热图


# 从 CSV 文件中读取数据
setwd("D:\\DingJB\\R Graph") # 设置工作环境
rm(list=ls())                 # 清空工作空间的所有变量
data <- read.table("13_AdjacencyDirectedWeighted.csv",header=TRUE)


# 短名称（用于热图的标签）
colnames(data) <- c("Africa","EastAsia","Europe","LatinAme.",
                    "NorthAme.","Oceania","SouthAsia","SouthEastAsia",
                    "SovietUnion","West.Asia")
# 设置短行名（与列名相同，因为这是一个对称矩阵）
rownames(data) <- colnames(data)


# 创建交互式热力图
heatmaply(data,                       # 使用的数据集
          dendrogram="none",          # 不绘制树状图
          xlab="",                    # X 轴标签为空
          ylab="",                    # Y 轴标签为空
          main="",                    # 图的标题为空
          scale="column",             # 按列缩放数据
          margins=c(60,100,40,20),    # 调整图的边距
          grid_color="white",         # 网格线颜色为白色
          grid_width=0.00001,         # 网格线宽度
          titleX=FALSE,               # 不显示 X 轴标题
          hide_colorbar=TRUE,         # 隐藏颜色条
          branches_lwd=0.1,           # 设置树枝线的宽度
          label_names=c("From","To:","Value"),   # 标签名称
```

```
        fontsize_row=7,                        # 行标签字体大小
        fontsize_col=7,                        # 列标签字体大小
        labCol=colnames(data),                 # 列标签
        labRow=rownames(data),                 # 行标签
        heatmap_layers=theme(axis.line=element_blank())# 隐藏坐标轴线
)
```

输出结果如图 11-1 所示。代码读取了一个 CSV 文件，然后使用 heatmaply 函数创建了一个交互式热图，其中包含各种自定义选项。

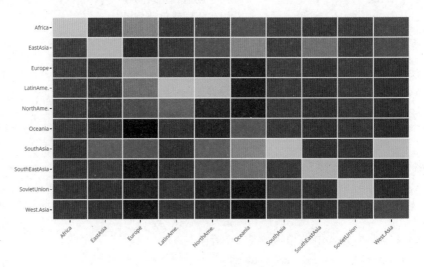

图 11-1 输出结果 1

2. 利用 ggplot2 包绘制热图

【例 11-2】利用 ggplot2 包绘制热图示例。输入代码如下：

```
# 加载包
library(RColorBrewer)  # 用于配色方案
library(ggplot2)       # 用于数据可视化
library(reshape2)      # 用于数据重塑

# 从 CSV 文件中读取数据，第一行作为列名
setwd("D:\\DingJB\\R Graph") # 设置工作环境
rm(list=ls())                # 清空工作空间的所有变量
df <- read.csv("AdjacencyDirectedWeighted.csv",
            header=TRUE,stringsAsFactors=FALSE)

# 计算每列的总和；以确定排序顺序
```

```
df_sum <- apply(df[,2:ncol(df)],2,sum)
order <- sort(df_sum,index.return=TRUE,decreasing=FALSE)

# 对数据进行重塑，以便用于绘图
df_melt <- melt(df,id.vars='Region')
colnames(df_melt) <- c("from","to","value")

# 处理 "to" 列的标签，去除句点并重新排序
df_melt$to <- gsub("\\."," ",df_melt$to)
df_melt$to <- factor(df_melt$to,levels=df$Region[order$ix],order=TRUE)

# 创建热力图
ggplot(df_melt,aes(x=from,y=to,fill=value,label=value)) +
  geom_tile(colour="blue") +            # 添加热图的矩形块，并设置边框颜色为蓝色
  coord_equal() +                       # 保持坐标轴纵横比
  scale_fill_gradientn(colors=brewer.pal(9,'YlGnBu')) + # 配色方案
  xlab('FROM') +                        # X 轴标签
  ylab('TO') +                          # Y 轴标签
  # 设置图形的主题，包括 X 轴文本旋转和颜色设置
  theme(
    axis.text.x=element_text(
      angle=30,hjust=1,colour='black'),       # X 轴文本旋转
    axis.text.y=element_text(
      angle=0,hjust=1,colour='black')         # Y 轴文本
  )
```

输出结果如图 11-2 所示。

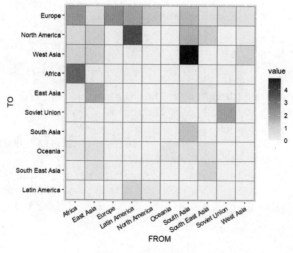

图 11-2 输出结果 2

3. 利用 ComplexHeatmap 包绘制热图

【例 11-3】利用 ComplexHeatmap 包绘制热图示例。输入代码如下：

```
# 加载包
# install_github("jokergoo/ComplexHeatmap")
library(devtools)
library(ComplexHeatmap)
library(circlize)

set.seed(123)                          # 设置随机数种子
# 定义矩阵的维度
nr1=4; nr2=8; nr3=6; nr=nr1 + nr2 + nr3
nc1=6; nc2=8; nc3=10; nc=nc1 + nc2 + nc3

# 生成三个子矩阵，每个子矩阵内的值服从正态分布
mat=cbind(
  rbind(
    matrix(rnorm(nr1 * nc1,mean=1,sd=0.5),nr=nr1),
    matrix(rnorm(nr2 * nc1,mean=0,sd=0.5),nr=nr2),
    matrix(rnorm(nr3 * nc1,mean=0,sd=0.5),nr=nr3) ),
  rbind(
    matrix(rnorm(nr1 * nc2,mean=0,sd=0.5),nr=nr1),
    matrix(rnorm(nr2 * nc2,mean=1,sd=0.5),nr=nr2),
    matrix(rnorm(nr3 * nc2,mean=0,sd=0.5),nr=nr3) ),
  rbind(
    matrix(rnorm(nr1 * nc3,mean=0.5,sd=0.5),nr=nr1),
    matrix(rnorm(nr2 * nc3,mean=0.5,sd=0.5),nr=nr2),
    matrix(rnorm(nr3 * nc3,mean=1,sd=0.5),nr=nr3) ) )

mat=mat[sample(nr,nr),sample(nc,nc)]       # 随机打乱矩阵的行和列顺序

# 设置行和列的名称
rownames(mat)=paste0("Row",seq_len(nr))
colnames(mat)=paste0("Col",seq_len(nc))

Heatmap(mat)                               # 创建热图并显示
# 使用 colorRamp2 函数创建一个颜色渐变函数
col_fun=colorRamp2(c(-2,0,2),c("green","white","blue"))
col_fun(seq(-3,3))                         # 对矩阵进行颜色着色
Heatmap(mat,name="mat",col=col_fun)        # 创建带有自定义颜色的热图并显示
```

输出结果如图 11-3 所示。

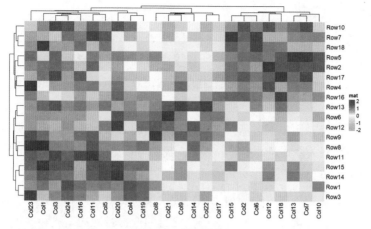

图 11-3　输出结果 3

```
small_mat=mat[1:9,1:9]              # 创建一个小型子矩阵，选取 mat 中的前 9 行和前 9 列
# 创建一个自定义颜色渐变函数 col_fun
col_fun=colorRamp2(c(-2,0,2),c("green","white","red"))

# 创建热图
Heatmap(small_mat,                          # 数据矩阵
        name="mat",                         # 热图名称
        col=col_fun,                        # 使用自定义颜色渐变函数
        cell_fun=function(j,i,x,y,width,height,fill) {
          # 自定义函数，用于在每个单元格上添加文本标签
          grid.text(sprintf("%.1f",small_mat[i,j]),
                    x,y,gp=gpar(fontsize=10)) } )
```

输出结果如图 11-4 所示。

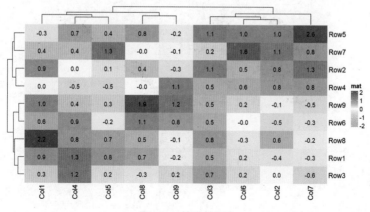

图 11-4　输出结果 4

11.2 矩阵散点图

矩阵散点图（Matrix Scatter Plot）是一种用于可视化多个变量之间的关系的图表。它通过在一个矩阵中绘制多个散点图的组合来展示变量之间的相互作用和相关性。

矩阵散点图的优点是可以同时展示多个变量之间的关系，帮助我们观察和发现不同变量之间的模式、趋势和相关性。通过矩阵散点图，我们可以更全面地了解变量之间的相互作用，发现潜在的关联和趋势。

然而，当变量数量较多时，矩阵散点图可能会变得复杂且难以解读。因此，在使用矩阵散点图时，应谨慎选择变量数量，并根据可视化目的选择合适的变量和展示方式，以确保图表的可读性和准确传达变量之间的关系。

【例 11-4】使用 R 基础包 graphics 中的函数 pairs() 描述如何生成散点图矩阵。这对于可视化小数据集的相关性非常有用。输入代码如下：

```
pairs(iris[,1:4],pch=19)
```

输出结果如图 11-5 所示。

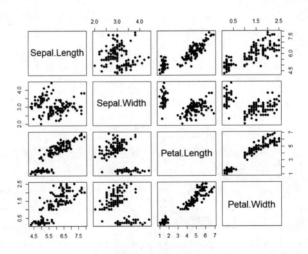

图 11-5 输出结果 5

```
my_cols <- c("#00AFBB","#E7B800","# FC4E07")
pairs(iris[,1:4],pch=19,cex=0.5,
      col=my_cols[iris$Species],lower.panel=NULL)
```

输出结果如图 11-6 所示。

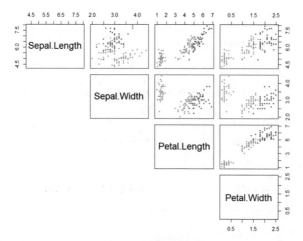

图 11-6　输出结果 6

```
# 在面板上添加相关性：文本的大小与相关性成比例
# 相关性部分
panel.cor <- function(x,y) {
    usr <- par("usr")                    # 保存当前绘图区域的坐标范围
    on.exit(par(usr))                    # 在函数执行完成后，恢复之前的绘图区域设置
    par(usr=c(0,1,0,1))                  # 设置新的绘图区域坐标范围（整个图的范围）
    r <- round(cor(x,y),digits=2)        # 计算 x 和 y 的相关性系数，保留两位小数
    txt <- paste0("R=",r)                # 构建显示相关性系数的文本
    cex.cor <- 0.8/strwidth(txt)         # 计算文本字体大小，使其适应绘图区域
    text(0.5,0.5,txt,cex=cex.cor * r)    # 在中心位置绘制相关性系数文本
}


# 自定义函数用于在散点矩阵图的上部三角区域绘制散点图
upper.panel <- function(x,y) {
    points(x,y,pch=19,col=my_cols[iris$Species]) # 绘制散点图，根据物种着色
}


# 绘制散点矩阵图
pairs(iris[,1:4],                        # 选择 Iris 数据集的前 4 列作为变量
      lower.panel=panel.cor,             # 在下部绘制相关性系数
      upper.panel=upper.panel            # 在上部绘制散点图
)
```

输出结果如图 11-7 所示。

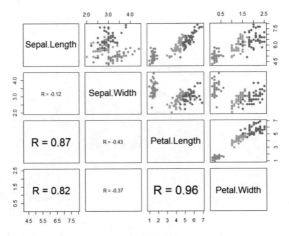

图 11-7　输出结果 7

【例 11-5】psych 包中的 pairs.panels 函数也可用于创建矩阵的散点图，其中对角线下方为二元散点图，对角线为直方图，对角线上方为皮尔逊相关性。输入代码如下：

```
library(psych)
pairs.panels(iris[,-5],
             method="pearson",# correlation method
             hist.col="#00AFBB",
             density=TRUE,# show density plots
             ellipses=TRUE  # show correlation ellipses )
```

输出结果如图 11-8 所示。

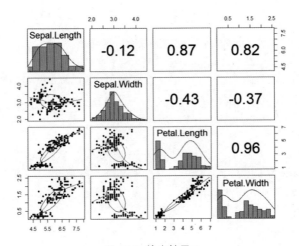

图 11-8　输出结果 8

【例 11-6】利用 GGally 包中的 ggpairs() 函数创建矩阵散点图，使用 ggpairs() 函数绘制矩阵散点图时，可以通过语句控制上下和对角线部分展示的图表类型，如是否使用回归拟合等。

```
library(GGally)          # 用于多变量数据可视化
ggpairs(iris)            # 创建矩阵散点图
```

默认情况下，上部面板展示连续变量之间的相关性，下部面板展示连续变量的散点图，对角线为连续变量的密度图，侧面为分类变量与连续变量的直方图和箱形图，如图 11-9 所示。

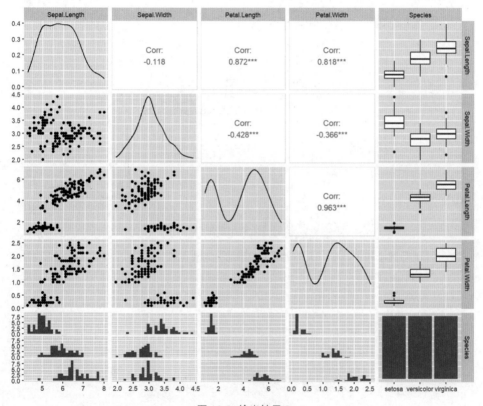

图 11-9　输出结果 9

```
# 分组后，根据每个类别分别给出变量之间的相关系数
ggpairs(data=iris,
        columns=c("Sepal.Length","Sepal.Width",
                  "Petal.Length","Petal.Width"),
        aes(color=Species,alpha=0.7))
```

输出结果如图 11-10 所示。

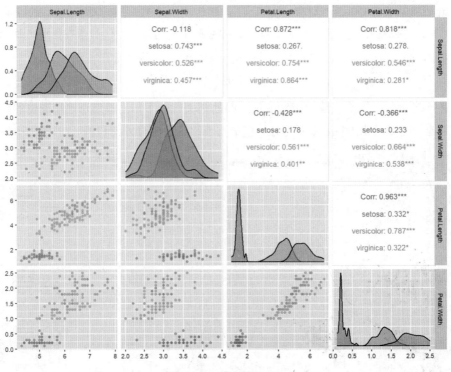

图 11-10 输出结果 10

```
# 设置上半部分展示相关系数，大小为 4；下半部分为散点添加拟合线；对角线处去除密度分布图
ggpairs(data=iris,
        columns=c("Sepal.Length","Sepal.Width",
                  "Petal.Length","Petal.Width"),
        aes(color=Species,alpha=0.7),
        upper=list(continuous=wrap("cor"),size=4),
        lower=list(continuous="smooth"),
        diag=list(continuous="blankDiag"))
```

输出结果如图 11-11 所示。

```
# 分类变量的相关绘制
ggpairs(iris[3:5],
        aes(color=Species,alpha=0.5),
        upper=list(combo="facetdensity"))
```

输出结果如图 11-12 所示。

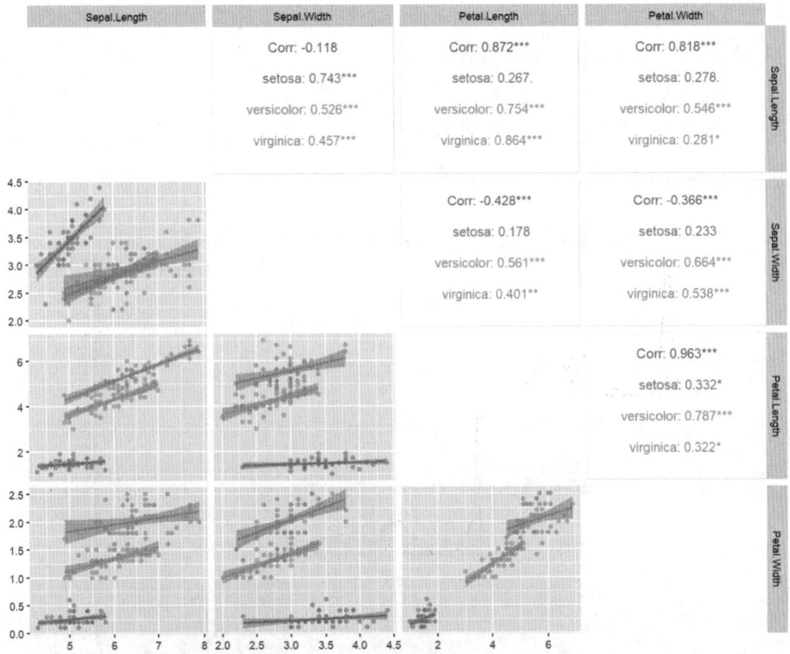

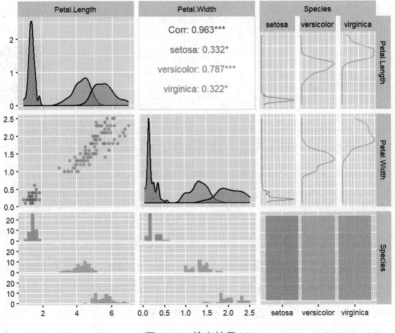

图 11-11　输出结果 11

图 11-12　输出结果 12

```
ggpairs(iris[3:5],
        aes(color=Species,alpha=0.5),
        upper=list(combo="facetdensity"),
        lower=list(combo="barDiag"))
```

输出结果如图 11-13 所示。

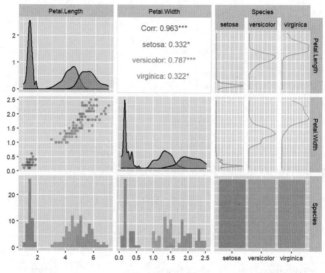

图 11-13 输出结果 13

11.3 平行坐标图

平行坐标图（Parallel Coordinate Plot）是一种用于可视化多个连续变量之间关系的图表。它通过在一个平行的坐标系中绘制多条平行的线段来表示每个数据点在各个变量上的取值。通过观察线段之间的交叉和趋势可以揭示变量之间的关系。

平行坐标图方便观察和比较不同变量之间的趋势和关系，适用于可视化较多的连续变量。然而，当变量数量较多时，图形可能变得复杂且难以解读。因此，在使用平行坐标图时，应选择合适的变量和展示方式，以确保图表的可读性和有效地传达变量之间的关系。

在平行坐标图中，每个连续变量被表示为一个垂直的轴线，连接各个轴线的折线表示每个数据点。通过观察折线的形状和走势，可以推断出不同变量之间的关系和趋势。

平行坐标图适用于比较多个连续变量之间的关系和差异，观察变量之间的交叉效应和相互影响检测异常值和离群点，以及识别数据聚类和模式。它具有可以同时可视化多个连续变量的优点，提供更全面的数据视图，发现变量之间的相关性和趋势，支持比较不同数据点之间的差异和相似性。

使用 R 的扩展包 ggplot2 和 ggally 可以方便地创建和定制平行坐标图，使其更具可读性和美观性。

【例 11-7】利用 ggally 包绘制平行坐标图。输入代码如下：

```
library(GGally)                 # 用于多变量数据可视化
data <- iris
ggparcoord(data,columns=1:4,groupColumn=5)
```

输出结果如图 11-14 所示。

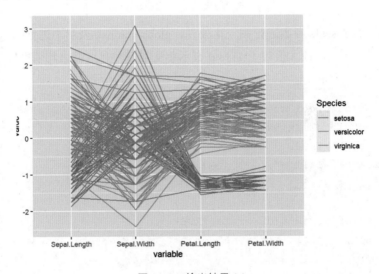

图 11-14　输出结果 14

继续输入如下代码：

```
library(hrbrthemes)             # 用于主题设置
library(GGally)                 # 用于多变量数据可视化
library(viridis)                # 用于颜色选择

data <- iris
ggparcoord(data,columns=1:4,groupColumn=5,order="anyClass",
    showPoints=TRUE,title="Parallel Coordinate Plot",alphaLines=0.3) +
  scale_color_viridis(discrete=TRUE) +
  theme(plot.title=element_text(size=10))
```

输出结果如图 11-15 所示。

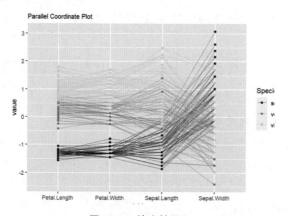

图 11-15 输出结果 15

ggally 包提供了 scale 参数进行归一化处理，globalminmax 表示不进行缩放；uniminmax 标准化为最小值等于 0，最大值等于 1；std 表示单变量归一化（减去均值并除以标准差）；center 归一化并居中变量。

```
ggparcoord(data,columns=1:4,groupColumn=5,order="anyClass",
    scale="globalminmax",
    showPoints=TRUE,
    title="No scaling",
    alphaLines=0.3
) +
scale_color_viridis(discrete=TRUE) +
theme(legend.position="none",plot.title=element_text(size=13)) +
xlab("")
```

输出结果如图 11-16 所示。

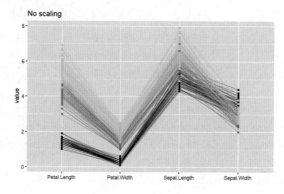

图 11-16 输出结果 16

继续输入如下代码：

```
ggparcoord(data,columns=1:4,groupColumn=5,order="anyClass",
    scale="uniminmax",
    showPoints=TRUE,
    title="Standardize to Min=0 and Max=1",
    alphaLines=0.3  ) +
  scale_color_viridis(discrete=TRUE) +
  theme(legend.position="none",plot.title=element_text(size=13)) +
  xlab("")
```

输出结果如图 11-17 所示。

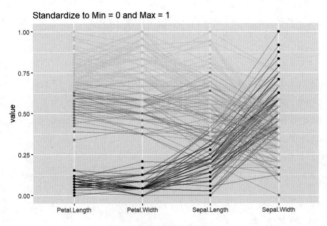

图 11-17 输出结果 17

继续输入如下代码：

```
ggparcoord(data,columns=1:4,groupColumn=5,order="anyClass",
    scale="std",
    showPoints=TRUE,
    title="Normalize univariately",
    alphaLines=0.3) +
  scale_color_viridis(discrete=TRUE) +
  theme(legend.position="none",plot.title=element_text(size=13)) +
  xlab("")
```

输出结果如图 11-18 所示。

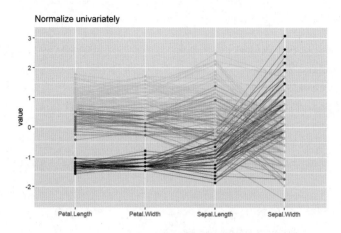

图 11-18 输出结果 18

继续输入如下代码：

```
ggparcoord(data,columns=1:4,groupColumn=5,order="anyClass",
    scale="center",
    showPoints=TRUE,title="Standardize and center variables",
    alphaLines=0.3) +
  scale_color_viridis(discrete=TRUE) +
  theme(legend.position="none",plot.title=element_text(size=13)) +
  xlab("")
```

输出结果如图 11-19 所示。

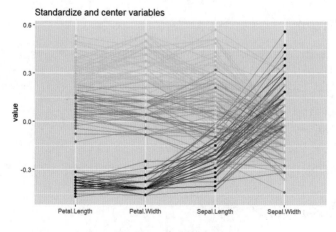

图 11-19 输出结果 19

11.4　本章小结

　　本章用于展示多维数据在 R 中的可视化方法。通过本章的学习，读者可以获得处理和呈现多维数据的可视化方法，包括热图、矩阵散点图、平行坐标图等可视化方法。无论是初学者还是有一定经验的 R 语言读者，都可以从中获取在多维数据可视化方面的实用知识和工具。

参考文献

[1] Robert I. Kabacoff. R 语言实战（第 3 版）[M]. 王韬，译. 北京：人民邮电出版社，2017.

[2] Benjamin S. Baumer 等. 现代数据科学（R 语言·第 2 版）[M]. 张小明，郭华等，译. 北京：清华大学出版社，2022.

[3] Barbara Gastel，Robert A.Day[美]. 科技论文写作与发表教程（第八版）[M]. 任治刚，译. 北京：电子工业出版社，2018.

[4] 丁金滨. Origin 科技绘图与数据分析 [M]. 北京：清华大学出版社，2023.

[5] Paul Murrell. R 绘图系统（第 3 版）[M]. 北京：人民邮电出版社，2020.

[6] 刘顺祥. R 语言数据分析、挖掘建模与可视化 [M]. 刘旭华，译. 北京：清华大学出版社，2020.

[7] 贾俊平等. 数据可视化分析——基于 R 语言（第 2 版）[M]. 北京：中国人民大学出版社，2021.

[8] 丁金滨，宗敏. GraphPad Prism 科技绘图与数据分析 [M]. 北京：清华大学出版社，2023.

[9] 孙玉林. R 语言数据可视化实战 [M]. 北京：电子工业出版社，2022.

[10] 张杰. R 语言数据可视化之美：专业图表绘制指南（增强版）[M]. 北京：电子工业出版社，2019.

[11] 米霖. R 语言数据可视化实战 [M]. 北京：机械工业出版社，2020.

[12] 张敬信. R 语言编程：基于 tidyverse [M]. 北京：人民邮电出版社，2023.